"一带一路"年度发展报告

2018

REPORT ON
BRI PROGRESS（2018）

编委会主任　谢伏瞻
主　　　编　赵白鸽　蔡昉　史育龙
副 主 编　卢 山　冯 奎

中国社会科学出版社

图书在版编目（CIP）数据

"一带一路"年度发展报告.2018／赵白鸽，蔡昉，史育龙主编．
—北京：中国社会科学出版社，2019.3

ISBN 978 - 7 - 5203 - 4153 - 0

Ⅰ.①—… Ⅱ.①赵…②蔡…③史… Ⅲ.①"一带一路"—国际合作—
研究报告—中国—2018 Ⅳ.①F125

中国版本图书馆 CIP 数据核字（2019）第 043762 号

出 版 人 赵剑英
责任编辑 喻 苗
责任校对 胡新芳
责任印制 王 超

出 版 中国社会科学出版社
社 址 北京鼓楼西大街甲 158 号
邮 编 100720
网 址 http://www.csspw.cn
发 行 部 010 - 84083685
门 市 部 010 - 84029450
经 销 新华书店及其他书店

印 刷 北京明恒达印务有限公司
装 订 廊坊市广阳区广增装订厂
版 次 2019 年 3 月第 1 版
印 次 2019 年 3 月第 1 次印刷

开 本 710 × 1000 1/16
印 张 24.75
插 页 2
字 数 332 千字
定 价 99.00 元

谨以此书献给
2019 年第二届 "一带一路"
国际合作高峰论坛

编 委 会

序　言

发挥智库作用，推动
"一带一路"高质量发展

近年来，大家都非常关心一个问题，现在世界还好吗？这个世界究竟会怎样？中国国家主席习近平发表讲话时指出，当前中国处于近代以来最好的发展时期，世界处于百年未有之大变局，两者同步交织、相互影响。

全球治理机制经历挑战，经济增长 80% 的贡献率来自新兴经济体，世界的权力结构正在趋向于平衡与合理化。未来 10 年，将是世界经济新旧动能转换的关键 10 年，是国际格局和力量对比加速演变的 10 年，是全球治理体系深刻重塑的 10 年。合作还是对立，开放还是封闭，互利共赢还是以邻为壑？国际社会再次来到何去何从的十字路口。

2013 年的秋天，国家主席习近平提出了共建丝绸之路经济带的重大倡议。五年来，"一带一路"遵循共商共建共享原则，"朋友圈"不断扩大，得到 100 多个国家和国际组织的支持和参与。2017 年 5 月召开了第一届"一带一路"国际合作高峰论坛。今年，我们又将迎来第二届高峰论坛，这将是一次凝聚智慧、扩大共识、开启共同征程的全球盛会。

在这样一个大变革的时代，智库能够做什么？2017 年 5 月 14 日，习近平主席在第一届"一带一路"国际合作高峰论坛开幕式主旨演讲中强调，"一带一路"建设"要发挥智库作用，建设好智库联盟和合作网络"。我很高兴地看到，短短两年来，投身"一带一路"的智库越来越多、研究的领域越来越广、讨论的议题越来越实，涌现出一批高质量的成果。中国社会科学院"一带一路"国际智库、中国城市和小城镇改革发展中心等机构，邀请相关领域的专家学者，共同编著《"一带一路"年度发展报告》（2018）一书。

这本发展报告充分关注"一带一路"倡议在优化全球治理体系和促进世界经济增长等方面的重要作用，聚焦其战略性、全局性、趋势性问题，提供专业研究成果和建议。本报告既展望了"一带一路"倡导的人类命运共同体的美好愿景，也客观记述了"一带一路"亲历者和建设者的历程；既描绘了新型全球化、第四次工业革命背景下"一带一路"所带来的各种国际合作机遇，也分析了世界大变局背景下的诸多挑战；既解读了全球治理转型等方向性问题，又探讨了政策沟通、设施联通、贸易畅通、资金融通、民心相通等问题的解决方案；既强调了"一带一路"建设首重实践，千里之行、始于足下，也充分证明了智库研究对于开启思路、推进共识的重要价值。总之，这本发展报告是一份高质量的智库成果，全面系统、有深度、有高度，对"一带一路"发展具有重要的借鉴价值，并体现出重要的预见性和前瞻性。

众所周知，智库是思想产品的制造者，也是思想产品的传播者，通过思想产品为社会提供智力服务。事实证明，积极正面的智库思想产品通过一定的舆论媒介向社会进行信息传递，有助于传播主流思想价值，集聚社会正能量，提高舆论的传播力、引导力、影响力、公信力。智库学者要承担社会责任，服务政府决策，追求公共利益的改进，为经济由高速增长转向高质量发展出谋划策。

"一带一路"未来发展务必追求行稳致远。这个目标的实现，需要更多高质量的智库提供更加优质的智库产品。在我看来，"一带一路"建设过程中，高质量的智库需要在四个方面做出努力：

一是引领的作用。当前，全球治理机制面临一系列挑战，智库要具有战略性思维，能够做出重大的、富有远见的研判，引领"一带一路"持久深入发展。

二是特色的定位。"一带一路"涉及范围大、领域广，智库要立足于一个或几个特色领域，长期跟踪、深入调研、持续研究，提供科学、客观、全面、及时和专业的成果。

三是务实的风格。"一带一路"涉及到具体的合作机制建设，涉及到区域、国别、行业、地方、热点、难点等一系列中观以至微观的操作问题，这需要从智库层面提供可操作性方案或给出解答。

四是包容的胸怀。"一带一路"倡导"五通"，服务"一带一路"建设的智库亦需互通有无、包容合作。包容是形成客观公正之智库观点的基本要求，是智库不断汲取智慧的重要途径。

"一带一路"高质量发展，给智库发展带来了新空间、新机遇、新动能。应该看到，如何满足民众对于智库更高的期待，如何发挥智库在公共外交和文化互鉴中的重要作用，在这方面，国外一些成熟智库的经验值得我们借鉴，其较为成熟的话语传播机制、与媒体间的合作以及研究成果的公共传播等都给我们以启示。

在"一带一路"征程中，各类智库千帆竞发、百舸争流的局面已见雏形。我衷心祝愿越来越多的智库积极参与到"一带一路"发展进程之中，不断增强国际影响力和国际话语权，为民众提供思想观点，为决策者提供解决方案，用更高质量的智库成果推动"一带一路"实现更高质量的发展，推动国际经济合作，实现构建人类命运共同体的愿景。

第 十 三 届 全 国 政 协 副 主 席

中国社会科学院"一带一路"国际智库名誉主席　　**梁振英**

"一带一路"国际合作香港中心主席

2019 年 3 月

编者序
共建"一带一路"，推进新型全球化

在第四次工业革命的浪潮中，我们所处的世界正在发生重大转变。它呈现出指数级而非线性的发展速度，它建立在数字革命的基础上，正引发整个社会的系统性变革。这一变革与新型全球化的进程并行，因此为全人类的发展提供了新的机遇和挑战。在此背景下，习近平主席在2013年提出了"一带一路"的伟大倡议，这个构建人类命运共同体的伟大实践为推进全球化进程起到了重大作用。

新型全球化以包容性、共赢性和创新性为特征，各国重新审视其内外政策，以制定更合理的全球治理规则，赋予全球化新的内涵。中国作为世界第二大经济体，最大的发展中国家，在国际舞台上多次为全球治理转型建言献策，在新型全球化中发挥越来越重大的作用。"一带一路"倡议寻找到了一个让世界经济复苏、让全世界贫困人口真正脱贫的方法。"一带一路"倡议以"五通"（政策沟通、设施联通、贸易畅通、资金融通和民心相通）作为发展重点，构建利益共同体、责任共同体和命运共同体。更重要的是，中国坚持全球化基本方向，通过加强各国间的合作，促进经济可持续健康发展。

"一带一路"作为世界经济体系的重要组成部分，为面临挑战的全球化提供了重要支撑，为世界经济增长与复苏提供了新的动力。经过夯基垒台、立柱架梁的 5 年，一批有影响力的"一带一路"标志性项目正在落地，蓝图不断实现，范围逐渐扩大，进度和效果超出预期。"一带一路"已进入国际发展体系，写入联合国大会、安理会等重要决议，以双边合作筑底、多边机制呼应、高峰论坛引领的"三位一体"国际合作架构初步形成。

由中国社会科学院"一带一路"国际智库和中国城市和小城镇改革发展中心共同组织相关领域的专家学者，编著了《"一带一路"年度发展报告（2018）》一书。它以独特的视角，总结了全球化的发展历程及"一带一路"倡议实施的进展，提出了全球化发展到现阶段遇到的问题与挑战，为新型全球化和世界经济增长与复苏提供了理论支持，为"一带一路"的实践提供了重要参考。

谨以本书献给第二届"一带一路"国际合作高峰论坛，预祝论坛圆满成功！

十二届全国人民代表大会外事委员会副主任
中国科学院"一带一路"国际智库专家委员会主席 赵白鸽
蓝 迪 国 际 智 库 专 家 委 员 会 主 席

2019 年 3 月

目　录

总论篇

专题篇

总论篇

第一章 "一带一路"建设进展、形势与展望

史育龙[①]

共建"一带一路"是我国扩大对外开放的重大举措和经济外交的顶层设计，也是今后相当长时期我国对外经济合作的总体构想。五年来，共建"一带一路"从中国倡议走向国际实践，从理念转化为行动，从愿景逐步转变为现实，一大批合作项目陆续启动，早期收获项目已经为当地民众带来福祉，生态文明、绿色发展、数字经济、智能制造等新理念新模式逐步成为"一带一路"建设的新动力。共建"一带一路"已经成为当今世界最具感召力和生命力的区域发展合作倡议，显著提高了中国的国际地位、影响力和制度性话语权，为越来越多国家参与国际经济合作、谋求发展进步提供平台，也成为我国参与全球开放合作、改善全球经济治理体系、促进全球共同发展繁荣、推动构建人类命运共同体的中国方案。

◇◇一 "一带一路"建设新进展

2018 年是"一带一路"建设史上具有重要意义的一年。这一年，以

---

① 史育龙，中国城市和小城镇改革发展中心主任、研究员。

4 月博鳌亚洲论坛、6 月上合组织青岛峰会、9 月中非合作论坛北京峰会和 11 月首届进口博览会四场主场外交活动为平台，有效促进了"一带一路"建设走深走实、稳步推进，在凝聚共识、推进项目、完善政策、创新机制等方面取得了一系列新进展。8 月 27 日，习近平主席在推进"一带一路"建设工作 5 周年座谈会上发表重要讲话，提出经过夯基垒台、立柱架梁的 5 年，共建"一带一路"正在向落地生根、持久发展的阶段迈进。

（一）广泛凝聚国际共识

"一带一路"倡议基于中国改革开放的伟大实践和历史成就，坚持以合作促进共同发展，为当今世界提供了解决一系列发展难题的思路。"一带一路"倡议顺应了时代潮流，"共商共建共享"原则和"五通"目标深入人心，受到世界各国特别是广大发展中国家的普遍欢迎和积极响应，成为许多国家发展战略的最大公约数。2018 年，与中国签署共建"一带一路"合作文件的国家超过 60 个。到 2018 年底，中国已累计同 122 个国家、29 个国际组织签署了 170 份政府间合作文件。值得一提的是，2018 年 4 月，奥地利总统范德贝伦率领庞大代表团访华，中国与奥地利正式签署《关于未来就共建"一带一路"倡议开展合作的联合声明》，奥地利成为第一个与中国签订"一带一路"合作文件的欧盟发达成员国。此后，希腊、马耳他、葡萄牙等欧盟国家相继与中国签署共建"一带一路"合作备忘录。此外，澳大利亚维多利亚州也在 2018 年加入"一带一路"朋友圈，使"一带一路"朋友圈中除了国际组织和国家，还出现了省州级的地方政府，充分显示出"一带一路"倡议高度开放、包容的特征。

（二）建设项目稳步推进

以"六廊六路、多国多港"为主骨架的基础设施互联互通格局正在建设形成。中老铁路、中泰铁路、匈塞铁路稳步推进，雅万高铁部分路段开工建设，阿联酋阿布扎比码头、马来西亚关丹深水港码头正式开港，瓜达尔港具备全作业能力，汉班托塔港二期工程主体完工。经过中远海运集团的不懈努力，希腊比雷埃夫斯港的集装箱吞吐量由 2010 年的 88 万标准箱增长到 2018 年的 490 万标准箱，世界排名从第 93 位提高到第 36 位，明年有望成为地中海第一大集装箱港。产能合作受到广泛欢迎，中国企业在沿线国家建设了 82 个境外经贸合作园区，累计投资约 290 亿美元，为当地创造税收超过 20 亿美元。中老、中哈跨境经济合作区稳步推进，中蒙、中越、中缅、中尼跨境经济合作区前期工作加快推进。北斗三号基本系统星座部署顺利完成，19 颗组网卫星将向"一带一路"国家和地区提供基本导航服务。4 月建立风云卫星国际用户防灾减灾应急保障机制，老挝、缅甸等 10 个国家申请成为应急机制用户。巴基斯坦最大的水电站项目尼鲁姆—杰卢姆首台机组 4 月实现并网发电，中俄合作的亚马尔液化天然气项目三条生产线全部竣工。中欧班列快速发展，在 2017 年开行数量达 3,673 列、超过前六年开行数量总和基础上，2018 年开行 6,300 列，同比增长 72%，其中返程班列 2,690 列，同比增长 110%，累计开行超过 12,000 列，提前两年实现了《中欧班列建设发展规划 2016—2020 年》确定的"年开行 5,000 列"目标。中欧班列国内开行线路达 65 条，国内稳定开行中欧班列的城市增加到 56 个，到达欧洲 15 个国家 49 个城市。

（三）贸易投资持续增长

2018 年，中国落实世界贸易组织《贸易便利化协定》，4 次自主下调关税，降低了包括医药品、日用消费品、汽车和工业品的关税，关税总水平由 9.8% 降至 7.5%，有效促进了进口增长。同时，中国—格鲁吉亚自贸协定正式生效，与毛里求斯完成自贸协定谈判，与新加坡签署自贸协定升级议定书，区域全面经济伙伴关系协定（RCEP）谈判取得积极进展，与欧亚经济联盟签署经贸合作协定，高标准自贸区网络加速形成，有力促进了与沿线国家的贸易投资增长。全年与"一带一路"沿线国家货物贸易进出口总额达到 1.3 万亿美元，同比增长 16.3%，高于同期中国外贸增速 3.7 个百分点，占外贸总值的 27.4%。中国企业对沿线国家非金融类直接投资达到 156.4 亿美元，同比增长 8.9%，占同期总额的 13%。

（四）政策支持日臻完善

2018 年 10 月，《国务院关于印发优化口岸营商环境促进跨境贸易便利化工作方案的通知》（国发〔2018〕37 号，以下称《工作方案》）正式发布，《工作方案》围绕"减单证、优流程、提时效、降成本"等明确提出了 20 条具体措施，对于服务支持企业开展跨境贸易发挥了重要作用。12 月，国家发展改革委、外交部、商务部、人民银行、国资委、外汇局、全国工商联发布《企业境外经营合规管理指引》（发改外资〔2018〕1916 号），为国内企业"走出去"行稳致远、持续提升合规管理水平和国际竞争力提供了基本遵循。

海关总署发布《推进"一带一路"沿线大通关合作行动计划（2018—2020 年）》，以"信息互换、监管互认、执法互助"为重点，聚焦大通关合作，提出建立适应沿线国家贸易投资需求、适应新技术发展的高水平大通关国际合作机制，包括机制衔接、贸易便利和安全、科技创新、能力建设、国内环境、口岸开放等多个领域的 17 条具体措施。商务部、发改委、财政部等有关部门推动出台 23 项积极有效利用外资政策举措，放宽外资准入领域，简化外商投资企业设立程序，我国营商环境国际排名比上年提升 32 位。此外，国家发展改革委发布了《关于引导对外投融资基金健康发展的意见》（发改外资〔2018〕553 号），财政部发布了《关于扩大境外投资者以分配利润直接投资暂不征收预提所得税政策适用范围的通知》（财税〔2018〕102 号），有力支撑企业参与"一带一路"建设。

（五）合作机制不断创新

随着"一带一路"建设不断深入发展，一些不适应甚至制约"一带一路"建设进程的问题也日益突出，迫切需要创新体制机制，以更好适应"一带一路"建设形势发展的需要。2018 年初通过的国务院机构改革方案指出，为充分发挥对外援助作为大国外交的重要手段作用，加强对外援助的战略谋划和统筹协调，推动援外工作统一管理，改革优化援外方式，更好服务国家外交总体布局和共建"一带一路"等，决定设立国家国际发展合作署。

6 月，中办、国办发布了《关于建立"一带一路"国际商事争端解决机制和机构的意见》，要求最高人民法院在广东深圳设立第一国际商事法庭，在陕西西安设立第二国际商事法庭，受理平等的商事主体之间发生的国际商事纠纷，凡当事人选择国际商事法庭管辖的，依法实行一审终审。国际商事法庭引导支持当事人采用多元化纠纷解决机制解决纠纷，形成调解、仲裁与诉讼的有机衔接、功能互补的多元纠纷解决机制。选任中国和沿线不同法系、不同国家、不同地区的国际贸易、国际投资等领域专家组成国际商事专家委员会,受国际商事法庭委托,主持调解并就国际商事交易的规则进行解释,以及为域外法律的查明和适用提供专家咨询意见。

中日两国就在"一带一路"框架下开展第三方市场合作达成重要共识,5月签署两国企业开展第三方市场合作的备忘录,10月签署基础设施、金融、物流、信息技术等领域的52个合作协议,并就泰国东部经济走廊等有合作潜力的项目进行探讨。中缅双方就共同建设"人字型"中缅经济走廊达成一致,正式签署《共建中缅经济走廊的谅解备忘录》,组建中缅经济走廊联合委员会,设立发展规划、产能与投资、交通、能源、农业、边境经济合作区、数字丝绸之路、生态环境、旅游、金融、信息和地方合作等12个重点领域专项工作组。为了更好地落实"一带一路"倡议下共建中缅经济走廊的相关事务,12月缅甸政府成立由国务资政昂山素季任主席、第一副总统敏瑞任副主席的实施"一带一路"指导委员会,指导参与共建"一带一路"过程中联邦政府与省邦政府各级之间的协调工作,研究制定相关政策等。

2015年启动的"中新(重庆)战略性互联互通示范项目"是中国与新加坡政府间的第三个政府合作项目,在国内重庆、广西等省区积极推进创新,2018年正式成为连通"一带"和"一路"的国际陆海贸易新通道(New International Land-Sea Trade Corridor,简称"陆海新通道"),为中国西部内陆地区的开放发展拓展出新的方向。

◇◇二 "一带一路"建设面临的形势

共建"一带一路"是一项长期的历史任务,需要一代甚至几代人的努力才能完成。在长期的发展合作进程中，既要在项目建设上下功夫，绘制好"一带一路"建设的"工笔画"，也要把握好宏观形势，树立历史观、大局观和角色观，顺应时代发展潮流，更好把握机遇促进发展。

（一）世界处于百年未有之大变局

2018 年 6 月，习近平主席在中央外事工作会议上发表重要讲话，提出世界处于百年未有之大变局的重要论断，深刻揭示了当今世界的根本特征。新一轮科技和产业革命蓄势待发，全球创新版图重构，成为重塑世界格局的重要力量。始于 20 世纪 80 年代的经济全球化，把资源优化配置的空间拓展至全球，极大地提升了社会生产力水平，也把世界各国紧密联系在一起。全球金融危机后经历艰难曲折的复苏历程，一方面使传统发达国家和新兴经济体、广大发展中国家之间的力量对比发生显著变化，世界多极化趋势日益明显，国际力量对比变得更加平衡。另一方面也为单边主义、保护主义从思潮走向实践提供了认识基础。面对全球范围的和平赤字、发展赤字和治理赤字，大国之间围绕新的国际规则、体制和机制的战略博弈升温，新的国际体系正在加快重塑。"一带一路"倡议以合作实现共同发展、推动全球治理体系朝着更加公正合理的方向变革、推动构建人类命运共同体的思路，得到绝大多数国家人民的认同和尊重。习近平主席在推进"一带一路"建设工作 5 周年座谈会上指出，共建"一带一路"不仅是经济合作，而且是完善全球发展模式和全球治理、推进经济全球化健康发展的重要途径。

（二）全球经济增速下行可能性加大

在经历漫长的复苏历程之后，世界经济增长率曾经在 2017 年出现显著提升，从 2016 年的 3.3% 快速上升到了 3.7%，但 2018 年未能延续这一态势，世界经济增长率按购买力平价（PPP）计算约为 3.7%，与上一年持平，但按市场汇率计算约为 3.2%。世界经济增长动能开始减弱，未来世界经济增速下行的可能性较大。国际货币基金组织 1 月发布的报告，已经把 2019 年全球经济增长预期从 3.7% 下调到 3.5%。全球经济增速下行，导致国际贸易增长放缓和国际直接投资（FDI）活动低迷。据世界贸易组织数据，2018 年前三季度，世界货物出口额增速逐季下降，扣除价格因素后，比上年同期分别下降 1.1 个、0.8 个和 2.3 个百分点。据联合国贸易和发展会议 1 月发布的报告称，2018 年全球的外国直接投资较前一年减少 19%，降至约 1.188 万亿美元。这是该数据连续三年出现下降，已下跌至 2009 年全球金融危机以来的最低水平。全球贸易投资增速下滑，将给"一带一路"建设带来新的挑战。

（三）沿线国家对于"一带一路"建设充满期待

"一带一路"倡议基于中国改革开放的巨大发展成就，致力于从改善基础设施入手，加强区域经济合作，为广大发展中国家吸引投资、促进工业化进程，进而带动贸易增长，实现经济持续增长发展创造条件。早在 1994 年，世界银行发布的《为发展提供基础设施》报告已经明确提出基础设施可以为经济增长、减轻贫困和环境可持续性创造重大收益，得出了"基础设施存量每增长 1%，GDP 就会增长 1%"的结论。经过五年的实践，一些发展中国家已经切实感受到了"一带一路"倡议带来的变化，越来越多的国家也对通过积极参与"一带一路"合作倡议，增强发展动力充满期待。据亚洲开发银行对 45 个发展中成员国调查，预计在 2016 年至 2030 年的 15 年间，这些国家需要投资 26 万亿美元来保持增长、减少贫困以及应对气候变化，平均每年 1.7 万亿美元。比 2009 年基于 32 个国家数据发布的 12 年 8 万亿美元、年均 7,500 亿美元的需求预测增长了 1 倍。正如习近平主席在推进"一带一路"建设工作 5 周年座谈会上所说:"广大发展中国家加快工业化城镇化,进而实现经济独立和民族振兴方兴未艾。共建'一带一路'之所以得到广泛支持,反映了各国特别是广大发展中国家对促和平、谋发展的愿望。"显然,对于深受基础设施短缺之苦的广大发展中国家来说,"一带一路"倡议无疑是解决这一难题的有效途径,理所当然地充满期待并积极参与。

(四)跨国公司和国际组织踊跃参与

"一带一路"倡议提出五年来,敏锐的跨国公司已经从中感受到了巨大的商机,许多名列"世界 500 强"的著名跨国公司都设立了较高层级的"一带一路"管理职位,在协调推动企业内部参与"一带一路"建设有关工作的同时,也为参与"一带一路"建设的中资企业提供服务和支持。美国企业通用(GE)集团早在 2014 年就率先举办了共建"一带一路"意见领袖论坛,并积极参与巴基斯坦必凯联合循环发电站、胡布燃煤发电站等项目。GE 来自中国 EPC 企业的订单从 2010 年的 4 亿美元快速上升至 2017 年的 25 亿美元。2017 年 11 月,GE 旗下能源投资部门与丝路基金共同出资 5 亿美元组建了联合投资平台,以股权方式投资"一带一路"沿线国家和地区的绿色能源项目。美国卡特彼勒公司则是相关"一带一路"项目重型机械装备的供应商。德国企业西门子与中国机械进出口(集团)有限公司合作建设孟加拉希拉甘杰电站二期项目。2018 年3 月,西门子在北京设立了"全球'一带一路'办公室",作为西门子全球工作机制的一部分,整合内外部资源,执行西门子围绕"一带一路"倡议制定的战略,全力支持"一带一路"建设。目前,跨国公司已经成为共建"一带一路"的重要力量,包括联合国系统的开发计划署、工业发展组织、人类住区规划署等，国际道路运输联盟、国际电信联盟、国际民航组织等专业性国际组织也成为推进"一带一路"建设的重要伙伴。

（五）西方对"一带一路"的误解、担忧和质疑增加

从"一带一路"倡议诞生伊始，来自西方政界、学界和媒体的误解和担忧一直存在。随着"一带一路"建设不断深入，除了误解和担忧，质疑的声音也不断增加。2017年5月，欧委会副主席卡泰宁在首届"一带一路"国际合作高峰论坛上两次发言，均强调"规划和活动必须透明和公开，要确保基于规则的公开招标和相互平等的市场准入"，要求中国遵守既有的"国际规则和标准"。2017年12月，美国发布《国家安全战略》，认为"中国寻求移走并取代美国在印度—太平洋区域的位置，延伸其国有经济模式的触角，根据自身发展需要重构区域秩序"。时任美国国务卿蒂勒森在大西洋理事会演讲，强调"一带一路"似乎试图绕开现存的国际规则，探求建立自己的规则和准则。此后，西方智库、学者指责"一带一路"建设是"经济掠夺"、"债权帝国主义""地缘政治博弈"等报告不断问世。事实证明，这些诋毁抹黑"一带一路"建设的报告，罔顾基本事实，选择性地放大案例得出结论。如被广泛传播的巴基斯坦、斯里兰卡陷入"债务陷阱"的案例严重偏离事实。根据巴基斯坦政府数据，巴42%的长期债务来自多边机构贷款，中国贷款仅占10%。中国向巴基斯坦提供的优惠贷款利率约2%，低于西方国家向巴贷款利率。根据斯里兰卡外资局数据，截至2017年斯里兰卡欠中国外债总额为28.7亿美元，占斯外债的10%，与之相比斯欠日本外债为34.4亿美元。2018年7月，斯里兰卡前总统拉贾帕克萨撰文指出，汉班托塔港的全部建设费用为17.61亿美元，贷款截止日期为2036年。截至2016年底，这些贷款已还了5亿美元。剩余的贷款将从斯港口局在汉班托塔港运营利润

中支付，贷款偿还没有任何问题。

除了大规模制造舆论引起恐慌，美国还积极塑造"印太战略"概念，构建美、日、印、澳四国"基建朋友圈"，联手推出印太地区基础设施建设投资新方案，强调通过加大对地区内具有战略要冲地位国家的基础设施投资，向印太地区各国提供"一带一路"倡议之外的其他选项，建设南亚次大陆"公路网"和印太"港口链"。2018年3月，美国5名国会议员为反制中国在海外拓展影响力的海外投资计划，提议改革美国的海外投资与援助机构，斥资600亿美元成立一个新的"美国国际发展金融集团"，用于为发展中国家的能源、港口与供水基础设施等项目提供贷款。这一举措被普遍认为是在"一带一路"倡议的激发下形成的。

◇◇三 深入推进"一带一路"建设的主要任务

习近平主席在推进"一带一路"建设工作5周年座谈会上强调，推动共建"一带一路"向高质量发展转变，这是下一阶段推进共建"一带一路"工作的基本要求。要坚持稳中求进工作总基调，贯彻新发展理念，集中力量、整合资源，以基础设施等重大项目建设和产能合作为重点，解决好重大项目、金融支撑、投资环境、风险管控、安全保障等关键问题，推动这项工作不断走深走实。

（一）增强战略自信和战略定力

致力于推动构建人类命运共同体的"一带一路"倡议，是一项具有伟大历史意义的创新性探索，需要实践者以开放包容的宽广胸怀与相关各方共同实践，为此，对于其他国家提出的目标区域重叠、重点领域一致、合作方式相似的新倡议，即使合作理念和宗旨存在一定偏差，原则上也可持欢迎立场，以最大限度增强推进"一带一路"建设的积极力量。理性看待各类建设项目实施推进过程中暴露的各种矛盾、问题、困难和挑战，对于项目合作中出现的分歧和经济风险，更需要以平常心看待，耐心听取各方意见，认真分析问题成因，既不掩盖分歧矛盾，也不人为夸大事实，实事求是地探索解决方案。同时，还需要在技术问题上注重换位思考、推己及人，在原则问题上敢于亮剑、直面挑战，提高应对舆论压力、解决问题的能力。

（二）探索建立"一带一路"建设长效机制

扎实推进"一带一路"建设，需要一整套清晰、稳定、透明的合作机制。项目征集遴选、识别分类和评估机制要解决不同意义项目的判别标准和操作程序，为分类制定有针对性的支持政策奠定基础。国内协调机制要为切实有效地协调国内地方、企业的对外合作行为建立基本规则，治疗相互踩脚、恶性竞争的顽疾。资金保障机制要建立基于项目特质、持续、稳定、风险可控的系列融资解决方案，加快形成金融支持共建"一带一路"的政策体系。国际参与机制要重点解决跨国公司参与的基本规则和操作方式，吸引多边金融机构和跨国公司更多参与"一带一路"建设。风险防范机制要根据不同国别地区、不同项目存在的风险，有针对性地建立风险预警和防控预案。

（三）学习借鉴其他国家开展国际经济合作的实践经验

积极与有关国家合作开发第三方市场，与欧盟等有关合作方积极开展标准规则对话，在与先行国家合作过程中提高能力，增强本领。根据各国际组织的综合性和专业性特点，探索采取不同的合作方式，有效发挥国际组织的积极作用。把教育、文化、科技、健康、反贫困等民生领域的合作作为共建"一带一路"的重要内容，努力营造有利于合作不断深化发展的人文环境。重视绿色丝绸之路建设，对标联合国2030年可持续发展目标，研究制定各类地区各类项目的环境友好标准，把环境标准内嵌到发展战略、区域规划、项目设计和施工运营的全过程。发挥好海外华侨华人的作用，汇聚推进"一带一路"建设的强大力量。

（四）发挥技术创新对共建"一带一路"的引领作用

在信息技术革命快速前进的今天，大数据、云计算、物联网和人工智能技术成为产业进步的重要驱动力量，也在迅速改变传统的基础设施概念，推动"一带一路"建设始终走在时代前列，需要充分发挥创新的引领作用。在推进基础设施互联互通时，除了铁路、公路、港口、机场等，把支撑通信、导航、遥感的信息基础设施，支持智能制造的物联网和工业信息化基础设施，以及支撑生态建设和环境保护的基础设施等放在突出重要位置，建设智慧城市，发展智能低碳产业，积极发展跨境电子商务等贸易新业态新模式，使"一带一路"建设不仅成为沿线国家释放本地资源优势、启动经济发展的第一推动力量，而且能够驱动经济持续健康发展。

（五）服务促进企业提高国际化能力

加快完善面向企业的"一带一路"建设服务体系，支撑企业开展国际合作、参与"一带一路"建设急需的融资、法律、会计、审计等专业化人才队伍，为企业获取及时准确的境外法律、商务规制信息创造条件，支持企业不断提高境外经营发展能力。通过建立海外经营行为指南,引导企业规范投资经营行为,注重履行社会责任。强化境外安全风险预警和防控体系建设,帮助企业提高风险意识、安全保障和风险应对能力。促进企业"走出去"符合国际规范,符合市场经济、绿色发展等要求,不仅能够"走出去",还能走得稳、站得住。

第二章 "一带一路"建设与全球治理

张宇燕[①]   徐秀军[②]

◇◇ 一　序论

2013 年秋，国家主席习近平在出访哈萨克斯坦和印度尼西亚时先后提出共建"丝绸之路经济带"和"21 世纪海上丝绸之路"，即"一带一路"倡议。依托"一带一路"建设，中国参与和引领全球治理迈入新的历史阶段。2017 年 5 月，国家主席习近平在"一带一路"国际合作高峰论坛开幕式的主旨演讲中指出，"和平赤字、发展赤字、治理赤字，是摆在全人类面前的严峻挑战"。[③] 而共建"一带一路"正是中国应对"三大赤字"的方案。

5 年多来，"一带一路"倡议从概念到具体实践行动，政策沟通、设施联通、贸易畅通、资金融通和民心相通日益深化，并逐步走出了一条不断向高质量发展转变之路。中国坚持"共商、共建、共享"原则，坚

[①] 张宇燕，中国社会科学院学部委员，世界经济与政治研究所所长、研究员。
[②] 徐秀军，中国社会科学院世界经济与政治研究所国际政治经济学研究室主任、副研究员。
[③] 习近平：《携手推进"一带一路"建设——在"一带一路"国际合作高峰论坛开幕式上的演讲》，《人民日报》2017 年 5 月 15 日，第 3 版。

持市场经济规律和国际通行规则，高质量、高标准地推进"一带一路"建设取得诸多新的进展和成效。"一带一路"倡议之所以得到越来越多的参与方的响应，在于它顺应了全球化发展的新形势，并以互联互通、共同发展为应对全球化挑战和全球性问题提供了新的平台。

◇◇二 "一带一路"建设推动全球治理变革的成就与经验

中国提出"一带一路"倡议的目标在于促进互利共赢，其出发点和落脚点是所有参与国家的共同繁荣。在当前世界经济形势下，"一带一路"建设对于全球治理的重大意义在于它"有利于推动经济全球化向包容普惠方向发展"。①"一带一路"的理念、内容和实现途径所拥有的全球性意义，使之远远超出区域合作的范畴，并成为塑造经济全球化新动力、推动全球治理变革和构建人类命运共同体的重要抓手。

（一）"一带一路"推动了全球治理理念的发展与创新

2014年6月，习近平主席在中阿合作论坛第六届部长级会议开幕式的讲话中提出"和平合作、开放包容、互学互鉴、互利共赢"的丝路精神，并指出共建"一带一路"应该坚持共商、共建、共享原则。丝路精神有力地回应了一些国家的单边主义和保护主义思潮，为世界各国以新的理念参与全球治理提供了示范。

---

① 《习近平在"一带一路"国际合作高峰论坛圆桌峰会上的闭幕辞》，《人民日报》2017年5月16日，第3版。

和平合作夯实了全球治理的牢固基础。中国不仅是和平共处五项原则的倡导者，而且是其忠实的奉行者。2014年6月，在和平共处五项原则发表60周年之际，习近平主席同印度总统普拉纳布·慕克吉、缅甸总统吴登盛互致贺电并表示，60年来，和平共处五项原则为促进世界和平与人类进步事业发挥了重要作用，在国际政治经济形势经历深刻调整的新形势下，和平共处五项原则必将为推动建立平等互信、包容互鉴、合作共赢的新型国际关系作出新贡献。① 中国坚定不移地走和平发展道路，在和平共处五项原则基础上同世界各国发展友好合作关系。和平合作的外交政策理念和国际关系原则在中国与"一带一路"沿线国家关系中得到了全面体现。中国承诺在"一带一路"建设中，恪守《联合国宪章》的宗旨和原则，维护世界和平，加强同所有参与方的合作。这为新型全球治理奠定了坚实基础。

开放包容彰显了全球治理的基本特性。全球化的深入发展主要表现在全球贸易和投资的增长仍在继续，人员、资本、技术等生产要素的流动仍在加强，开放包容仍是当今时代的主要特征。在此背景下倡导的"一带一路"正是顺应了时代潮流，并成为构建开放型世界经济的新平台。所谓开放包容，是指"一带一路"相关的国家基于但不限于古代丝绸之路的范围，各国和国际、地区组织均可参与，让共建成果惠及更广泛的区域。开放包容与内向型的、封闭式的合作不同，它是一种外向型的区域或跨区域，"一带一路"倡议不针对任何国家，不搞排他性的经济集团，而是面向所有国家和地区开放，并致力于构建一个联动、包容的世界。在地域上，"一带一路"倡议不仅是加强中国与外部世界互联互通的平台，也是加强中国国内各地方互联互通的平台。在理念上，适应了

---

① 《习近平主席同印度缅甸总统互致贺电祝贺和平共处五项原则发表60周年》，《人民日报》2014年6月29日。

全球化时代一国内部与外部世界联系日益紧密的发展大势；在实践上，为深化不同主体之间的协调与合作提供了新的路径。

互学互鉴体现了全球治理的重要手段。在当前国内国际环境下，"一带一路"倡议提出"互学互鉴"原则的意义重大。互学互鉴是全球化时代国际关系的内在要求，也是全球治理持续发展的促进因素。坚持互学互鉴，就是要尊重各国发展道路和模式的选择，加强不同文明之间的对话，求同存异、兼收并蓄、和平共处、共生共荣。"一带一路"主要目标是促进经济持续发展，而经济发展核心内容是物质财富的增加。但是，每个国家和地区发展的条件各不相同，都有自身优势和不足，并且发展模式各有特色。在全球性问题面前，任何国家和地区都不可能独善其身，并且依靠一己之力谋求解决之道。这就需要互学互鉴，实现优势互补。因此，互学互鉴不仅是"一带一路"建设深入发展、长久推进的基础，也是处理世界各国参与国际交往和全球治理的基本方式。

互利共赢反映了全球治理的最终目标。作为"一带一路"的倡议国，中国十分注重谋求与世界上其他国家的互利共赢。所谓互利共赢，是指兼顾各方利益和关切，寻求利益契合点和合作最大公约数，体现各方智慧和创意，各施所长，各尽所能，把各方优势和潜力充分发挥出来。从根本上讲，"一带一路"建设的出发点和落脚点统一于促进沿线国家的共同繁荣。互利共赢以经济全球化为时代背景，以开展与世界各国的经济合作为实践途径。将互利共赢作为共建"一带一路"的核心原则，不仅符合时代的要求，也反映了沿线各国参与全球治理的现实需求。从社会发展的角度来看，尽管"一带一路"拥有多个不同的目标，但这些目标之间具有不可分割的内在联系，这种内在联系最终有利于沿线各国和世界各地的共同繁荣，让所有相关国家和人民平等享有参与合作的机会，平等分享合作的成果。

（二）"一带一路"推动了全球治理机制的协调与创新

全球治理是建立在规则和制度基础之上的。世界各国参与全球治理主要是依靠一系列国际规则和制度体系来实现利益分享和责任分担，并对违反规则者实施惩罚。自第二次世界大战以来，国际社会建立了覆盖全球的多边治理机制以及涉及领域广泛的区域治理机制。它们与数目繁多的双边、区域和多边经济金融协定一道，共同构成了全球治理的规则和制度体系。然而，由于各种不同因素的阻碍和影响，全球治理机制改革进展缓慢，不能适应经济全球化新形势的需要，也无法有效应对全球治理领域涌现的新问题和新挑战。全球广泛存在的机制失灵使全球治理的手段更加贫乏，并严重侵蚀机制的效率和效果。为此，"一带一路"倡议十分重视机制建设，既充分利用现有双多边合作机制，也创设了新的机制弥补全球治理机制的不足。

在巩固和盘活现有合作机制方面，"一带一路"加强了各机制之间的联系和互动，并推动构建了覆盖全球治理各领域的机制网络。首先，"一带一路"致力于推进多种形式的双边对话与协调机制建设。通过开展多层次、多渠道沟通磋商，推动双边关系全面发展，并协调彼此参与全球治理的立场，协商全球性问题的应对之策。其次，"一带一路"致力于推动同上海合作组织（SCO）、中国—东盟"10＋1"、亚太经合组织（APEC）、亚欧会议（ASEM）、亚洲合作对话（ACD）、亚信会议（CICA）、中阿合作论坛、中国—海合会战略对话、大湄公河次区域（GMS）经济合作、中亚区域经济合作（CAREC）等现有多边合作机制作用的对接，促进区域合作，并对全球治理进行有益补充。最后，"一带一路"致力于加强相关国际论坛、展会以及博鳌亚洲论坛、中国—东盟博览会、中国—亚欧博览会、欧亚经济论坛、中国国际投资贸易洽谈会，以及中国—南亚博览会、中国—阿拉伯博览会、中国西部国际博览会、中国—俄罗斯博览会、前海合作论坛等平台之间的协调与配合，并为全球治理贡献力量。

在机制创新上，"一带一路"呈现诸多新的亮点。首先，"一带一路"国际合作高峰论坛为推动全球共同发展提供了对话与合作平台。为了让沿线国家共享中国发展机遇和"一带一路"建设成果，推动全球发展治理，中国自 2017 年起开始主办两年一次的"一带一路"国际合作高峰论坛，并以实际行动推动务实合作取得了实效。截至 2018 年底，首届"一带一路"国际合作高峰论坛 279 项具体成果中，269 项已完成或转为常态化工作，其余 10 项正在推进，成果落实率超过 96.4%，实现了相关国家政府、企业和其他实体等参与方的互利共赢。2019 年第二届"一带一路"国际合作高峰论坛的召开将会达成新的务实合作成果。其次，亚投行和丝路基金弥补了全球投融资体系的不足。2014 年 10 月 24 日，21个国家在北京签署《筹建亚投行备忘录》，共同决定成立亚洲基础设施投资银行。[①] 2015 年 12 月 25 日，股份总和占比为 50.1% 的 17 个意向创始成员国批准《亚投行协定》并提交批准书，亚投行正式成立。2014 年 12月 29 日，外汇储备、中国投资有限责任公司、中国进出口银行、国家开发银行共同出资人民币 615.25 亿元（合 100 亿美元）在北京注册成立丝路基金有限责任公司，标志丝路基金正式成立。亚投行和丝路基金弥补了世界银行和亚开行在亚洲区域内投资重点局限、资金不足及侧重于社会事业、扶贫开发的不足，并降低投融资成本，为亚洲经济社会发展提供强有力的资金支持。最后，中国国际进口博览会推动构建开放、平衡的全球经济。2017 年 5 月，商务部与 60 多个国家相关部门及国际组织共

---

① 21 个国家包括中国、孟加拉国、文莱、柬埔寨、印度、哈萨克斯坦、科威特、老挝、马来西亚、蒙古国、缅甸、尼泊尔、阿曼、巴基斯坦、菲律宾、卡塔尔、新加坡、斯里兰卡、泰国、乌兹别克斯坦和越南。

同发布旨在促进贸易增长、振兴相互投资和促进包容可持续发展的《"一带一路"贸易畅通合作倡议》,中方承诺从 2018 年起举办中国国际进口博览会,未来 5 年中国将从"一带一路"参与国家和地区进口 2 万亿美元的商品,对"一带一路"参与国家和地区投资达 1,500 亿美元。2018年 11 月,中国成功主办国际进口博览会,共有 172 个国家、地区和国际组织参会,3,600 多家企业参展。中国国际进口博览会搭建了全球经贸合作的新平台,为应对全球保护主义和构建开放型世界经济注入新的动力。

(三)"一带一路"推动了全球治理重点领域取得新成果

现阶段,"一带一路"倡议的重点内容为政策沟通、设施联通、贸易畅通、资金融通和民心相通。在功能定位上,政策沟通是"一带一路"建设的重要保障,设施联通是"一带一路"建设的优先领域,贸易畅通是"一带一路"建设的重点内容,资金融通是"一带一路"建设的重要支撑,民心相通是"一带一路"建设的社会根基。"五通"互为基础、紧密联系、相互促进、相辅相成,不仅是"一带一路"的建设重点领域,也是推动全球治理的重要举措。5 年多来,沿线国家政策沟通不断深化、设施联通不断加强、贸易畅通不断提升、资金融通不断扩大、民心相通不断促进。

在政策沟通上,相关国家围绕共建"一带一路"不断推动发展战略深度对接。在 2017 年 5 月举行的"一带一路"国际合作高峰论坛上,各国领导人和政府代表以及国际组织代表通过对话与交流直接达成了一系列共识,并将夯实更高层次的政策协调基础。截至 2018 年底,中国已与122 个国家和 29 个国际组织签署了"一带一路"建设合作协议。

在设施联通上,围绕铁路、公路、水路、空路、管路和信息高速路等"六路"建设,相互合作相继取得了一批重大成果,并为当地经济和社会发展以及"一带一路"的高质量发展奠定了重要基础。截至 2018 年底,中欧班列累计开行数量达到 1.3 万列,到达境外 15 个国家、49 个城市。

在贸易畅通方面,《推进"一带一路"建设贸易畅通合作倡议》逐步落实,机制化建设持续推进,合作成果显著。2018 年,中国与"一带一路"沿线国家货物贸易进出口总额达到 1.3 万亿美元,同比增长 16.3%,高于同期中国外贸增速 3.7 个百分点,占外贸总值的 27.4%。2018 年 11 月,首届中国国际进口博览会成功举办,为沿线国家扩大对华出口搭建了新的平台。

在资金融通方面,中国与沿线国家融资合作日益深化,亚投行和丝路基金作用不断提升。为了推动建设长期、稳定、可持续、风险可控的多元化融资体系,27 个国家核准了《"一带一路"融资指导原则》。亚投行成立 3 年来,成员数量已从 57 个增至 93 个,累计批准贷款 75 亿美元,并带动其他投资近 400 亿美元进入相关基础设施投资项目。丝路基金成立 4 年来,承诺投资金额约 100 亿美元,并完成增资 1,000 亿元人民币。

在民心相通方面,中国与沿线国家积极开展教育、文化、旅游等领域合作,制定了多项相关领域的专项合作规划。5 年来,中国与"一带一路"沿线国家签署双边文化和旅游合作文件近 80 份;丝绸之路沿线民间组织合作网络成员扩容至 310 家;通过"丝绸之路"奖学金计划及在境外设立办学机构等方式,中国为沿线国家培养了大量人才。

◇◇三 "一带一路"建设推动全球治理面临的问题与挑战

当前，全球经济增长基础不够牢固，贸易和投资低迷，全球化遇到波折，全球治理进展缓慢。在此背景下，"一带一路"建设在推动全球治理方面的作用未能得到充分发挥。究其原因，主要源于以下问题和挑战。

（一）全球保护主义和单边主义升级

一些国家为了追求自身的短期利益，不惜以牺牲他国利益和全球共同利益为代价，大力推行保护主义和单边主义政策，使金融危机后的全球经济环境雪上加霜。对全球主要经济体而言，它们的政策往往能够产生很强的溢出效应。因此，在通常情况下，一个或少数几个主要经济体保护主义政策的出台往往会导致他国采取针锋相对的应对措施以减少自身受到的负面影响和冲击，从而在全球范围内引发新一轮的保护主义。《全球贸易预警》数据显示，2008 年 11 月至 2018 年 10 月，G20 中的 19 个国家成员累计出台保护主义政策 9,918 项。作为全球最大的经济体，美国出台 1,661 项，位居全球首位。[①]

在特朗普就任美国总统后，保护主义和单边主义成为全球治理的

---

① Simon J. Evenett and Johannes Fritz, *Brazen Unilateralism: The US-China Tariff War in Perspective*, CEPR Press, 2018.

主要威胁来源。2018 年 3 月，特朗普签署公告，对进口钢铁产品征收 25% 的关税，对进口铝产品征收 10% 的关税；7 月，美国对从中国进口的约 340 亿美元商品实施加征 25% 的关税措施；8 月，美国对从中国进口的 160 亿美元产品加征 25% 的关税。美国政府还宣布对从中国进口的 2,000 亿美元产品分阶段加征 10% 和 25% 的关税。在此背景下，日本和欧盟等其他发达经济体以及中国、印度、巴西、俄罗斯等新兴经济体也采取了相应措施应对美国对外经贸政策带来的负面影响。对此，美国彼得森国际经济研究所（PIIE）所长亚当·珀森（Adam S. Posen）指出，特朗普政府推行"美国优先"，威胁退出全球化，施行单边主义政策，这种退缩将会给世界和美国带来规则崩坏、收入和福利水平下降等十分严重的后果。① 此外，英国公投脱欧、卡塔尔宣布退出石油输出国组织（OPEC）等"退群"现象，都成为国家间利益难以调和的注脚。

表面上，保护主义和单边主义反映的是各国不同的政策取向，而本质上保护主义的盛行反映的都是各国利益之间的日益分化。在此背景下，"一带一路"建设和全球治理变得更加困难。

（二）全球经济治理的挑战加大

全球治理包括的范围十分广泛，但全球经济治理无疑是其中最为显性的内容。一般来说，全球宏观经济协调问题、全球货币和金融问题、全球贸易投资治理问题、全球能源资源协作问题、发展与贫困问题以及全球产业、会计等问题总体上都属于全球经济治理的

---

① Adam S. Posen，"The Post-American World Economy: Globalization in the Trump Era"，*Foreign Affairs*，Vol. 97，No. 2，March/April 2018.

范畴。① 但在具体的理解上，全球经济治理的客体与目标密切相关。为什么要进行全球经济治理以及人们需要什么样的全球经济治理往往决定全球经济治理的对象范围以及优先程度。对此，国家主席习近平在 G20 杭州峰会上进行了十分清晰的阐述。当前形势下，全球经济治理的重点及其目标包括四个方面：共同构建公正高效的全球金融治理格局，维护世界经济稳定大局；共同构建开放透明的全球贸易和投资治理格局，巩固多边贸易体制，释放全球经贸投资合作潜力；共同构建绿色低碳的全球能源治理格局，推动全球绿色发展合作；共同构建包容联动的全球发展治理格局，以落实联合国 2030 年可持续发展议程为目标，共同增进全人类福祉。②

然而，当今世界，无论是全球金融治理、全球贸易和投资治理、全球能源治理还是全球发展治理，都面临前所未有的挑战。在金融治理领域，金融全球化与信息全球化的相互交织加大了金融风险的联动性，金融创新在促进金融发展的同时也使监管面临新的困境，全球金融监管协调与合作处于新的十字路口。③ 在贸易和投资治理领域，受国内政策内顾倾向加重和国际经贸环境恶化的影响，国际贸易和投资增长明显乏力。WTO 报告显示，2015 年和 2016 年全球货物贸易额连续两年出现负增长，全球贸易实际增长与 GDP 实际增长率之比屡创金融危机后的新低。④ 联合国贸易和发展会议（UNCTAD）数据显示，2008 年金融危机爆发前的

---

① 陈伟光：《全球治理与全球经济治理：若干问题的思考》，《教学与研究》2014 年第 2 期，第 56—57 页；陈伟光、蔡伟宏：《全球经济治理新范式——基于权威、制度和观念的视角》，《社会科学》2018 年第 8 期，第 36 页。

② 习近平：《中国发展新起点 全球增长新蓝图——在二十国集团工商峰会开幕式上的主旨演讲》，《人民日报》2016 年 9 月 4 日，第 3 版。

③ 徐秀军：《维护全球金融安全需各国协调与合作》，《光明日报》2018 年 8 月 19 日，第 8 版。

④ World Trade Organization, *World Trade Statistical Review* 2018, World Trade Organization：2018，p. 10.

10 年间，全球 FDI 流入额年增速的平均值达 19.8%，而金融危机以来的 10 年间，全球 FDI 流入额年增速的平均值大幅下降至 -0.9%。[①] 在能源治理领域，大宗商品价格波动加剧，温室气体排放加速并对全球环境带来的负面影响日益凸显。根据世界银行数据库，2017 年全球二氧化碳排放 361.38 亿吨，较 10 年前增加了 27.3%。[②] 在发展治理领域，全球包容发展、联动发展明显不足，落实联合国 2030 年可持续发展议程面临十分艰巨的任务。截至 2015 年，全球仍有 10% 的人口生活在世界银行按每天 1.90 美元（2011 年购买力平价换算）衡量的贫困线以下。[③] 全球经济治理各领域挑战不断加大，从客观上给世界各国参与"一带一路"建设和全球治理提出了更高要求。

（三）全球治理机制的效用下降或失灵

联合国、国际货币基金组织（IMF）、世界银行和世界贸易组织（WTO）等有正式章程和规则的全球治理机构，其实际运行与其宗旨和功能相去甚远。长期以来，联合国因机构臃肿和效率低下而为人诟病，并且因一些国家没有认真履行会员义务，联合国的一些职能不能得到有效发挥，一些维护全球稳定与发展的工作不能正常开展。根据联合国会费委员会数据，截至 2018 年 11 月，在现有 193 个会员国中，143 个会员国全部缴纳了 2018 年的经常预算摊款，其中美国位列欠款国家行列。[④] 自 1985 年美国拖欠联合国经常预算摊款以来，累计拖欠金额达 13 亿美元。

---

① 根据联合国贸易和发展会议数据库（unctadstat. unctad. org）数据计算。
② 根据世界银行数据库（data. worldbank. org）数据计算。
③ 同上。
④ Committee on Contributions, http://www.un.org/en/ga/contributions/，2018 年 12 月 18 日。

曾任 IMF 高级官员的美国企业研究所研究员拉奇曼（Desmond Lachman）指出，作为全球最为重要的货币金融机构，IMF 对经济与金融危机的预警一直保持非常糟糕的纪录。尽管世界经济与金融出现了巨大的失衡，但它不仅没有预测到 2008 年至 2009 年美国房地产及次级贷款市场的崩溃及其对世界其他地区破坏性的溢出效应，也未能就后来的欧洲主权债务危机作出预警。① 作为全球最有影响力的多边开发性金融机构，世界银行在促进全球尤其是发展中国家发展方面的功能和职责也备受批评。一直以来，世界银行在帮助穷国摆脱贫困方面的效果并不明显，富国更富却成为国际社会发展的一个事实，一些不发达国家甚至抱怨世界银行的存在加重了它们的贫困。② 作为 WTO 最锋利的"牙齿"，争端解决机制正面临一些国家单边主义贸易政策的考验。目前，WTO 上诉机构正式法官仅剩三个，与法定常设法官人数相差四位，争端解决机制因上诉机构法官人数不足而无法充分发挥作用。如果 WTO 成员一直无法就法官任命案达成共识，至 2019 年 12 月，现有三名法官将有两名的任期届满，WTO 上诉机构将因法官人数严重不足而面临停摆危机。

亚太经济合作组织（APEC）、G20 等论坛式的区域和全球治理机制在引导和推动全球治理方面的动力日益消退。2018 年 11 月，在巴布亚新几内亚首都莫尔兹比港举行的 APEC 领导人非正式会晤上，虽然与会领导人经过密集沟通与交流，但仍未就预定议程达成共识。该组织因此自成立 29 年来第一次未形成领导人宣言，组织的功能也因此大为受限。随着国际金融危机的显性症状的日益减轻，G20 同样面临机制失灵问题。近年来，无论是在推动全球治理改革方面还是在促进世界经济、金融、投资和贸易等领域方面，均未取得实质性的重大进展。

---

① Desmond Lachman，A crass failure at the IMF，October 31，2012. http：//www. aei. org/pub-lication/a-crass-failure-at-the-imf.

② Cheryl Payer，*The World Bank：A Critical Analysis*，New York：Monthly Review Press，1982.

总之，全球治理机制的改革与完善因各种因素而难以取得实质性进展，现有机制的效用不仅得不到充分发挥，甚至还成为阻碍全球化进程的障碍。尽管这在一定意义上给"一带一路"的机制创新提供了机遇，但全球治理机制的效用下降或失灵恶化了"一带一路"建设的国际机制环境，并对"一带一路"机制建设带来负面效应。

◇◇四　依托"一带一路"建设塑造全球治理新动力的对策

为了消解经济全球化的负面影响，让经济全球化的成果惠及每个国家、每个民族，中国领导人提出要坚定不移引领经济全球化进程，引领经济全球化向更加包容普惠的方向发展。中国提出坚持创新驱动、协同联动、与时俱进、公平包容，致力于打造富有活力的增长模式、开放共赢的合作模式、公正合理的治理模式和平衡普惠的发展模式。[1] 这是从根源上为新形势下经济全球化的负面问题提供的解决方案。找准治理全球问题的着力点并积极贡献中国智慧，体现了中国引领经济全球化进程的大国责任。目前，在推动全球治理体系改革和完善方面，"一带一路"沿线国家还存在很大发展与合作空间。结合"一带一路"倡议及其参与国家和地区的现状与问题来看，应沿着以下三个思路进一步塑造全球治理的新动力，不断提升中国及沿线国家在全球治理中的地位和作用。

---

[1]　习近平：《共担时代责任　共促全球发展——在世界经济论坛 2017 年年会开幕式上的主旨演讲》，《人民日报》2017 年 1 月 18 日，第 3 版。

（一）不断创造"一带一路"沿线国家参与全球治理的良好条件和环境

"一带一路"沿线多为经济社会发展较为落后的发展中国家，很多国家还面临国内政治和经济上的困境。这不仅会分散相关国家对"一带一路"建设的投入，也会为外部势力干扰"一带一路"国际合作留下缺口，从而制约了"一带一路"沿线国家在全球治理中的地位和作用。为此，要着力应对沿线国家国内政治与经济问题，维护政局和社会稳定，刺激经济增长。一方面，"一带一路"国际合作应以改善民生为主线，让普通民众拥有获得感，从而换取民众对所在国政府以及"一带一路"建设的支持；另一方面，沿线国家应共同探讨解决方案，分享各自发展经验与应对挑战的对策，将促进共同发展与繁荣作为参与"一带一路"国际合作的主要目标和任务。

从长远来看，"一带一路"国际合作要在全球治理中发挥引领作用，必须在以开放理念促进相互之间以及与外部世界之间的良性互动，并在此过程中不断提升国际话语权和影响力。全球经济之所以面临日益加大的逆全球化挑战，原因之一就在于各国政策的封闭性和保守性。"一带一路"既是发展中国家合作的重要平台，也是应对"逆全球化"挑战的重大举措。它所倡导的开放合作"基于但不限于古代丝绸之路的范围，各国和国际、地区组织均可参与，让共建成果惠及更广泛的区域"。与内向型的、封闭式的合作不同，开放合作是一种外向型的区域或跨区域，"一带一路"倡议不针对任何国家，不搞排他性的经济集团，任何国家只要有意愿便可将其经济发展战略纳入到支持和参与"一带一路"建设的框架之中，通过功能领域的互动与互补实现两者之间的务实对接。

（二）不断巩固"一带一路"沿线国家在全球发展治理中的优势地位

当前，由于全球治理既得利益国家的阻挠，"一带一路"沿线国家尤其是沿线发展中国家难以在全球治理中获得与自身实力相符的话语权。这也是"一带一路"建设在全球治理中发挥引领作用的重要制约因素。尽管如此，"一带一路"沿线国家在全球治理体系中发挥主导作用的优势日益凸显，尤其是在全球发展治理中拥有独特优势。

一方面，"一带一路"沿线国家拥有广阔的市场。尽管"一带一路"沿线国家的人均指标与发达国家还有差距，但经济和市场规模的持续扩大为建立"一带一路"沿线国家发挥主导作用的新的国际市场规则体系奠定了基础。在市场准入、市场竞争、市场交易以及商品定价、贸易结算、技术标准等方面，沿线发展中国家可以共同提出符合发展中国家利益的规则，并以此推动国际规则体系朝着有利于新兴市场与发展中国家的方向发展。

另一方面，"一带一路"沿线国家可以通过治理经验的领域优势引领构建全球发展治理新格局。在发展治理方面，包括中国在内的很多沿线国家积累了丰富的经验。过去40多年，中国的经济增长无论是速度还是规模均在世界范围内前所未有。当前，中国正在转变经济发展方式，将传统制造业、出口、投资驱动转型升级为创新、服务业和高技术制造业驱动，这将为那些正处于经济转型和经济发展动力不足的国家提供新的发展思路。在现有全球治理体系下，将发展治理作为"一带一路"沿线国家提高全球治理制度性话语权的主导领域，既符合绝大多数沿线国家的现实基础，也能充分展现沿线国家的发展优势。

（三）不断加强"一带一路"国际合作的机制化建设

制度赤字是全球治理赤字的重要表现，也是主要原因之一。不断加强"一带一路"国际合作的机制化建设，既是深入推进"一带一路"建设的保障，也能够对现有全球治理机制形成有益补充。结合"一带一路"建设的现状和特点，"一带一路"国际合作的机制化建设应遵循"渐进发展、讲求实效"的原则有序推进，并坚持全局性机制与功能性机制相结合、正式机制和非正式机制相结合、维护现有机制与创立新机制相结合。① 具体来说，机制化建设的主要方向如下。

在非正式机制上，积极推动"一带一路"国际合作高峰论坛框架下的务实合作，并更多地关注全球性问题。2019年4月，第二届"一带一路"国际合作高峰论坛将在北京举行，意味着这一机制真正实现了两年一次的常规化。尽管"一带一路"国际合作高峰论坛尚未成立秘书处等实体机构，但它同样能够在推进全球治理方面发挥重要作用。这是因为，非正式论坛更加灵活，有利于增加各国政策调整的空间。并且，如果没有实质性合作作为支撑，过早驶入机制化轨道反而可能成为一种约束或障碍。为此，在"一带一路"国际合作高峰论坛成为正式机制之前，重点是找到可以实现务实合作的领域，并不断推进合作取得新进展。

在正式机制上，在维护好现有机制的基础上积极探讨建立一些功能领域的新规则、新标准和新机构。目前，在"一带一路"建设框架下，沿线国家重塑全球治理体系的努力主要体现在货币金融领域，尤其是多边开发性金融体系的建设方面。从现实情况来看，沿线国家倡导的这些

---

① 徐秀军：《"一带一路"建设：向高质量发展转变》，载张宇燕主编《世界经济黄皮书：2019年世界经济形势分析与预测》，社会科学文献出版社2018年版。

国际货币金融机制不仅在短时间内取得了重大进展，还实现了对原有机制的创新。但随着"一带一路"建设的日益深入，在具体领域的政策协调、规则与标准对接、争端解决等方面的问题日益凸显。为此，在借鉴现有国际机制框架的基础上，要根据一些功能领域的现实需要探讨建立一些新小而精的务实合作机制，明确界定权利和责任，并实施激励和惩罚措施。

第三章 以共建"一带一路"为实践平台推动构建人类命运共同体

吴润生[①]

　　党的十八大以来，以习近平同志为核心的党中央提出了一系列对外开放和外交工作的新理念、新思想、新战略，其中最引人注目的就是构建人类命运共同体理念。这一思想的提出是深刻总结国内外历史经验、深入思考人类前途命运的智慧结晶，是古今中外关于世界发展先进思想的集大成，是我国为世界和平与人类进步贡献的中国智慧和中国方案，也是我国在全球治理话语体系中独树一帜的重要标志。党的十九大，把坚持推动构建人类命运共同体作为新时代坚持和发展中国特色社会主义的基本方略之一，作为新时代中国大国外交的政治宣言和行动指南，不仅为中国特色外交和高水平对外开放指明了方向，也为推动全球治理体系改革、促进经济全球化发展和人类社会进步提供了共同的价值取向和思想基础。

---

① 吴润生，国家发展改革委价格认证中心主任，中国宏观经济研究院研究员。

◇◇一 构建人类命运共同体理念提出的时代背景

（一）推动全球治理体系改革和中国特色大国外交亟待新理念新思想指引

一是国际社会面临新的风险和挑战，美国等发达经济体已难以有效发挥对全球治理的引领作用。当今时代人类物质文明、科技文明和精神文明发展实现的高度前所未有，但面临的和平赤字、发展赤字和治理赤字等严峻挑战也前所未有。在国际金融危机和欧债危机的严重冲击下，美欧等发达国家综合实力整体削弱，国家治理黑天鹅事件频发，政治社会乱象丛生，逆全球化和保护主义势力抬头，对全球治理的领导力明显下降，甚至给世界和平发展"添堵"或带来新的问题。

二是人类命运共同体理念是我国在全球治理话语体系中独树一帜、彰显新兴大国力量的重要标志。倡导构建人类命运共同体理念是全球治理的中国方案。与西方主导的全球治理话语相比，这一思想在内涵的丰富性、表述的扼要性、理论的完整性方面毫不逊色，在目标的极致性、方案的可行性方面则更胜一筹。更重要的是，这一思想超越了政治意识形态，是站在全人类利益的高度进行的战略谋划和顶层设计，为不同社会制度、不同发展阶段的国家所接受。

三是人类命运共同体理念是新时代中国特色大国外交的统领。它涵盖了全人类、达到了命运这个最深层次，从终极性讲与共产主义思想具有同等分量，但又使用了国际社会易于接受的语言表述。同时，还具有"五位一体"的完整框架，具有清晰的实现路径，是一个内涵丰富的集大成理论，在新时代中国特色大国外交中完全可以发挥统领作用，成为我国在国际合作交往中必须高举的旗帜。

（二）当今世界正处于大发展大变革大调整时期，为构建人类命运共同体带来前所未有的历史机遇

一是和平与发展仍是时代主题，国际格局和力量对比加速演变，世界经济"南升北降"态势更加凸显，国际力量对比更趋平衡，和平发展大势不会改变。二是以联合国为核心、以联合国宪章为基石的国际治理体系比较成熟定型，在维护国际关系总体和平稳定及推进全球治理进程中仍然发挥主导作用。三是世界正面临百年未有之大变局，新一轮科技革命和产业变革孕育新的重大突破，世界经济增长新旧动能加速转换，全球治理体系面临深刻重塑，世界多极化和经济全球化在曲折中前行，但各国走向开放、走向融合的大趋势没有改变，国际社会日益成为一个"你中有我、我中有你""一损俱损、一荣俱荣"的利益共同体、责任共同体和命运共同体。

（三）党的十八大以来我国经济实力、综合国力、文化软实力和国际影响力显著提升，为推动构建人类命运共同体提供了独特的比较优势

一是人类命运共同体理念首倡者的理论优势，在解读、宣传、应用、推广该理念方面具有先天优势和主动权。二是中国特色社会主义的制度优势，国际社会对中国理念、中国经验、中国道路、中国制度的认同程度大幅提高。三是显著提升的综合国力优势，使我国在世界经济发展和国际经贸规则制定中的影响力明显增强。四是日渐形成的国际合作与竞争新优势，使我国有能力通过构建网络化、平等化的新型分工体系，更

好推动世界各国互惠互利、共享发展。五是深厚的历史人文优势，为推动构建人类命运共同体注入丰富的文化内涵和历史底蕴。

◇◇二 人类命运共同体理念的深刻内涵

（一）构建人类命运共同体是古今中外关于世界发展先进思想的集大成

一是人类命运共同体理念源于共产主义思想，但在务实性、可行性方面实现了历史性超越。共产主义社会是马克思主义的理想社会形态。然而，当今时代特征与共产主义社会应拥有的特质相去甚远，致使人们认为共产主义远大目标似乎遥不可及。而人类命运共同体理念承认国家仍将长期存在的事实，倡导国家之间平等相待、和平共处；承认生产力仍不发达的事实，倡导群体之间共享发展、包容普惠；承认提高人类道德品质任重道远的事实，倡导文明之间交流互鉴、避免冲突和人与自然和谐共处、良性循环。它将共产主义理想的核心元素融入时代发展进程，使其既有超越性又有现实性，是共产主义理想时代化的重大创新成果。

二是人类命运共同体理念根植于中国传统文化，但其时代内涵更加丰富深刻。从自然观看，中华文化崇尚"天人合一""道法自然"，认为人与万物都在自然界"浑然中处"。从国家观看，中华文化有超越国家的"天下"概念，强调折冲樽俎等外交手段在处理国家冲突中的优先地位。从财富观看，中华文化重视财富分配的普惠性与公正性，儒家"不患寡而患不均"思想历来是主流。从文化观看，中华文化崇尚人类文明交流互鉴，佛教来华和西学东渐这两次大的人类文化融合就是鲜活的例证。这些传统文化思想都为人类命运共同体的价值理念提供了深厚的思想渊源。然而，在传统主流文化中，虽然有着"天下"概念，但"贵华夏贱夷狄"也一直是古人的观点。而人类命运共同体理念倡导的是，国家不分大小、强弱、贫富一律平等，真正体现了"天下"的广袤视野，赋予传统文化价值理念以更加丰富深刻的时代内涵。

三是人类命运共同体理念借鉴国际关系的公认原则，逐渐形成一个严密完整的理论体系。360多年前，《威斯特伐利亚和约》确立平等和主权原则。150多年前，《日内瓦公约》确立国际人道主义精神。70多年前，《联合国宪章》明确四大宗旨和七项原则。60多年前，万隆会议倡导和平共处五项原则。国际关系演变形成的这些公认原则和进步理念，已成为构建人类命运共同体实践的基本遵循。同时，人类命运共同体理念从伙伴关系、安全格局、经济发展、文明交流、生态建设等五个方面全新阐释了国际关系应坚持的准则，形成一个逻辑更严密、内容更完整的理论体系。

四是人类命运共同体理念是中国特色大国外交智慧的结晶。改革开放前，我国提出"和平共处"五项原则，在"三个世界"理论指导下加强与发展中国家团结合作。改革开放后，我们党的几代领导集体先后提出和平与发展是时代主题的理论、建立公正合理国际政治经济新秩序的理论、建设和谐世界的理论，在构建全方位外交格局方面积累了丰富的实践经验。这些理论认识与实践经验，为推动构建人类命运共同体打下了坚实基础。

（二）人类命运共同体理念的核心内容

"人类命运共同体"思想包含三个关键词：人类、命运、共同体，其内涵可以用"人类＋命运＋共同体"的范式理解，它描述的是人类的一种存在状态和组织形态。在此状态和形态下，整个人类的兴衰存亡都紧密联系在一起，"有福同享、有难同当"是这种状态和形态的基本特性与真实写照。

一是主权之间要平等相待、努力实现持久和平，这是人类命运共同体的重要基础。它要求遵循国家主权平等原则，核心是国家不分大小、强弱、贫富，主权和尊严必须得到尊重。遵循和平共处原则，核心是国家之间要相互尊重、平等协商，构建对话不对抗、结伴不结盟的伙伴关系。

二是国家之间要共建共享、努力实现普遍安全，这是人类命运共同体的强大保障。它要求全世界树立共同、综合、合作、可持续的新安全观，统筹应对传统与非传统安全威胁。对于传统安全威胁，核心是要发挥联合国安理会在止战维和方面的核心作用。对于非传统安全威胁，核心是要全面加强安全、经济、社会、生态等领域的国际合作，建立安全统一战线。

三是群体之间要包容普惠、努力实现共同繁荣，这是人类命运共同体的关键支撑。它要求通过加强创新驱动和深化结构性改革，实现强劲、可持续、平衡、包容增长；同时，也要求切实解决经济全球化中的公平正义问题，推动经济全球化朝着更加开放、包容、普惠、平衡、共赢的方向发展。

四是文明之间要交流互鉴、努力实现开放包容，这是人类命运共同体的牢固纽带。它要求促进各种文明之间交流互鉴、兼收并蓄，实现相互理解、彼此尊重，从精神层面扎紧牢固纽带。以文明交流超越文明隔阂、文明互鉴超越文明冲突、文明共存超越文明优越，推动人类文明实现新的更大发展。

五是人与自然之间要和谐共生、努力实现清洁美丽，这是人类命运共同体的应有要义。实现人与自然和谐相处、维护人类永续发展，是人类最根本的命运所在，也是人类命运共同体的题中应有之义。要牢固树立尊重自然、顺应自然、保护自然的意识，坚持走绿色、低碳、循环、可持续发展之路。

◇◇三　"一带一路"倡议与人类命运共同体理念的关系

首先，理念高度契合。一方面，当今世界依托技术进步及国家间优势互补的开放格局业已形成，各国越来越注重依靠相互间合作来推动经济发展，合作共赢的共同利益观已经日益深入人心。面对越来越多的全球性问题，如粮食安全、资源短缺、气候变化、网络攻击、环境污染、疾病流行、跨国犯罪等全球非传统安全问题，任何国家都不可能独善其身，任何国家要想自己发展，必须让他国发展，要想自己安全，必须让他人安全，人类社会是一个相互依存的共同体已成为国际社会共识。另一方面，改革开放 40 年，我国顺应经济全球化趋势，积极参与国际分工和国际竞争，国内经济与世界经济体系的联系日益紧密。我国已经成为全球第二大经济体、第一大货物贸易国、第二大利用外资国和第二大对外投资国。我国既是经济全球化的重要受益者，也是全球发展的贡献者。随着世界多极化、经济全球化、社会信息化深入发展，各国利益紧密相连。零和博弈、冲突对抗早已不合时宜，同舟共济、合作共赢成为时代要求。

在此时代背景下，构建人类命运共同体理念，就是要开辟一条合作共赢、共建共享的文明发展新道路；就是要建立平等相待、互商互谅的伙伴关系，摈弃零和博弈的旧思维，走出一条"对话而不对抗，结伴而不结盟"的国与国交往新路；就是要营造公道正义、共建共享的安全格局，以共同、综合、合作、可持续安全的新观念破除冷战思维，维护和平与安全；就是要谋求开放创新、包容互惠的发展前景，实现合作共赢、共同发展；就是要促进和而不同、兼收并蓄的文明交流，以平等、尊重、包容的新型文明观取代"文明冲突论"和"文明优越论"，促进不同文明互学互鉴、和谐共存；就是要构筑尊崇自然、绿色发展的生态体系，走出一条绿色、低碳、循环、可持续发展新路。

共建"一带一路"倡议源于中国，但机会和成果属于世界。"一带一路"顺应时代发展大势，高举和平发展旗帜，倡导全球合作发展理念，秉持"亲诚惠容"的外交理念，弘扬和平合作、开放包容、互学互鉴、互利共赢的丝路精神，不限国别范围，不搞封闭排外机制，不以改变他国政治制度为目的，不打地缘博弈小算盘，不搞封闭排他小圈子，不做凌驾于人的强买强卖，有意愿的国家和经济体均可参与。它旨在推动全球经济治理体系向更加公平、公正、合理方向发展，与沿线各国共同打造政治互信、经济融合、文化包容、安全互助的利益共同体、责任共同体和命运共同体。作为一条和平之路，"一带一路"建设是所有国家不分大小、贫富，平等相待、共同参与的合作；是公开、透明、开放，为世界和平与发展增添正能量的合作；是传承丝路精神、追求互利共赢和优势互补的合作。通过扩大文明对话和互学互鉴，加强各国间的政策沟通与战略对接，有利于解决当前世界和区域发展面临的突出问题，有利于促进各种文明和谐共存，有利于推动地区共同发展和世界和平稳定。可见，两者的理念和价值观具有高度的同质性和契合性。

其次，内涵高度融合。人类命运共同体理念根植于源远流长的中华文明和波澜壮阔的中国外交实践，契合各国求和平、谋发展、促合作、要进步的真诚愿望和崇高追求，其深刻内涵在于建立平等相待、互商互谅的伙伴关系，营造公道正义、共建共享的安全格局，谋求开放创新、包容互惠的发展前景，促进和而不同、兼收并蓄的文明交流，构筑尊崇自然、绿色发展的生态体系。这五个方面相辅相成、缺一不可，形成一个完整统一的有机整体。其中，经济领域的总体要求是坚持合作共赢、建设共同繁荣的世界，具体包括经济持续增长、治理公正合理、发展平衡普惠、开放合作共赢等四个目标。这些要求和目标均指向当前经济全球化面临的困境。未来，只有继续推动经济全球化朝着这些目标要求和正确方向前进，世界经济才能更有活力、更加包容、更可持续。

"一带一路"倡议顺应了时代要求和各国加快发展的愿望，把快速发展的中国经济同沿线国家的利益结合起来，愿同伙伴国家携手打造"一带一路"沿线国家多主体、全方位、跨领域的互利合作新平台。一方面，以政策沟通、设施联通、贸易畅通、资金融通、民心相通为主要内容和有力抓手，推动沿线国家和地区间的发展经验互鉴和发展资源共享，从基础设施互联互通入手，大力推进经济走廊建设，促进贸易和投资自由化、便利化，推动国际产能和装备制造合作，把世界多样性和各国经济互补性和差异性转化为现实的发展动力和活力，加强我国与沿线国家的基础设施互联互通，促进物流、资金流、人流、技术流、信息流等要素自由有序流动、安全高效配置，助力沿线国家和地区经济乃至世界经济强劲、可持续、平衡和包容增长。另一方面，我国将自身发展战略与他国发展战略进行对接，将自身资本、技术和优势产能输出与他国发展经济的现实需求予以衔接，不断扩大利益契合点和交汇点，寻求共同发展的最大公约数。可见，两者的内涵具有高度的融合性和关联性。

再次，治理观高度吻合。当今世界，超越国家之上尚缺乏具有主权性质的世界政府，现有全球治理规则的约束力和执行力明显偏弱。要有效化解国际利益冲突，打造人类命运共同体，全球治理体系必须更加公正合理，使得绝大多数参与者能够从中获益，从而自愿维护这套规则体系的运转。人类命运共同体理念秉持互商互谅、包容普惠、共建共享等方针，要求切实解决经济全球化中的公平正义问题，着力推动经济全球化朝着更加开放、包容、普惠、平衡、共赢的方向发展。

　　"一带一路"秉持的是共商、共建、共享的全球治理观，强调"一带一路"不是封闭的，而是开放包容的；不是中国一家的独奏，而是沿线国家的合唱。它着眼于解决全球经济发展中的结构性失衡，把各国发展意愿和比较优势结合起来，促进各国加强经济政策协调，打造开放、包容、均衡、普惠的新型合作架构，推动全球治理体系朝着公平、公正、合理的方向发展。特别是，在全球性公共产品供应不足和现有国际规则不变的情况下，加快同周边国家互联互通建设，创设亚投行、丝路基金等地区性融资机构，为沿线国家和地区的基础设施建设和资源开发提供必要的融资支持，进一步消除其经济发展瓶颈，为这些国家搭乘中国发展快车和便车、更多受惠中国持续增长红利提供机遇窗口。同时，"一带一路"助推人民币全球流通，不断适应全球经济发展对多样化国际货币流动性的巨大需求，促进全球经贸投资合作发展。这些都充分体现了促进全球治理体系改革的中国担当和中国智慧。可见，两者的全球治理观具有高度的重合性和一致性。

　　最后，目标高度重合。人类社会正处在一个大发展大变革大调整时期，和平赤字、发展赤字、治理赤字，是摆在全人类面前的严峻挑战。只有有效推动各国政策对接，在全球范围整合经济要素和发展资源，才能形成合力，促进世界和平安宁、共同发展。人类命运共同体理念体现了超越狭隘民族国家利益、国家间关系和意识形态的全球观和世界眼光，是一份思考人类未来的"中国方略"。作为国际社会为之共同奋斗的理想，人类命运共同体不是抽象的、缥缈的，而是现实的、具体的，是可以分步渐进实现的目标。习近平主席多次强调，打造命运共同体要始于周边，造福周边，要让命运共同体意识在周边国家落地生根。例如，将中国和巴基斯坦打造成为同周边国家构建命运共同体的典范，将中国和越南打造成为山水相连的友好邻邦和利益相容、目标相同的命运共同体，将中国和老挝打造成为牢不可破的中老命运共同体，将中国和柬埔寨打造成为高度互信的好朋友、肝胆相照的好伙伴、休戚相关的命运共同体，等等。

"一带一路"倡议来自中国，但惠及世界。就其目标而言，一方面，旨在促进经济要素有序自由流动、资源高效配置和市场深度融合，共同打造开放、包容、均衡、普惠的区域经济合作新构架。另一方面，旨在与沿线各国共同打造政治互信、经济融合、文化包容、安全互助的利益共同体、责任共同体、命运共同体。早在 2016 年，习近平主席就强调指出，中国愿同沿线国家一道，构建"一带一路"互利合作网络、共创新型合作模式、开拓多元合作平台、推进重点领域项目，携手打造"绿色丝绸之路""健康丝绸之路""智力丝绸之路""和平丝绸之路"。2017 年 5 月 14 日，国家主席习近平出席"一带一路"国际合作高峰论坛开幕式发表主旨演讲时强调，坚持以和平合作、开放包容、互学互鉴、互利共赢为核心的丝路精神，携手推动"一带一路"建设行稳致远，将"一带一路"建成和平、繁荣、开放、创新、文明之路。同时强调，要坚持创新驱动发展，加强在数字经济、人工智能、纳米技术、量子计算机等前沿领域合作，推动大数据、云计算、智慧城市建设，连接成 21 世纪的数字丝绸之路。

综上，"一带一路"目标不仅具有多层次性，更具有多元性，但其最高目标是构建"一带一路"命运共同体，可见两者的目标具有高度的重合性和内嵌性。

◇◇四　以"一带一路"为平台构建人类命运共同体

共建"一带一路"是构建人类命运共同体的重大举措，是通往构建人类命运共同体的重要桥梁和纽带。随着"一带一路"建设的持续推进，构建人类命运共同体的理念与实践正在造福世界各国人民，给世界带来新机遇、新希望。中国发展离不开世界，世界发展也需要中国。实践证明并将继续证明，中国推动人类文明进步的决心坚定不移，始终是世界和平的建设者、全球发展的贡献者、国际秩序的维护者。

（一）总体思路

必须坚持以习近平新时代中国特色社会主义思想为指导，深刻领会、准确把握习近平主席关于人类命运共同体的外交思想和战略布局，客观认识我国推动人类命运共同体建设的优势条件与制约因素，采取统筹兼顾、循序渐进的务实思路，将构建人类命运共同体与共建"一带一路"紧密结合，将建设"一带一路"利益共同体和责任共同体作为重要基础和必经阶段，将打造"一带一路"沿线周边和区域命运共同体作为重点任务，以政策沟通、设施联通、贸易畅通、资金融通、民心相通"五通"为主要内容和有力抓手，更加注重统筹国际国内两个大局，更加注重开放包容、合作共赢，更加注重构建公正合理的规则体系，促进经济要素有序自由流动、资源高效配置和市场深度融合，共同打造开放、包容、均衡、普惠的区域经济合作新构架和共享发展机遇的平台，为构建人类命运共同体奠定坚实基础。

（二）对策思路

1. 注重构建层次的递进性：从利益共同体到责任共同体再到命运共同体

命运共同体是各类共同体的最高层次，利益共同体和责任共同体是命运共同体的重要基础。利益共同体是在共同利益（包括经济利益与非经济利益）基础上形成的共同体，维系这类共同体的主要纽带是利益关系，比如自由贸易区、关税同盟、货币联盟等。责任共同体则是在共同承担义务和责任基础上形成的共同体，维系这类共同体的主要纽带是在共同利益基础之上通过规则与制度分配承担的责任，比如国际安全组织、国际环保组织等。当一个共同体的成员利益取向基本一致，并愿意共同承担责任后，这个共同体才能将个体发展与共同体发展联系起来、统一起来，最终达到"有福同享、有难同当"的命运共同体。因此，形成"利益共享、责任共担"的共同体，是打造命运共同体的重要基础和必由之路。

自由贸易区（FTA）是构建利益共同体的重要途径。一方面，自由贸易区是由各参与方政府共同谈判达成的成果，能够最大化反映各参与方的共同经济利益。另一方面，设立自由贸易区能够大幅消除各方开展经济合作的壁垒，对于构建利益共同体的促进作用巨大。从全球的实践看，一旦双边、多边和区域性 FTA 建成后，各参与方经济联系显著加强，共同经济利益将大幅增加。

健全的评估监督机制是共同承担责任的根本保证。共同体成员出于最大化自身利益的考虑，或多或少都会存在违反共同体相关规则、逃避相关责任的动机和行为，若仅仅依靠道德软约束，则难以保证各参与方自觉承担应尽的责任。因此，必须建立一套行之有效的评估、监督和惩罚机制，以维护相应规则体系的权威性和有效性。

2. 着眼构建范围的渐进性：从周边命运共同体到"一带一路"命运共同体再到全球命运共同体

当前，我国周边国家环境总体稳定，拥有明显的发展优势和潜力，睦邻友好、互利合作是周边国家对华关系的主流，具备打造命运共同体的基础条件。周边国家距我最近，具有天然的区位优势，更易于形成紧密的经济文化联系，在我外交全局中的地位日益凸显。让命运共同体意识在周边国家落地生根，减少摩擦和冲突，增加合作和交流，有利于减少对我国战略资源的牵扯和消耗，使我国能够聚精会神搞建设、一心一意谋发展。综合判断，应将构建周边命运共同体作为我国推动构建人类命运共同体的优先方向。

构建关系紧密的周边利益共同体，是打造周边命运共同体的第一步，也是最重要的一步。基于我国与周边国家的要素禀赋和比较优势状况，建议实施更加积极主动的周边经济战略，使我国与日韩在先进制造业领域形成错位竞争的产业内分工关系，与东盟、巴基斯坦、印度等劳动力资源丰富、要素成本较低的发展中国家在传统制造业领域形成产品内分工关系，与俄罗斯、中亚、西亚等资源富集国巩固产业间分工关系，逐步形成以我国为领头羊的新型区域分工体系。

"一带一路"建设是新时期我国对外开放和国际经济合作的重点任务，构建"一带一路"命运共同体是推进"一带一路"建设的最高目标。从范围看，"一带一路"建设覆盖欧亚大陆多国，并不断扩大朋友圈。从进程看，"一带一路"的"五通"建设任务已取得显著成效，通过基础设施互联互通、经贸投资产业合作及科技人文交流，沿线国家已经形成某种程度的利益共同体。从投入看，我国在"一带一路"建设中已经投入、正在投入、未来继续投入大量政治、经济、外交资源，为"一带一路"建设创造源源不断的动力。综合判断，将构建"一带一路"命运共同体作为推动构建人类命运共同体的重点，既十分必要，也十分可行。

目前看，"一带一路"沿线国家已经形成某种程度的利益共同体。下一步，重点是通过加强机制建设增强"一带一路"的规则构建功能，在深化和巩固利益共同体的同时，着力打造"一带一路"沿线利益共享、成本和风险共担的责任共同体，再朝着命运共同体迈出坚实的一步。这方面，主要是要围绕常态化组织、战略规划协同、经贸投资、融资、安全保障等建立"一带一路"的长效机制。

3. 聚焦构建机制的优先性：从常态化组织、战略规划协同机制到经贸投资、融资机制再到安全保障机制

以"一带一路"为实践平台推动构建人类命运共同体，建立"一带一路"的长效机制是关键内容和重要保障。就此而言，涉及常态化组织、战略规划协同机制、经贸投资机制、融资机制、安全机制等多个领域，要做到各个机制同步推进、均衡发展，似乎不太可能。因此，推进机制建设的思路是坚持统筹兼顾、突出重点、循序渐进的原则，首先要把打造国际合作高峰论坛作为优先方向和关键载体，在此基础上，进一步推进政策沟通、经贸投资、金融、产能合作等机制的建设，进而逐步强化相关安全保障机制的建设。

坚持推动构建人类命运共同体，是新时代坚持和发展中国特色社会主义的基本方略之一，也是我国为世界和平与人类进步贡献的中国智慧和中国方案。然而，推动构建人类命运共同体有两个需要突破的难点：一是人类范围太大，需要找到一个合适范围，既能实质性推动命运共同体建设，又能为最终实现人类命运共同体打下最重要的基础、提供最重要的阶梯；二是需要找到一个国际合作机制，作为承担和落实人类命运共同体理念的载体，否则这一理念无法转化为国际社会的行动，也无法真正成为超越政治意识形态差异的共同信仰，很可能沦为清谈、虚而不实。

目前看，要依靠现有的国际治理机制来突破这两个难点，不仅难度较大，现实性也不强，而"一带一路"建设及其国际合作高峰论坛正是突破这两个难点的关键所在。第一，从范围看，"一带一路"建设覆盖欧亚大陆多国，并不断扩大朋友圈；从进程看，"一带一路"的"五通"建设任务已取得显著成效，沿线国家已经形成某种程度的利益共同体；

从投入看，我国在"一带一路"建设中已经投入、正在投入、未来将继续投入大量政治、经济、外交资源，为推动"一带一路"建设提供源源不断的动力。因此，将构建"一带一路"命运共同体作为推动构建人类命运共同体的重点，既十分必要，也十分可行。就构建人类命运共同体而言，"一带一路"正是那个既不太大也不太小的合适范围。第二，高峰论坛作为"一带一路"建设的顶层机制，秉承和平合作、开放包容、互学互鉴、互利共赢的丝路精神，与人类命运共同体理念在根本上是相通的，且论坛由我国倡议和主导，完全可以成为承担落实命运共同体理念的主要国际机制。第三，高峰论坛既能对"五通"进行战略部署和安排，又能将命运共同体理念转化为务实行动，避免了流于形式而没有内容、只有清谈而没有实干的现象发生。因此，"一带一路"国际合作高峰论坛完全可以在打造"一带一路"命运共同体，进而构建人类命运共同体中发挥关键载体作用。

4. 突出建设任务的重要性，从推进"五通"建设到搭建国际经济合作和全球发展的重要平台再到推动全球经济治理体系改革

从区域范围和建设内容看，"一带一路"建设的目标和任务应是分区域的和分阶段的。首先，要以政策沟通、设施联通、贸易畅通、资金融通、民心相通"五通"为主要内容，不断推动沿线国家和地区间的发展经验互鉴和发展资源共享，从基础设施互联互通入手，大力推进经济走廊建设，促进贸易和投资自由化、便利化，推动国际产能和装备制造合作，把世界多样性和各国经济互补性和差异性转化为现实的发展动力和活力，助力沿线国家和地区经济乃至世界经济强劲、可持续、平衡和包容增长。其次，要促进经济要素有序自由流动、资源高效配置和市场深度融合，共同打造开放、包容、均衡、普惠的区域经济合作新构架，使之成为国际经济合作和全球发展的重要平台。最后，通过"一带一路"沿线国家和地区间的自由贸易区建设及相关

经贸、投资、产业、金融等领域规则的制定和实践，逐步上升到全球经济治理层面，从而为推动全球经济治理机制改革创造有利条件、提供重要借鉴。

第四章 "一带一路"与国内
战略对接协同

张 燕①

◇一 序论

"一带一路"建设是新时代我国积极参与全球治理的重要贡献，是我国推动形成全面开放新格局的总抓手。从区域战略层面看，除了在"十五"时期形成的以四大板块为基础的区域发展总体战略以外，党的十八大以来中央又先后推动部署了京津冀协同发展、长江经济带发展、海南全面深化改革开放、粤港澳大湾区建设、长三角区域一体化发展等重大区域战略，逐渐构建形成了我国区域协调发展战略的总体框架。在开启现代化建设的新时代，积极推进"一带一路"建设与重大区域战略对接协同，是深入落实中央战略部署的内在要求和重要体现，必将有利于充分发挥不同战略区域比较优势，推动各区域协调联动，有力统筹国内国外两个市场建设，构建完善我国改革开放空间格局。推动"一带一路"建设与重大区域战略深度对接和融合互动，对于新时代我国全面扩大对外开放和促进区域协调发展意义重大。

2018 年 11 月，《中共中央 国务院关于建立更加有效的区域协调发

---

① 张燕，经济学博士，国家发展和改革委员会国土开发与地区经济研究所副研究员。

展新机制的意见》中明确提出，要推动国家重大区域战略融合发展，以
"一带一路"建设、京津冀协同发展、长江经济带发展、粤港澳大湾区建
设等重大战略为引领，以西部、东北、中部、东部四大板块为基础，促
进区域间相互融通补充；以"一带一路"建设助推沿海、内陆、沿边地
区协同开放，以国际经济合作走廊为主骨架加强重大基础设施互联互通，
构建统筹国内国际、协调国内东中西和南北方的区域发展新格局。这是
今后一个时期，加强"一带一路"建设与国内重大区域战略对接协同的
顶层设计和总体部署。显然，"一带一路"建设为全国不同区域对外开放
指明了新方向、开辟了新路径；同时，重大区域战略发挥各自独特优势，
又有力支撑服务了"一带一路"建设。

◇◇二 "一带一路"建设与重大区域战略对接协同的现状

党的十八大以来，中央就推进"一带一路"建设、促进区域协调发
展不断完善顶层设计、强化全局部署，相关重大规划、政策举措相继出
台实施，为"一带一路"建设与重大区域战略对接协同指明了方向，一
批重大平台和项目建设发挥了积极的示范带动作用。但是，也应该看到，
目前对接协同的系统性还不够，战略实施的叠加作用、协同效应有待强
化发挥。

（一）重大战略规划及政策文件中均明确对接方向

2015 年 3 月，国家发展改革委、外交部、商务部联合发布的《推动
共建丝绸之路经济带和 21 世纪海上丝绸之路的愿景与行动》中明确提

出，通过推进"一带一路"建设，充分发挥国内各地区比较优势，实行更加积极主动的开放战略，加强东中西互动合作，全面提升开放型经济水平，并就西北、东北、西南、沿海、港澳台和内陆等不同地区开放态势做了明确部署。近年来，为积极落实中央决策部署，扎实推进"一带一路"建设，各地区结合地方基础条件和特点，相继出台实施了地方层面参与"一带一路"建设的规划、实施方案和政策措施等。此外，从西部大开发、东北振兴和中部崛起"十三五"规划及已对外公开的重大区域战略规划文件看，也均明确了各区域板块对接"一带一路"建设的方向和重点（见表4.1），应该说，不同战略区域差异化对接"一带一路"建设的路线图总体上已经设计好。

表4.1 重大区域战略规划、文件中关于对接"一带一路"建设的要点

	主要任务
西部大开发"十三五"规划	①推进中蒙俄、新亚欧大陆桥、中国—中亚—西亚、中国—中南半岛、中巴、孟中印缅等国际经济走廊境内段建设。②加快构建联通内外、安全高效的跨境基础设施网络，稳步拓展内陆无水港体系。加强与长江经济带综合立体交通走廊等衔接。总结推广重庆等地中欧班列建设经验，统一规划建设通道路径和枢纽节点。③加强现代产业基地建设，积极推进国际产能和装备制造合作，探索与相关国家合作建设高标准的产业集聚区。④支持"一带一路"重点旅游城市间增开国际航线，拓展国内段业务。⑤完善多层次对外交流合作平台体系。支持甘肃办好丝绸之路（敦煌）国际文化博览会、广西办好中国—中南半岛经济走廊发展论坛，在"一带一路"建设重点合作领域打造一批有影响力的专业论坛展会品牌。支持开展丝绸之路国际艺术节等对外文化品牌活动。

续表

	主要任务
东北振兴"十三五"规划	①推进中蒙俄经济走廊建设，深化对俄合作，加快对蒙合作。②依托"一带一路"建设，以优势产业为先导，支持企业采取绿地投资、并购投资、联合投资等方式，推进资源开发、钢铁有色、石油化工、建材、机械制造、农产品加工、木材加工、轻纺等领域国际产能合作，打造产能合作集聚区。③积极发展跨境电子商务、市场采购贸易等新型贸易方式，参与推进网上丝绸之路建设。
促进中部地区崛起"十三五"规划	①以推进"一带一路"建设为统领，构建通达全球的国际物流大通道；深度推进国际产能和装备制造合作，在更宽领域、更深程度、更高水平参与国际合作与竞争，积极培育国际竞争新优势。②依托郑州、武汉等国际航空港，打通"一带一路"沿线主要城市空中通道，创新中欧班列集货运营模式。③完善"一站式"大通关服务体系，推动与"一带一路"沿线国家主要口岸的互联互通。
国务院关于依托黄金水道推动长江经济带发展的指导意见	①发挥重庆长江经济带西部中心枢纽作用，增强对丝绸之路经济带的战略支撑。②发挥成都战略支点作用，把四川培育成为连接丝绸之路经济带的重要纽带。③构建多层次对外交通运输通道，加强各种运输方式的有效衔接，形成区域物流集聚效应，打造现代化综合交通枢纽。优化整合向西国际物流资源，提高连云港陆桥通道桥头堡水平，提升中欧班列国际运输功能，建立中欧铁路通道协调机制，增强对中亚、欧洲等地区进出口货物的吸引能力，着力解决双向运输不平衡问题。④加强与沿线国家海关的合作，提高贸易便利化水平。⑤提升江苏、浙江对海上丝绸之路的支撑能力。加快武汉、长沙、南昌、合肥、贵阳等中心城市内陆经济开放高地建设。⑥推进中上游地区与俄罗斯伏尔加河沿岸联邦区合作。

续表

	主要任务
中共中央 国务院关于支持海南全面深化改革开放的指导意见	①充分利用博鳌亚洲论坛等国际交流平台，推动海南与"一带一路"沿线国家和地区开展更加务实高效的合作，建设21世纪海上丝绸之路重要战略支点。②支持在海南设立21世纪海上丝绸之路文化、教育、农业、旅游交流平台，推动琼海农业对外开放合作试验区建设。③加强海南与东南亚国家的沟通交流，重点开展旅游、环境保护、海洋渔业、人文交流、创新创业、防灾减灾等领域合作。

（二）重大平台和项目建设发挥了较好的示范带动作用

近年来，在"一带一路"建设倡议框架下，先后推进建设了一大批重大国别合作平台和项目，在促进"一带一路"建设与相关重大区域战略融合方面发挥了较好的示范带动效应。

例如，中新互联互通项目是我国推进"一带一路"建设的重要成果，以"现代互联互通和现代服务经济"为主题，以重庆为运营中心，聚焦金融服务、航空产业、交通物流、信息通信等领域开展中国与新加坡政府间合作，随着项目不断取得实质性进展，特别是国际陆海贸易新通道的加快建设，有效推动了"一带一路"建设与长江经济带发展、西部大开发等战略有机融合。

又如，中欧班列的开通运行，大大促进了我国与欧洲及"一带一路"沿线国家经贸合作，并通过中欧班列多式联运，有力衔接了国内重大区域战略，更好地统筹了国内国外两个市场建设。根据中国铁路总公司数据，2018年中欧班列开行6,300列，国内已有56个城市与欧洲15个国家

49 个城市间开通了中欧班列，国内中欧班列运行线已达 65 条①，自此，2011 年至 2018 年，中欧班列累计开行已经达到 13,000 列（见图 4.1）。

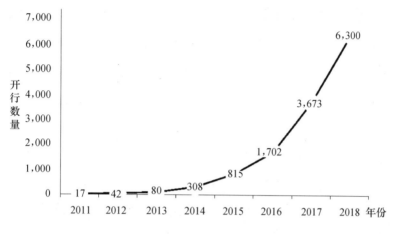

图 4.1 中欧班列开行数量（2011 年至 2018 年）

数据来源：中国一带一路网、中国铁路总公司网。

再如，随着国内自由贸易试验区优化布局建设的深化推进，特别是在海南全岛推进建设自由贸易试验区和中国特色自由贸易港，在贸易投资便利化方面均发挥了较好的示范带动作用，为国内不同战略区域充分依托基础条件和特色优势，对接"一带一路"建设提供了先行示范平台和重要载体支撑。

（三）"一带一路"有力带动了各战略区域经济结构调整

"一带一路"倡议提出以来，我国同沿线国家的贸易持续增长，投资

① 资料来源：中国铁路总公司，2018 年铁路货运增量行动成效显著（http://www.china-railway.com.cn/xwdt/jrtt/201901/t20190116_92317.html）。

合作不断深化，经贸区建设稳步推进，大大拓展了国别合作的空间，这对于统筹各战略区域"走出去"和"引进来"发挥了较好的带动作用，既促进了优势产能"走出去"，又吸引了先进生产要素，有利于不同战略区域加速新旧动能转换和经济结构调整。2013年至2017年，中国同沿线国家贸易总额超过5万亿美元，年均增长1.1%，中国已经成为25个沿线国家最大的贸易伙伴；中国对沿线国家直接投资超过700亿美元，年均增长7.2%，中国企业在沿线国家建设境外经贸合作区共82个，累计投资289亿美元，入区企业3,995家；此外，中国不断放宽外资准入领域，营造高标准的营商环境，吸引沿线国家来华投资[1]。可以预见，随着"一带一路"建设的深化推进，中国与沿线各国和地区将进一步扩大双向经贸往来和便利化投资，这将充分激发国内不同区域的比较优势，对于衔接重大区域战略实施具有重要的推动作用。

（四）对接协同的整体性协调性仍有待提高

但是，也应该认识到，"一带一路"建设与国内重大区域战略对接协同总体上尚处于顶层设计与探索推进阶段。特别是新近提出的海南全面深化改革、粤港澳大湾区建设、长三角区域一体化发展等战略刚刚起步。党的十九大提出高质量发展和现代化建设的总体部署，在新的起点上推进"一带一路"建设与重大区域战略融合发展，将赋予新的内涵与更高的要求。

目前看，按照中央决策部署，地方层面大多结合自身基础条件和特点，围绕政策沟通、设施联通、贸易畅通、资金融通、民心相通，出台

---

① 资料来源：中国网：国新办就共建"一带一路"5年进展情况及展望举行新闻发布会，2018年8月27日（http://www.china.com.cn/zhibo/content_60481828.htm）。

了"一带一路"建设实施方案等相关文件，较好地服务支撑了"一带一路"建设推进。但由于京津冀协同发展、长江经济带发展、粤港澳大湾区建设、长三角区域一体化发展等战略实施属于跨省行政区域层面，战略区域内部在推动"一带一路"建设上的协调性统筹性还不够；此外，不同战略之间在推进"一带一路"建设方面衔接也远远不够，这些都是未来推进"一带一路"建设与重大区域战略融合的重要衔接点。

◇◇三 "一带一路"建设与重大区域 战略协同的总体思路

推动"一带一路"建设与重大区域战略协同是完善我国改革开放空间布局、促进区域协调发展的内在需要，这关系到我国现代化建设和推动高质量发展的全局大局。

（一）增强战略实施的全局性系统性，推动完善中国改革开放空间布局

2018 年 11 月，习近平主席在首届中国国际进口博览会开幕式上发表主旨演讲，提出将支持长江三角洲区域一体化发展并上升为国家战略，推进更高起点的深化改革和更高层次的对外开放，同"一带一路"建设、京津冀协同发展、长江经济带发展、粤港澳大湾区建设相互配合，完善中国改革开放空间布局。当前，以"一带一路"建设为统领推进的我国新一轮更高水平对外开放，需要更高水平的国内市场一体化相配合，离

不开国内市场的深度整合，以及生产力的优化布局和整合提升①，这当然也依赖于重大区域战略的统筹实施和融合发展。此外，以优先对内开放、建立全国统一的市场体系为基础促进"一带一路"建设对外开放，也将有利于扭转对外开放引致的区域经济失衡②。

因此，应从中国新时代深化改革、扩大开放的全局发展高度，促进"一带一路"建设与重大区域战略融合发展，统筹好国内国际两个市场建设。要充分依托京津冀协同发展、长江经济带发展、海南全面深化改革、粤港澳大湾区建设等不同战略板块的改革开放基础条件，一方面，进一步强化和突出不同战略板块在改革开放新格局中的特色功能和作用；另一方面，强化不同战略板块之间的相互衔接与配合，从而引领、支撑和带动全国各地区新一轮深化改革和扩大开放（见表4.2），加快推动形成全国统一的市场体系，为"一带一路"建设提供强大的国内市场空间支撑。这样，在战略统筹中，通过深化改革、扩大对内对外双向开放，推动构建完善我国改革开放空间布局。

表4.2　　　　"一带一路"建设框架下我国各地方开放态势

	"一带一路"建设重点与方向
西北	发挥新疆独特的区位优势和向西开放重要窗口作用，深化与中亚、南亚、西亚等国家交流合作，形成丝绸之路经济带上重要的交通枢纽、商贸物流和文化科教中心，打造丝绸之路经济带核心区。发挥陕西、甘肃综合经济文化优势和宁夏、青海民族人文优势，打造西安内陆型改革开放新高地，加快兰州、西宁开发开放，推进宁夏内陆开放型经济试验区建设，形成面向中亚、南亚、西亚国家的通道、商贸物流枢纽、重要产业和人文交流基地。

① 陶永亮、赵婷：《大国开放路径及影响研究——兼论"一带一路"和长江经济带战略对空间经济绩效的影响》，《经济问题探索》2018年第8期。
② 段巍、吴福象：《开放格局、区域一体化与重塑经济地理——基于"一带一路"、长江经济带的新经济地理学分析》，《国际贸易问题》2018年第5期。

续表

	"一带一路"建设重点与方向
东北	发挥内蒙古联通俄蒙的区位优势，完善黑龙江对俄铁路通道和区域铁路网，以及黑龙江、吉林、辽宁与俄远东地区陆海联运合作，推进构建北京—莫斯科欧亚高速运输走廊，建设向北开放的重要窗口。
西南	发挥广西与东盟国家陆海相邻的独特优势，加快北部湾经济区和珠江—西江经济带开放发展，构建面向东盟区域的国际通道，打造西南、中南地区开放发展新的战略支点，形成21世纪海上丝绸之路与丝绸之路经济带有机衔接的重要门户。发挥云南区位优势，推进与周边国家的国际运输通道建设，打造大湄公河次区域经济合作新高地，建设成为面向南亚、东南亚的辐射中心。推进西藏与尼泊尔等国边境贸易和旅游文化合作。
沿海和港澳台	利用长三角、珠三角、海峡西岸、环渤海等经济区开放程度高、经济实力强、辐射带动作用大的优势，加快推进中国（上海）自由贸易试验区建设，支持福建建设21世纪海上丝绸之路核心区。充分发挥深圳前海、广州南沙、珠海横琴、福建平潭等开放合作区作用，深化与港澳台合作，打造粤港澳大湾区。推进浙江海洋经济发展示范区、福建海峡蓝色经济试验区和舟山群岛新区建设，加大海南国际旅游岛开发开放力度。加强上海、天津、宁波—舟山、广州、深圳、湛江、汕头、青岛、烟台、大连、福州、厦门、泉州、海口、三亚等沿海城市港口建设，强化上海、广州等国际枢纽机场功能。以扩大开放倒逼深层次改革，创新开放型经济体制机制，加大科技创新力度，形成参与和引领国际合作竞争新优势，成为"一带一路"特别是21世纪海上丝绸之路建设的排头兵和主力军。发挥海外侨胞以及香港、澳门特别行政区独特优势作用，积极参与和助力"一带一路"建设。为台湾地区参与"一带一路"建设作出妥善安排。
内陆	利用内陆纵深广阔、人力资源丰富、产业基础较好优势，依托长江中游城市群、成渝城市群、中原城市群、呼包鄂榆城市群、哈长城市群等重点区域，推动区域互动合作和产业集聚发展，打造重庆西部开发开放重要支撑和成都、郑州、武汉、长沙、南昌、合肥等内陆开放型经济高地。加快推动长江中上游地区和俄罗斯伏尔加河沿岸联邦区的合作。建立中欧通道铁路运输、口岸通关协调机制，打造"中欧班列"品牌，建设沟通境内外、连接东中西的运输通道。支持郑州、西安等内陆城市建设航空港、国际陆港，加强内陆口岸与沿海、沿边口岸通关合作，开展跨境贸易电子商务服务试点。优化海关特殊监管区域布局，创新加工贸易模式，深化与沿线国家的产业合作。

资料来源：《推动共建丝绸之路经济带和21世纪海上丝绸之路的愿景与行动》。

（二）以四大板块战略为基础，全域国土统筹推进"一带一路"建设

四大板块各具特点和优势，是支撑形成中国东西双向全方位对外开放格局的重要基础性战略。"一带一路"建设为中国区域发展提供了全方位的对外开放视角，增强了区域发展的开放性。党的十九大明确提出，强化举措推进西部大开发形成新格局，深化改革加快东北等老工业基地振兴，发挥优势推动中部地区崛起，创新引领率先实现东部地区优化发展；以"一带一路"建设为重点，坚持"引进来"和"走出去"并重，形成陆海内外联动、东西双向互济的全面开放新格局。

随着产业结构深度调整、进出口结构的优化、交通信息等基础设施的完善，四大板块的一些传统优势正在削弱，一些新的优势正在催生形成，如，东部对外开放和创新优势、西部特色资源和向西开放优势、中部人力资本和新型工业化优势、东北地区的装备制造和冰天雪地经济优势正成为区域发展的新基础新条件。充分利用这些新优势新条件，统筹"一带一路"与西部大开发、东北振兴和中部崛起等战略实施，通过"一带一路"建设进一步扩大全国不同区域板块对外开放、提高外向型经济水平，通过四大板块战略深化实施，更好地服务和支持"一带一路"建设。

（三）以京津冀协同发展等重大区域战略为引领，各有侧重地统筹推进"一带一路"建设

京津冀协同发展等重大区域战略，在中国推进高质量发展和现代化经济体系建设中发挥着重要引领、示范和带动作用，同时也是中国高质量推进"一带一路"建设的国内重大战略引领。应立足各大战略的内涵

要义、优势条件和实施特点，发挥独特功能和作用，各有侧重地统筹推进"一带一路"建设。

具体地，应有力发挥京津冀协同发展战略实施对"一带一路"建设的政策制定、文化共享、发展模式创新等多方面的牵引作用；有效强化长江经济带发展战略实施对"一带一路"建设的通道连通、腹地经济、绿色发展等方面的依托作用；充分激发粤港澳大湾区建设战略实施对"一带一路"建设的改革开放窗口、全球要素配置、多元包容发展等方面的样板展示作用①；切实增强海南全面深化改革对21世纪海上丝绸之路建设的重要战略支点和平台带动作用；长三角区域一体化发展战略实施则要更好地发挥在优质国际营商环境建设、新科技革命和产业变革、参与全球经济治理等方面的龙头带动作用，更有效地统筹国内外市场、规则和经济体系建设。这样，突出不同区域战略实施在"一带一路"建设中的特殊功能和作用，可以避免在形成全面开放新格局中出现力量分散、重复建设与恶性竞争等问题，有利于发挥不同战略的独特优势，服务高质量推进"一带一路"建设。

（四）充分发挥战略区域比较优势，推进精准有效对接协同

由于四大区域板块、京津冀协同发展等不同战略区域，在区位交通条件、产业基础、科技创新能力、对外开放水平、要素资源优势、市场化程度等方面具有较大差异，"一带一路"建设与重大战略区域对接协同的重点、路径和方向显然不完全一样。因此，应始终把握充分发挥区域比较优势的原则，错位差异化推进与"一带一路"精准有效对接，积极

---

① 高国力、黄征学、张燕：《促进"一带一路"同三大区域发展战略对接》，《宏观经济管理》2018年第8期。

有效地引导不同战略区域扩大对外投资和经贸往来、深化国别产能合作，更好地带动不同战略区域融入全球经济分工体系。

特别是受国际贸易摩擦、国际大宗商品价格波动、地缘政治等外部风险和不确定性因素影响，在全面推进"一带一路"建设过程中，不同战略区域在外贸结构、产业结构等方面面临新的优化调整任务。应以"一带一路"建设作为扩大对外开放的总统领，统筹不同战略区域"引进来"和"走出去"的步调、结构和次序，以及在政策沟通、设施联通、贸易畅通、资金融通、民心相通方面发挥不同战略区域的独特优势，实现精准有效对接协同，增强战略实施的统筹力与合力，更好地发挥不同战略区域的作用，扩大应对国际市场波动等外部风险冲击的回旋余地和空间，切实提高国内重大战略区域参与"一带一路"建设的协同互补性。

◇◇四　"一带一路"建设与重大区域战略对接协同的重点领域

按照高质量发展的要求，围绕完善对外开放空间布局和促进区域协调发展，优先在产业创新发展、扩大经贸合作、基础设施互联互通和政策沟通衔接等重要方面，推动"一带一路"建设与重大区域战略对接协同向纵深发展。

（一）协同推动产业创新发展

我国正处于以科技创新为引领推动产业结构优化升级的关键阶段。"一带一路"建设大大拓展了我国国际市场空间，既有利于深入推动国际产能和装备制造合作，也有利于吸引更多优质国际经济要素投入中国发展。应在拓展相互投资领域、推动新兴产业合作、优化产业链分工布局、加强科技合作等方面，全方位促进"一带一路"建设与重大区域战略对接协同。

具体地，要着眼全球新科技革命和产业变革调整的新趋势，以加快推动"一带一路"建设框架下的国别产能合作为引擎，以京津冀协同发展等重大战略区域的创新能力与产业发展基础为支撑，充分激发不同战略区域的产业创新潜力，积极主动地代表中国参与国际创新互动与产能合作，既积极鼓励传统优势产能"走出去"，也要加快我国高新技术国际化步伐[①]，还要积极吸引国际高端产业要素进国门，通过"一带一路"建设更好统筹配置国内外市场及其要素资源，率先在京津冀等战略区域打造具有国际竞争力的产业链条和创新产业集群，加快形成产业竞争新优势，促进深度参与全球产业链分工，不断提升我国产业全球创新链和价值链地位。

（二）互促扩大经贸合作

扩大经贸合作是"一带一路"建设的重要任务，也是国内重大区域战略对接"一带一路"建设的重要方面。立足已有"一带一路"建设框架下经贸合作的丰硕成果，进一步发挥不同战略区域的经贸优势和条件，促进与京津冀等不同战略区域在经贸合作领域的充分对接，积极拓展与"一带一路"沿线国家的经贸合作领域，不断提升各大战略区域的开放水平和国际影响力。

具体地，借力各大区域战略推动实施，积极打造自由贸易试验区、高规格的国际论坛与会展、国际博览会等重要载体和平台，加速促进与

---

① 张燕：《我国高新技术产业国际化的推进战略》，《中国发展观察》2014 年第 12 期。

国际经贸合作的规则、标准、政策等方面的对接，在重大战略区域优先打造优质高效的国际化营商环境，围绕"一带一路"建设框架下双边多边投资贸易合作的重点方向、国家和领域，积极推动进出口贸易发展，提高双向投资便利度和拓宽投资领域，促进教育、科技、文化等人文交流，不断提升不同战略区域的开放型经济水平，有力支撑我国全面开放新格局的形成。

（三）扎实推进基础设施互联互通

基础设施互联互通既是推动"一带一路"建设与国内重大战略对接协同的重要任务，也是重要支撑保障。完善战略实施的基础设施对接协同，全面提升我国基础设施的内外互联互通水平，将有力带动国内外各类经济要素有序高效流动。

具体地，应以海陆空综合交通运输、能源、信息等设施互联互通为重点，以综合保税、海关监管和自由贸易试验等国际贸易投资便利化设施为配套，在补齐京津冀、长江经济带、海南、粤港澳大湾区等战略区域内部基础设施短板基础上，应进一步促进畅通不同战略区域相互间以及各自对接"一带一路"的交通、能源、信息等联系通道；同时，应充分发挥我国在基础设施规划建设方面的优势能力，加快我国基础设施建设及其标准"走出去"步伐，稳步提升我国基础设施国际化水平。

其中，近期应统筹对接中欧铁路通道规划建设（见图4.2），充分考虑新亚欧大陆桥、中蒙俄、中国—中亚—西亚、中国—中南半岛、中巴和孟中印缅等国际经济合作走廊建设的进展与要求，并加强与全国交通、能源、信息等跨区域重大基础设施规划建设的有机衔接，以京津冀等战略区域为重大基础设施布局对接和协同建设的枢纽，加快提升我国跨区域，以及与周边国家在重大基础设施方面的互联互通能力，积极辐射和带动全国其他地区的基础设施联通水平，切实增强全国各地区在对接"一带一路"建设中基础设施连接的协调性、联动性。

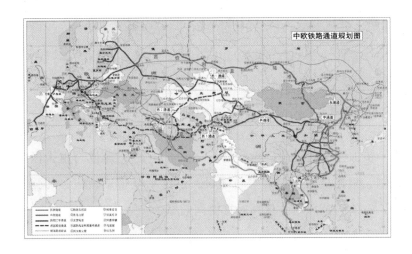

图 4.2 中欧铁路通道规划图

资料来源：《中欧班列建设发展规划（2016—2020 年）》。

（四）加强政策统筹协调

目前，在推进"一带一路"建设和重大区域战略实施过程中，按照党中央、国务院的决策部署和要求，中央和地方有关部门均出台实施了一系列支持、引导和配套政策。下一步，应进一步加强各类政策的梳理、对接与统筹实施，切实发挥"一带一路"建设与各大区域战略政策互为配套和支撑，增强政策实施的叠加共振效应。

具体地，应适应经济全球化背景下国际惯例和规则要求，积极推动"一带一路"建设的政策制定与国际接轨，统筹"一带一路"建设与国内重大区域战略实施的政策体系制定，重点突出对外开放领域的政策目标、政策重点和政策工具等方面的衔接，同时也要加强国家重大区域战略之间的政策设计对接，减少政策交叉重复、冲突甚至可能出现的矛盾，促进政策实施层面的畅通、衔接与统一。此外，适时加强"一带一路"建设与各大区域战略实施方面的政策效应评估和动态调整，切实提高"一带一路"建设与各大区域战略政策之间的协调联动性。

◇◇五 "一带一路"对接协同的对策建议

进一步加强顶层设计，建立健全"一带一路"建设与重大区域战略融合机制，狠抓重大项目和平台建设，发挥示范带动效应，加强动态监测评估，有效防范风险，提高对接协同效率。

（一）建立健全"一带一路"与重大区域战略融合机制

统筹"一带一路"建设与区域协调发展战略实施，加强顶层设计，建立健全"一带一路"建设与重大区域战略融合发展机制。一是完善规划编制及其实施衔接机制，加强"一带一路"建设相关方案、专项规划与重大区域战略规划的衔接，明确各战略区域在"一带一路"建设中的功能作用，各战略规划中明确推进"一带一路"建设的方向、重点任务甚至重大工程项目等。二是落实经济通道建设融合机制，发挥好"一带一路"国际经济走廊对国内重大战略区域的统筹衔接作用，在国际经济走廊建设中衔接好重大区域战略实施，在重大区域战略实施过程中更好地服务支撑国际经济走廊建设。三是研究建立完善改革开放空间布局与促进区域协调发展的融合机制，进一步优化重大战略平台、载体和重大项目的空间布局。四是建立中央与地方、各级各部门之间的协调配合和沟通机制，统一按照中央的总体部署要求，协同推动落实各项具体工作。

（二）扎实推动实施一批重大"一带一路"建设项目

目前中新互联互通项目、中欧班列以及国际经济走廊建设等在统筹"一带一路"建设与重大区域战略实施上发挥了较好的示范带动作用。下一步应进一步通过"一带一路"建设机制，参照中新互联互通等项目的推进方法与工作经验，再研究推动一批与其他国家深化合作的重大项目。同时，充分发挥好京津冀、长江经济带、长三角、粤港澳大湾区、海南等战略区域的特色优势条件，推动与朝鲜、韩国、马来西亚、柬埔寨、巴基斯坦、法国、德国、俄罗斯、葡萄牙、英国等具有合作基础的国家，聚焦国别合作重点领域，研究推动一批重大国别合作项目落地。此外，要通过进一步营造国际化、法治化、便利化营商环境，有效激发市场活力，充分发挥市场机制作用，积极鼓励民营企业、外资企业、中外合资企业等各类投资主体参与国别重大合作项目建设。

（三）发挥好国家重大平台的支撑带动作用

国家重大功能平台是"一带一路"建设和重大区域战略实施的重要载体和引擎，特别是国家赋予重大功能平台各类先行先试职能和特殊政策，有利于进一步扩大对外开放和开展国际合作。目前，全国已经优化布局建设的国家重大平台包括国家级新区、自由贸易试验区、国家自主创新示范区、综合配套改革试验区、临空经济试验区、军民融合创新示范区、海洋经济发展示范区等一大批综合性和专业性改革创新平台，这些平台在体制机制创新、产业创新升级、扩大对外开放、新旧动能转换等方面具有较好基础条件和特色优势。应发挥好这些重大功能平台在促进"一带一路"建设与重大区域战略实施对接协同上的示范带动和有力支撑作用，将一些拉动作用大、示范性强、辐射影响力突出的重大"一带一路"建设项目尽可能优先布局在国家重大平台。

（四）加强"一带一路"建设与重大区域战略对接协同的动态监测评估

推进"一带一路"建设与国内重大区域战略对接协同的要求高、难度大、系统性强，此外一些国别合作项目建设的外部风险和不确定性多，加强对"一带一路"建设与重大区域战略对接协同的动态监测评估，及时形成监测评估意见，对于优化调整重大项目布局、重大政策制定等都具有较好的决策服务作用。具体地，一方面，针对关系"一带一路"建设与重大区域战略对接协同的重大项目，应注重开展项目实施全过程专项评估，以及项目建成后的经济社会效应评价，为提高项目建设水平和质量提供决策参考。另一方面，结合重大规划的实施与评估，应及时开展综合性评估，适时推动优化调整相关政策举措。

第五章 "一带一路"：构建发展
导向型的区域合作机制

李向阳[①]

在国际经济学中，区域主义与多边主义有着明确的区分[②]。简单地说，前者是指区域经济一体化的各种形式，后者则是指范围覆盖全球的经济合作机制，如 WTO、国际货币基金组织、世界银行等。同时，区域主义与多边主义又是相互关联的，区域主义既有可能成为多边主义的"垫脚石"，也有可能成为其"绊脚石"[③]。

"一带一路"是一项前无古人的事业，对外它承载着实现人类命运共同体的职责，对内它是新时期中国全方位对外开放的重要平台，与中国的和平崛起、推动引领经济全球化密不可分。尽管"一带一路"倡议提

[①] 李向阳，中国社科院亚太与全球战略研究院院长。

[②] 除了区域主义和多边主义，对国际经济合作机制还有其他划分的标准，如单边主义、双边主义、诸边主义等。相比之下，国际关系理论对多边主义、区域主义的界定则更为多元，如，仅多边主义就被分为理念多边主义、战略性多边主义、制度性多边主义、工具性多边主义、地区多边主义、全球多边主义、大多边与小多边等等。因而，国际关系领域的学者有可能对同一个国际合作机制会有不同的称谓。为此，本书使用的是经济学意义上的多边主义与区域主义概念。有关国际关系理论对多边主义、区域主义的讨论，参见秦亚青《多边主义研究：理论与方法》，《世界经济与政治》2001 年第 10 期，第 9—13 页，刘建飞《简析多边主义的历史演变》，《国际政治研究》2006 年第 1 期，第 122—132 页，胡宗山《国际关系中的多边主义：概念、理念与历程》，《社会主义研究》2007 年第 4 期，第 125—128 页。

[③] Jagdish Bhagwati, *The World Trading System at Risk*, Princeton, N. J.：Princeton University Press，1991，p. 71.

出已有五年的时间，但国内外对它的认识仍然存在分歧或误解。作为一项新生事物，这是不可避免的。本章试图讨论"一带一路"理论中一个有争议的问题：它属于区域合作机制（区域主义）还是多边合作机制（多边主义）？其答案不仅决定着"一带一路"的范围和治理结构，而且决定着它的发展路径选择。

◇◇一 区域主义说与多边主义说的理论分歧

在 2015 年中国政府发布的《推动共建丝绸之路经济带和 21 世纪海上丝绸之路的愿景与行动》（以下简称《愿景与行动》）中，"一带一路"的地理范围是：丝绸之路经济带重点畅通中国经中亚、俄罗斯至欧洲（波罗的海）；中国经中亚、西亚至波斯湾、地中海；中国至东南亚、南亚、印度洋。21 世纪海上丝绸之路重点方向是从中国沿海港口过南海到印度洋，延伸至欧洲；从中国沿海港口过南海到南太平洋①。2017 年 5 月代表中国官方的推进"一带一路"建设工作领导小组办公室发布了《共建"一带一路"：理念、实践与中国的贡献》。和《愿景与行动》相比，它对"一带一路"地理范围的界定没有做根本性的调整。"一带一路"的五大方向包括：丝绸之路经济带有三大走向：一是从中国西北、东北经中亚、俄罗斯至欧洲、波罗的海；二是从中国西北经中亚、西亚至波斯湾、地中海；三是从中国西南经中南半岛至印度洋。海上丝绸之路有两大走向：一是从中国沿海港口过南海，经马六甲海峡到印度洋，

---

① 国家发展改革委、外交部、商务部：《推动共建丝绸之路经济带和 21 世纪海上丝绸之路的愿景与行动》，2015 年 3 月 28 日。此后，许多人把"一带一路"的范围限定为 65 国，但官方从未对此做出明确的说明。

延伸至欧洲；二是从中国沿海港口过南海，向南太平洋延伸①。从中可以看到，中国政府对"一带一路"所做的表述基本上属于区域经济合作机制。换言之，"一带一路"具有区域主义属性。

另外，在《愿景与行动》中，中国官方对"一带一路"曾经做过两处原则性的表述：一是强调"一带一路"具有开放性；二是明确宣称："一带一路"以古丝绸之路为基础，但又不限于古丝绸之路。在前不久由国务院新闻办公室发表的《中国的北极政策》白皮书中正式提出了"冰上丝绸之路"②。至于"冰上丝绸之路"具体包括哪些国家，白皮书没有做出具体的界定。但有人认为，其西北航道延伸到欧洲，而东北航道则延伸到北美。这样，"一带一路"的地理范围就超越了最初的表述。与此相对应，近来许多媒体和学者宣称"一带一路"的范围不只是上述区域，而是包括全世界所有国家③。既然涵盖世界所有国家，"一带一路"就自然属于多边合作机制，具有多边主义属性。

学术界针对"一带一路"属性的这种认知分歧很大程度上源于对官方文件的不同解读，无论是区域主义倡导者还是多边主义倡导者，对其判断都没有给出系统而有说服力的解释。

---

① 推进"一带一路"建设工作领导小组办公室：《共建"一带一路"：理念、实践与中国的贡献》，2017 年 5 月 10 日。http：//www. china. com. cn/news/2017 – 05/11/content_40789833. htm。

② 国务院新闻办公室：《中国的北极政策》白皮书，2018 年 1 月 26 日。http：//news. sina. com. cn/c/nd/2018 – 01 – 26/doc-ifyqyqni3132084. shtml。

③ 比如，郑剑把"一带一路"的地理范围做了这样的表述："一带"主要以古代陆上丝绸之路为依托，经由中亚、西亚通向欧洲，进而延伸到非洲、北美；"一路"主要以古代海上丝绸之路为基础，经由东亚、东南亚通向南亚、非洲，进而辐射到澳洲、南美。参见郑剑《正确把握"一带一路"对外宣介中的几个关系》，《人民论坛》2017 年第 19 期，第 122—124 页，王义桅《"一带一路"2.0 引领新型全球化》，《中国科学院院刊》2017 年第 4 期，第 387—395 页，刘卫东《如何正确理解和认识"一带一路"倡议》，《大陆桥视野》2017 年第 11 期，第 39—41 页。

迄今为止，倡导区域主义属性的理由有以下几种：第一，中国文化基因说。"一带一路"的战略定位是多方合力、多方诠释的结果。对内它更侧重于西部边境省份的发展而非外交战略的需要；对外它是中国周边战略的延伸。虽然"一带一路"在西方地理学意义上是跨区域的，并且具有全球战略特征，但它本质上仍然是区域战略。这种区域概念建立在中国传统文化对周边的理解上①。第二，新时期中国周边战略依托说②。在和平崛起的背景下，新时期周边战略的基本理念就是亲诚惠容，但要把这一理念付诸实践就需要有一个新的依托。这就决定了"一带一路"首先是服务于周边战略的区域合作机制。第三，约束条件说③。一国在国际体系权力金字塔中的地位和该国的权力半径，取决于该国所掌握战略资源、能力和手段的多寡。由于中国还不是一个完全意义上的世界大国，故其战略辐射目前只能集中在欧亚大陆，对区域战略态势的引导和掌控能力也主要局限于中国周边地区。在上述区域主义解释中，前两种的一个共同特征是从"一带一路"的定位出发推演出它的区域主义属性；第三种解释强调中国现阶段缺乏推行多边主义的能力。

倡导多边主义的理论解释可划分为以下类型。第一，中国版的经济全球化说④。"一带一路"提出之时，反全球化尚未成为世界潮流，但伴随特朗普执政，反全球化甚嚣尘上。越来越多的学者开始把"一带一路"称为"中国版的经济全球化"或包容性全球化（包容性全球化＝全球

---

① 储殷、高远：《中国"一带一路"战略定位的三个问题》，《国际经济评论》2015年第2期，第90—99页。

② 李向阳：《"一带一路"：定位、内涵及需要优先处理的关系》，社会科学文献出版社2015年版。

③ 杜德斌、马亚华：《"一带一路"：中华民族复兴的地缘大战略》，《地理研究》2015年第6期，第1005—1014页。

④ 王义桅：《"一带一路"2.0引领新型全球化》，《中国科学院院刊》2017年第4期，第387—395页。刘卫东：《如何正确理解和认识"一带一路"倡议》，《大陆桥视野》2017年11期，第39—41页。

化 + "一带一路"）。既然"一带一路"与全球化等值，那么多边主义属性就成为一种必然的结论。第二，人类命运共同体说①。通过推进"一带一路"建设，向国际社会阐释新时期中国外交的新理念新思想新举措，如构建以合作共赢为核心的新型国际关系、共同打造人类命运共同体等。由人类命运共同体目标所决定，"一带一路"的地理范围不应该只限于特定区域。第三，全方位的对外开放说②。既然"一带一路"是中国新时期全方位对外开放的载体，它就应该面向全世界。第四，公共产品说③：通过推动"一带一路"，中国需要从提供区域合作公共产品进一步升级为提供全球发展公共产品，彰显中国在国际公共产品供给方面由接受者、参与者到倡议者、主导者的角色转换，突出中国作用和中国贡献。除此之外，在操作层面，针对多边主义，还有一种解释可称之为面子说。既然许多国家希望加入到"一带一路"中来，如果我们拒绝，面子上总觉得过不去。这就涉及"一带一路"建设中的一个原则性问题：共商、共建、共享。

与区域主义说相比，多边主义说一方面更容易为国际社会所接受，另一方面更具有新闻宣传和传播价值。问题在于绝大多数多边主义解释集中于"必要性"的分析，而很少讨论它们的"可行性"。为此，本章试图将必要性与可行性结合起来，讨论"一带一路"的属性（区域主义还是多边主义）。

---

① 王亚军：《"一带一路"倡议的理论创新与典范价值》，《世界经济与政治》2017 年第 3 期，第 3—14 页。

② 中国宏观经济研究院的史育龙教授在 2017 年 12 月由中国社科院亚太与全球战略研究院举办的一次研讨会上向作者提出两者之间存在逻辑上的因果关系。

③ 王亚军：《"一带一路"倡议的理论创新与典范价值》，《世界经济与政治》2017 年第 3 期，第 3—14 页。

◇◇二 中国和平崛起^①的路径选择与"一带一路"的属性

中国作为"一带一路"的倡导者,"一带一路"首先必须服务于中国自身的战略目标。在这一点上,没有比实现和平崛起更优先了,因此"一带一路"的属性应该与中国和平崛起的路径选择相一致。

新兴大国的崛起表现为参与全球治理的能力和影响规则制定的能力提升。这一过程至少要涉及三个层面的问题:一是崛起国与守成国对待全球治理的立场差异。比如,守成国通常选择规则外溢型参与,而崛起国则多选择规则内化型参与。当前,由于经济实力的变化,中美正在改变原有的参与方式^②。二是崛起国在参与现有国际制度与创建新的国际制度之间进行选择。崛起国大体上有两种选择改革国际制度安排:推动现存国际制度内部改革与在外部创建功能性重叠的新国际制度^③。三是崛起国参与现有国际制度的态度:正向参与国际制度(加入、遵约与非自愿违约)和反向参与国际制度(游离、有意违约和退出)^④。近年来,国内

---

① 在官方口径中,和平发展概念已经取代了和平崛起概念,但在学术讨论中和平崛起仍在广泛使用。本书使用和平崛起概念并不是有意与官方口径进行区分。

② 所谓规则外溢是指一国的国内规则能够发挥国际效力,对其他国家或非国家行为产生约束作用。而规则内化则相反,是指一国根据国际规则对其国内规则和自身行为所进行的调整。参见徐秀军《规则内化与规则外溢——中美参与全球治理的内在逻辑》,《世界经济与政治》2017年第9期,第62—83页。

③ 刘玮:《崛起国创建国际制度的策略》《世界经济与政治》2017年第9期,第84—106页。

④ 史明涛:《国家正向和反向参与国际制度:一个国际—国内制度互动的解释》,《国际观察》2009年第2期,第57—64页。

学术界在这方面的研究取得了重要的进展，反映了中国快速崛起对这一领域研究的拉动作用。

和平崛起或和平发展是中国对外战略的基本导向，但围绕崛起后的具体目标和崛起的途径还远未取得共识。"一带一路"要服务于中国的和平崛起，这一判断本身是没有异议的。随之而来的第一个问题是，如果"一带一路"是一种多边合作机制，那它与现有多边合作机制的关系是什么？替代还是补充？倘若两者是相互替代的关系，那么同时存在两套多边合作机制显然是和经济全球化背景相冲突的，甚至有回归到冷战前"两个平行世界市场"的嫌疑。反过来，倘若"一带一路"是对现有多边合作机制的补充，那它就应该在现有多边合作机制内推动，比如，"一带一路"的贸易畅通需要在 WTO 框架内展开；"一带一路"的资金融通需要在国际货币基金组织和世界银行的框架内展开。这显然有悖于"一带一路"的初衷。

随之而来的第二个问题是，"一带一路"的多边主义属性与其发展导向有可能发生矛盾。现有多边合作机制（进而是全球治理）是以规则导向为特征的，它不仅设置了进入门槛（如 WTO 接纳新成员的条件），而且对成员方的权利、义务、争端解决都做了明确的规定。相比之下，"一带一路"的基本特征是发展导向。它没有明确的进入门槛，也没有统一的、有约束力的规则体系。为了适应不同类型国家发展的需要，"一带一路"承认多元化的合作机制并存①。面对一个以规则为导向的多边合作机制，"一带一路"与其对接很可能会陷入一个尴尬的处境：由西方大国主导制定的多边贸易规则 + 中国所提供的互联互通（以及资金、技术、援助等）。当然，可能会有人说，中国参与全球治理就是要改革现有的规则

---

① 李向阳：《论海上丝绸之路的多元化合作机制》，《世界经济与政治》2014 年第 11 期，第 4—17 页。

体系，但这并非是一朝一夕所能完成的，况且美国及其西方盟友没有打算放弃对全球规则和秩序的主导权。即便是在反全球化的背景下，特朗普政府也仍然强调美国继续充当全球规则的主导者。在不久前公布的《美国国家安全战略》报告中可以清楚地看到这一点①。

随之而来的第三个问题是：中国是否具备为多边合作机制制定规则的能力？现有多边合作机制大多是战后由美国主导建立起来的，如布雷顿森林体系、关税与贸易总协定（WTO 的前身）。同时，美国及其西方盟友共同维系了多边合作机制的运转。即使我们承认，作为发展导向型的国际合作机制，"一带一路"不排斥构建相应的规则秩序，至少在现阶段我们尚不具备构建一套多边规则的能力。

相比之下，"一带一路"的区域主义属性则能与中国和平崛起的路径选择相吻合。第一，作为崛起国，中国在继续选择规则内化型参与的同时，可以通过"一带一路"选择规则外溢型参与，从而避免与守成国发生正面冲突。第二，在一定程度上"一带一路"属于在外部创建功能性重叠的新国际制度，同时它也不排斥中国推动现存国际制度的内部改革。第三，具有区域主义属性的"一带一路"既可以与现有的多边合作机制并行不悖，也可以与现有的区域合作机制并存。现有的区域经济合作机制从低级到高级有多种形式，即使是同一级别的区域经济合作机制也有不同的规则。以发展为导向的"一带一路"和以规则为导向的区域经济合作机制逻辑上不存在互斥的关系。第四，以发展为导向的"一带一路"即便要制定自己的内部规则也不会产生负外部性。第五，在具有区域主义属性的"一带一路"内，制定规则的难度远小于在多边层面制定规则。这种渐进主义的发展模式与中国的和平崛起具有内在的统一性。

---

① 在所列举的美国国家利益中，提高美国的影响力位列其中。报告明确指出：我们将在多边组织中竞争并发挥主导作用，以保护美国的利益和原则。参见 The White House, *National Security Strategy of the United States of America*, December 2017。

◇◇三 中国提供公共产品的类型与 "一带一路"的属性

提供国际公共产品是大国崛起的必然要求。国际公共产品可进一步分为全球性公共产品与区域性公共产品。作为中国提出的一个国际化战略，"一带一路"要为国际社会所认同，必须具备国际公共产品的特性。换言之，公共产品特性是"一带一路"国际合法性的基础。在"一带一路"所具有的公共产品特性中，最受人瞩目的要数它对经济全球化的推动作用。由于特朗普政府奉行"美国优先"理念，反对自由贸易，致使越来越多的国家在担忧经济全球化的命运和方向。在这种背景下，"一带一路"被人们称为"中国版的经济全球化"或"包容性全球化"。以此为理由，"一带一路"就天然具备了多边主义属性。

面对反全球化或逆全球化的浪潮，中国不外乎有两种选择：参与全球化与引领全球化。如果是第一种选择（参与全球化），"一带一路"并不必然需要具备多边主义属性①。在全球化的一个主要载体——WTO 框架内，关税及贸易总协定（GATT）第 24 条明确规定，区域贸易协定（RTAs）只要满足三个限制条件就是可以被接受的。这三个限制条件分别是：区域贸易协定不能对集团外国家实行保护主义政策；取消区域内关税，取消除关税及贸易总协定（GATT）条款许可的规定之外的其他限

① 如果我们把全球化看成是一种现有的国际制度，那么中国的选择可进一步划分为正向参与国际制度（加入、遵约与非自愿违约）和反向参与国际制度（游离、有意违约和退出）。显然，作为全球化的支持者，中国应该选择正向参与国际制度。参见史明涛《国家正向和反向参与国际制度：一个国际—国内制度互动的解释》，《国际观察》2009 年第 2 期，第 57—64 页。

制性商业法规；覆盖所有重大贸易往来。正因为如此，从 20 世纪 90 年代以来，全球区域贸易协定与全球化呈现出同步发展的趋势①。同样，特朗普政府为展示其反全球化的立场，从执政起就宣布退出跨太平洋伙伴关系协定（TPP），启动北美自由贸易区协定（NAFTA）、美韩自由贸易区协定（US-KOREA FTA）的重新谈判。在特朗普政府看来，美国不仅在多边贸易协定中，而且在区域贸易协定中，都提供了过多的公共产品。这种得不偿失的做法背离了"美国优先"的理念。由此可见，区域贸易协定不仅没有阻碍经济全球化的发展，而且在实践中成为促进经济全球化的一个动力源。因而，"一带一路"的区域主义属性并不妨碍中国参与经济全球化，甚至它还可以成为推进经济全球化的新动力。

如果中国选择通过"一带一路"引领全球化，并且还要引领新型全球化（包容性全球化），那么逻辑上"一带一路"就必须具备多边主义属性。问题在于，现阶段中国是否有能力单独引领经济全球化。要回答这个问题可以通过一种迂回的方式：作为原有经济全球化的引领者，不管是出于什么样的考虑（搭便车现象严重；无法按照自己的意愿制定新规则；规则没有得到有效执行，等），美国选择退出的根本原因是成本过高或得不偿失。如果我们假定美国引领经济全球化付出的成本为一个常量（用 A 表示），那么中国引领经济全球化所需要付出的成本（用 E 表示）无疑会更高：$E > A$。首先，中国需要承担引领全球化的固定成本，即美国当初承担的成本（A），如，单方面向其他国家提供出口市场；长期承受贸易逆差；不要求发展中国家或最不发达国家做出对等的市场开放；向其他国家不对等地开放移民，等等。其次，中国需要承担引领新型全球化或包容性全球化的成本（用 B 表示）。反全球化兴起的根本原因

---

① 以至于 WTO 在 2011 年的年度报告中把两者的关系称为"从共存走向一致"。WTO, *World Trade Report* 2011：*The WTO and Preferential Trade Agreements：From Co-existence to Coherence.*

是收益分配的不公平，既有国家层面的收益分配不公问题，又有一国之内产业层面、群体层面的收益分配不公问题。更重要的是，这里所说的不公平并不是绝对的不公平，而是相对的不公平。众所周知，经济全球化会使所有参与国获益，但在发达国家看来，以中国为代表的新兴经济体获益相对更多，而他们获益相对更少。这是新型全球化或包容性全球化必须要解决的问题，为此中国需要承担额外的引领成本（且不考虑成功引领的可行性）。这部分成本究竟有多大，我们无法给出确切的估计，因为包容性全球化还没有付诸实践。最后，中国引领新型全球化还需要承担来自反全球化的成本（用 C 表示）。美国引领经济全球化可以分为两个阶段：冷战之前与冷战之后。在冷战前阶段，前东方社会主义阵营游离在美国主导的全球化进程之外，整个世界经济格局是"两个平行的世界市场"，前者对全球化进程（如规则的制定与规则的实施）不构成扰乱。在冷战后阶段，前东方社会主义阵营国家纷纷加入到全球化进程中来。因此，美国引领的经济全球化没有大规模的反全球化势力。当今，中国引领的包容性全球化来自美国反全球化的扰乱，这会带来巨大的扰乱成本。尽管我们难以估算这种扰乱成本的具体规模，但没有人会否认它的存在。至此，理论上中国引领包容性全球化所需要承担的成本为：

$$E = A + B + C > A$$

把上述等式（或不等式）与另一个等式（包容性全球化 = "一带一路" + 全球化）进行对比，我们就会意识到忽略战略可行性的后果。中国在实现和平崛起过程中无疑需要引领全球化，这是中国所应提供的全球性公共产品。但是，中国在现阶段尚不具备单独引领全球化的能力（注意：我们在这里使用了"单独引领"）。为此我们可行的选择是联合其他大国共同引领经济全球化①。既然共同引领经济全球化是可行的选择，赋予"一带一路"多边主义属性就不再是必然的结论。

"一带一路"作为中国向世界提供的公共产品面临的另一个难题是如何协调国际社会的利益诉求与中国自身利益诉求之间的矛盾。公共产品的基本特性是供给不足。目前，围绕国际公共产品的供给还存在两个特殊的因素，一是守成国美国正在大幅减少国际公共产品的供给；二是国际社会对"一带一路"的公共产品属性存在误解，不少发展中国家把它看成是中国的一项准对外援助战略。以至于国际社会对"一带一路"的需求超越了我们所能提供的能力。对此，我们必须有清醒的认识。大国崛起固然需要提供公共产品，但它所提供的数量和类型需要与国力相适应。当美国因无力或不愿充当国际公共产品的提供者，转而把战略资源收缩到国内时，中国不能超越国力提供全球性公共产品，填补美国留下的空缺。以现有国力为前提，中国所能提供的公共产品类型将主要是区域性公共产品和一部分全球性公共产品。同时，中国不仅需要向国际社会讲清楚"一带一路"的定位、属性、目标和治理结构，而且还需真正履行共商、共建、共享的基本原则，消除"一带一路"公共产品属性等同于免费午餐的误解。

一旦我们接受上述推论，"一带一路"多边主义属性中的"经济全球化说"与"公共产品说"将不复成立。

◇◇四　秉承正确的义利观与"一带一路"的属性

"一带一路"的属性与义利观密切相关。秉承正确的义利观是"一带

---

① 李向阳：《中国引领经济全球化的成本与收益》，《中国工业经济》2017年第6期，第30—35页。

一路"建设的原则，也是决定"一带一路"最终成功的关键所在。义利观的核心要义是以义为先，义利并举。这是一种具有中国特色的经济外交理念。具体地说，秉承正确的义利观至少要做到以下几点①：一是协调短期目标与长期目标的关系。利的目标通常具有短期特征，而义的目标则具有长期性。日久见真情就是这种道理。在经济学意义中，重复博弈是构建相互信任的必要条件。二是协调予和取的关系。在正常的国家间合作中，予和取应该维持大致的平衡；同时，对有些国家要实施多予少取，甚至是只予不取，也就是允许搭便车。对不同国家实行差别对待是大国经济外交的一种惯例。当今世界不同类型国家发展水平存在巨大差异，不能以同一规则适用于所有国家。实际上，即使在现有的多边贸易谈判中，发达国家、发展中国家、最不发达国家所做出的承诺也各不相同。三是协调微观层面目标与宏观层面目标的关系。微观或企业层面目标更多体现为利，宏观或国家层面目标更多体现为义。这也就是习近平主席所讲的，我国企业"走出去"既要重视投资利益，更要赢得好名声、好口碑，遵守驻在国法律，承担更多社会责任②。

总之，在义和利的辩证关系中，要使两者做到相互依存、相互促进，最重要的是要把握一个度：利要服务于义，同时不能为强调义而放弃利。具体到"一带一路"建设中，如果没有义，它将失去存在的价值；反过来，如果没有利，它将失去可持续发展的基础。在这种意义上，判定"一带一路"是否成功取决于义利观是否真正实现。

把"一带一路"的属性置于义利观的框架内，我们就会发现多边主义说会陷入难以实施的困境。第一，在"一带一路"框架内落实义利观需要构建一整套机制化安排，短期内机制化安排的缺位难以把所有国家

① 李向阳：《"一带一路"建设中的义利观》，《世界经济与政治》2017 年第 9 期，第 4—14 页。

② 《习近平论"一带一路"》，《学习活页文选》2017 年第 19 期。

纳入进来①。比如，为落实义利观需要构建国际经济合作的平台、机制、融资方式，等等，它们的共同特征是要能够产生正外部性效应（或避免负外部性效应），即合作本身不仅能够实现企业层面的双赢（或多赢），而且还能够惠及当地民众。作为中国特色的经济外交理念，其实施没有可供复制的模式，这就决定它是一个不断探索的过程。显然，在全球范围内的探索难度无疑要大于特定区域内的探索难度。第二，现阶段把主要发达国家纳入到"一带一路"框架内面临两类难题：一是这些国家把"一带一路"看成是中国"另起炉灶"，他们从内心并不接受"一带一路"框架下的规则秩序②。二是中国如何对来自发达国家的成员履行"多予少取、只予不取"和"搭便车"承诺。第三，把所有发展中国家纳入进来，现阶段落实"义利观"同样面临可行性难题。一方面，多数发展中国家参与"一带一路"所看重的是中国可能给予他们的利益让渡；另一方面，即使按照差别待遇原则，多数发展中国家也应该得到利益让渡。现阶段，中国显然不具备这样的能力。

◇◇五 "一带一路"，从区域主义走向多边主义

现阶段把"一带一路"赋予多边主义属性看起来会非常的美好，但其最大的问题是缺少可行性。如果我们不接受"一带一路"的多边主义

---

① 这里所说的"纳入"是指作为主权国家按照"共商、共建、共享"的原则参与到"一带一路"之中，而不是指非国家实体（如企业、非政府组织）参与到"一带一路"的具体项目之中。

② 美国前财长萨默斯使用"并行游戏"来描述中国与西方的关系，并强调这不是一种稳定状态；在2018年1月达沃斯论坛上，法国总统马克龙呼吁建立"新的全球契约"；以马克龙、默克尔为首的欧盟已经承诺加入"一带一路"，但强调要遵循欧盟规则。英国首相特里萨·梅则拒绝签署中英"一带一路"备忘录。参见孔帆《冬季达沃斯，全球化之路怎么走?》，http://www. guancha. cn/kongfan/2018_01_27_444804. shtml。

属性，那么这是否会损害"一带一路"的目标或定位呢？对此，我们的基本判断是否定的。换言之，由于"一带一路"的发展导向特征，在起步阶段赋予其区域主义属性不仅具有可行性，而且能够为最终走向多边主义奠定基础，完成其目标或定位。

第一，"一带一路"的发展导向决定了它能够从区域主义最终走向多边主义。与现有的区域经济一体化机制相比，"一带一路"最突出的特征是发展导向[①]。由于现有区域经济一体化机制以规则为导向，其较高的进入门槛和复杂的规则体系客观上把许多发展中国家（尤其是最不发达国家）排除在外，使之失去了参与国际经济合作的机会。而"一带一路"不以规则为前提，允许不同类型的合作机制并存，真正体现了开放的区域主义理念，从而为广大发展中国家参与区域经济合作（及经济全球化）、实现经济发展创造了条件。按照区域经济一体化理论的逻辑，当一项区域贸易协定具备开放特征时，它就能促进全球贸易投资自由化。也就是说，区域主义就能够成为多边主义的"垫脚石"。反之，如果一项区域贸易协定不具备开放特征时，它就会成为多边主义的"绊脚石"[②]。事实上，大国所倡导的区域经济一体化机制通常都会宣称其最终目标是实现全球贸易投资自由化，这是区域经济一体化机制获得国际合法性的基础。比如，当初美国倡导跨太平洋伙伴关系协定时就强调，第一步由12个成员组成，下一步逐渐扩展到 APEC 的21个成员，最终以"滚雪球"的方式涵盖全世界所有国家。然而，实践中这一承诺能否兑现则是不确定的。即使是多边合作机制在实施过程中也要经历从小到大的扩展过程。比如，二战后美国所倡导的布雷顿森林体系与关贸总协定并不是从一开始就覆盖全世界所有国家，而是从少数核心国家逐步扩展起来的。相比

---

① 李向阳：《跨太平洋伙伴关系协定与"一带一路"之比较》，《世界经济与政治》2016年第11期，第29—43页。

② Jagdish Bhagwati, *The World Trading System at Risk*, Princeton, 1991, p. 71.

之下，"一带一路"在起点上就是一个开放的区域经济合作机制，这就注定了它能够实现多边主义的目标。

第二，"一带一路"的发展导向并不意味着排斥构建规则。我们说"一带一路"不以规则为前提，但这并不意味着它不需要制定规则。从外部环境来看，大国正在构建与"一带一路"相抗衡的区域合作机制。印度莫迪政府在拒绝参与"一带一路"的同时，正在致力于把涵盖南亚、东南亚七国的"孟加拉湾多部门技术经济合作计划"（BIMSTEC）尽早升级为自由贸易区①；日本和印度共同倡导构建"亚非增长走廊"②；韩国文在寅政府提出了"新北方政策"（针对与东北亚国家的合作机制）与"新南方政策"（针对与东南亚国家的合作机制）③；俄罗斯政府提出"大欧亚伙伴关系"④；特朗普政府提出"印太"概念⑤，等等。这些倡议和机制不仅与"一带一路"存在高度的重叠，更重要的是它们都将以构建区域合作的机制化为目标，有些干脆明确宣称是应对"一带一路"。从"一带一路"的内部运行机制来看，贯彻正确义利观需要协调好短期目标与长期目标的关系、予与取的关系、微观层面目标与宏观层面目标的关系。这都需要有相应的规则和机制化安排作保障。

第三，发展导向与区域主义相结合有助于"一带一路"实现全方位对外开放的目标。十九大报告对"一带一路"与全方位对外开放做了明确的

---

① Rahul Mishra and Sana Hashmi, *Can India take the Lead on BIMSTEC*?, East Asia Forum, 23 September 2017.

② Julian Richard Lasius, Strategic Implications of Indo-Japanese Cooperation on the 'Asia and Africa Growth Corridor'. ORF Issue Brief, January 2018, ISSUE No. 223. http：//cf. orfonline. org/wp-content/uploads/2018/01/ORF_Issue_Brief_223_Asia_Africa. pdf.

③ 韩国北方经济合作委员会裴汉镇局长在韩国对外政策研究院与中国社科院亚太与全球战略研究院于 2017 年 12 月共同举办的"一带一路"与中韩合作论坛上就韩国新北方政策做了演讲。

④ 庞大鹏：《俄罗斯的"大欧亚伙伴关系"》，《俄罗斯学刊》2017 年第 4 期，第 5—17 页。

⑤ Rex W. Tillerson, Remarks on "Defining Our Relationship With India for the Next Century", https：//www. state. gov/secretary/remarks/2017/10/274913. htm.

表述。我们认为，相比此前的对外开放，全方位对外开放主要体现在以下方面：开放的地域空间是全方位的，从东南沿海开放为主扩展到广大中西部内陆地区；开放的方式是全方位的，从以"引进来"为主转向"引进来"和"走出去"并重；开放的机制是全方位的，从贸易投资自由化机制扩展为多种形式的开放机制；开放的内容是全方位的，从贸易投资领域开放扩展到"五通"领域；开放的目标是全方位的，从开放服务于中国的改革与经济发展提升为实现人类命运共同体。然而，以"一带一路"为载体的开放并不排斥其他形式的开放。在推动"一带一路"区域合作的同时，中国将继续推动在多边领域的合作；在推动与"一带一路"沿线国家合作的同时，中国将继续推动与其他地区的国家合作；在推动"一带一路"建设的同时，中国也在加快构建自由贸易园区和自由贸易港等开放载体。

第四，发展导向与区域主义相结合有助于"一带一路"实现人类命运共同体的目标。大国的崛起都需要提供全球治理的基本理念。英国在崛起过程中为了适应工业革命与第一轮经济全球化的要求提出了自由贸易理念；美国在崛起过程中为了应对冷战格局、适应第二轮经济全球化的要求提出了民主、自由、人权理念（同时也继承了自由贸易理念）。而人类命运共同体则是在中国崛起过程中为解决现行全球治理体系的弊端，适应新一轮经济全球化的要求向世界提供的全球治理新理念。当今全球治理体系面临着"治理赤字""民主赤字"与"发展赤字"，尤其是特朗普执政后奉行反全球化理念，全球治理面临前所未有的挑战。在这种背景下，人类命运共同体可以说恰逢其时。就其内涵而言，政治上，要相互尊重、平等协商，坚决摒弃冷战思维和强权政治，走对话而不对抗、结伴而不结盟的国与国交往新路；安全上，要坚持以对话解决争端、以协商化解分歧，统筹应对传统和非传统安全威胁，反对一切形式的恐怖主义；经济上，要同舟共济，促进贸易和投资自由化便利化，推动经济全球化朝着更加开放、包容、普惠、平衡、共赢的方向发展；文化上，要尊重世界文明多样性，以文明交流超越文明隔阂、文明互鉴超越文明冲突、文明共存超越文明优越；生态上，要坚持环境友好，合作应对气候变化，保护好人类赖以生存的地球家园①。从这种表述中可以看出，合作与共赢是这一理念的核心；责任与利益共担是这一理念的基本原则；包容与可持续发展是这一理念的目标②。人类命运共同体超越了自由贸易理念和民主、自由、人权理念，为全球治理的改革指明了方向，但这将是一个长期渐进的过程。在这种意义上，"一带一路"的发展导向与区域主义属性能够实现这一目标的要求。

围绕"一带一路"多边主义属性还是区域主义属性的争论看似是一个理论问题，但它对"一带一路"的治理结构和建设路径有着直接和深远的影响。多边合作机制和区域合作机制是两种不同类型的合作机制，对"一带一路"属性的判断不仅关乎成员国数量问题，更重要的是关乎合作的路径与方向。

究竟应该赋予"一带一路"什么样的属性不能只考虑它的必要性，更重要的是要考虑它的可行性。影响可行性的因素包括：中国和平崛起的路径选择、中国能够向国际社会提供的公共产品类型以及秉承正确义利观的要求。考虑到这些约束条件，我们认为"一带一路"在初级阶段就被赋予多边主义属性是缺乏可行性的，而应赋予其区域主义属性。同时，我们并不否认"一带一路"最终要具有多边主义属性。"一带一路"的区域主义属性与发展导向特征相结合将为最终实现多边主义属性奠定基础，进而使其能够充当全方位对外开放的平台与实现人类命运共同体的目标。

---

① 杨洁篪：《推动构建人类命运共同体》，《人民日报》2017 年 11 月 18 日。
② 李向阳：《人类命运共同体理念指引全球治理改革方向》，《人民日报》（理论版）2017年3月8日。

第六章 "一带一路"建设的城市实践

杜 澍[①] 周 君[②]

"一带一路"是党中央、国务院统筹国内国际两个大局提出的伟大构想，意味着"一带一路"是经济全球化、世界经济格局和中国发展模式转变共同作用的结果[③]。任何以区域经济发展为主要内容的构想，都需要依托城市，充分发挥城市在集聚人口、吸引经济要素和提供支撑平台等方面的作用，才有可能取得成功[④]。城市作为全球化和经济发展的主要载体，势必在"一带一路"建设中发挥重要的作用。特别是具备较强国际交往和经济发展能力的节点城市，将成为"一带一路"政策的落脚、通道的枢纽、贸易的平台、资金的池库和交往的窗口。城市在"一带一路"领域的实践与创新，将为"一带一路"建设全局提供有力支撑，并有效地推动我国内外战略的衔接和区域间平衡协调发展。因此，有必要研究和总结"一带一路"建设中城市的实践经验，反思存在的问题与难点，为进一步发挥城市在建设"一带一路"中的作用

---

① 杜澍，中国城市和小城镇改革发展中心规划院战略所所长，高级城市规划师。
② 周君，中国城市和小城镇改革发展中心注册城市规划师。
③ 刘卫东、田锦尘、欧晓理：《"一带一路"战略研究》，商务印书馆 2017 年版。
④ 史育龙：《发挥城市重要节点功能，扎实推进"一带一路"建设》，《大陆桥视野》2016
年 11 月总第 247 期。

指明方向。

◇一 "一带一路"城市实践的目标和任务

(一) 城市参与"一带一路"的方向选择

2015 年 3 月发布的《推动共建丝绸之路经济带和 21 世纪海上丝绸之路的愿景与行动》(简称《愿景与行动》),明确提出"中国将充分发挥国内各地区比较优势,实行更加积极主动的开放战略,加强东中西互动合作,全面提升开放型经济水平"。考虑到中国各地方区位条件、对外联系强度、邻国经济社会发展水平以及资源禀赋等差异,《愿景与行动》针对西北地区、东北地区、西南地区、沿海和港澳台地区和内陆地区四大板块的省市,提出了差异化的开发态势要求。

在城市层面上,《愿景与行动》明确提出西安等 10 个内陆城市和 16 个沿海城市建设"一带一路"的任务,其中内陆城市侧重加快加强改革和开放经济的探索实验,沿海城市则侧重港口、枢纽机场建设和创新开放型经济体制机制。除了基础设施和商贸经济外,对于西北地区和西藏,还特别提出文化交流合作的要求。

表6.1　　　《愿景与行动》中提及的"一带一路"城市建设目标

区域	节点城市	建设目标	比较优势
西北	西安	内陆型改革开放新高地	综合经济
东北	兰州	加快开发开放	文化优势
地区	西宁	加快开发开放	人文优势

续表

区域	节点城市	建设目标	比较优势
沿海地区	上海、天津、宁波、舟山、广州、深圳、湛江、汕头、青岛、烟台、大连、福州、厦门、泉州、海口、三亚	港口节点城市成为"一带一路"建设的排头兵和主力军	经济优势 开放优势
内陆地区	重庆、成都、郑州、武汉、长沙、南昌、合肥	内陆开放型经济高地	产业优势 人力优势

资料来源：《推动共建丝绸之路经济带和21世纪海上丝绸之路的愿景与行动》。

基于《愿景与行动》对城市开放态势的要求，研究将直辖市、省会城市、计划单列市和《愿景与行动》中提及且不属于以上类型的共计42个主要节点城市作为主要研究对象。对以上节点城市2019年政府工作报告①开展分析，结合"五通"对以上城市政府在"一带一路"建设方面的工作内容和工作计划进行分类评价。

整体上，42个城市中有39个城市不同程度出现了"一带一路"的关键词，有4个城市关键词数量最多为7次、关键词数量4—6次的城市有9个、关键词数量1—3次的城市有26个、关键词数量为0次的城市有3个，关键词平均出现率2.9。这显示出主要城市和相关城市对"一带一路"工作的普遍重视，其中《愿景与行动》所提及的城市，尤其是内陆城市表现得更加积极。10个内陆城市的政府工作报告中，全部涉及"一带一路"，关键词平均出现率3.7；16个沿海城市的政府工作报告中，有15个涉及"一带一路"，关键词平均出现率2.9；《愿景与行动》未提及的其他16个城市政府工作报告中，14个涉及"一带一路"，关键词平均

---

① 至文章完成时，少数节点城市尚未公开发布2019年政府工作报告，以2018年政府工作报告代替。

出现率 2.4。

内容上，42 个城市中有 25 个城市在设施联通上开展了工作或计划开展工作，而在贸易畅通领域则达到 37 个，民心相通领域为 26 个。反映出各城市政府，普遍从贸易畅通、民心相通和设施联通角度开展"一带一路"建设，与《愿景与行动》对城市开放态势的要求总体一致，此外也表明城市政府在政策沟通和资金融通方面开展工作的罕见和难度。其中设施联通的内容以中欧班列和港口建设为主，贸易畅通的内容以发展自由贸易区或保税区、发展跨境电子商务、建设境外经贸合作区和促进投资便利化等为主，民心相通则以友好城市建设、国际会展为主。其中同样内陆城市表现得更加积极，未提及的城市则相对平淡。10 个内陆城市的政府工作报告中，有 9 个提到设施联通、全部提到贸易畅通、8 个提到民心相通的相关内容，占比分别为 90%、100%、80%；16 个沿海城市的政府工作报告中，有 9 个提到设施联通、13 个提到贸易畅通、11 个提到民心相通的相关内容，占比分别为 56%、81%、69%；未提及的 16 个城市政府工作报告中，有 7 个提到设施联通、12 个提到贸易畅通、7 个提到民心相通的相关内容，占比分别为 44%、75%、44%。

内陆城市参与建设"一带一路"的热情高于沿海城市，表明内陆城市更倾向通过积极参与"一带一路"建设，扭转地缘和区位上的劣势，深度参与全球化，实现赶超式发展。部分沿海城市虽然进行了大量与"五通"方面相关的工作，但并未将其纳入"一带一路"的框架下，这也反映出沿海城市在发展中可以借助和选择的政策与机遇相比内陆城市更多。对于未提及的城市，其相对平淡的反应可能源自缺乏明确的国家和省区的要求，或源自城市发展的特点和内在动力特征。

即使不同节点城市间在建设广度和深度上存在差异，但在内容上的高度一致说明了《愿景与行动》对城市开展"一带一路"实践，无论在对象上还是方向上，都具有很强的指导作用和影响。

（二）落实"一带一路"目标的行动计划和规划

在开展"一带一路"建设的同时，一些城市着手编制"一带一路"行动计划、相关方案和规划，分别提出各自建设"一带一路"的思路、目标、任务和保障，其中所包含的内容远超政府工作报告中所总结的部分。通过制订详细的"一带一路"行动计划、相关方案和规划，城市得以更为全面和深入地落实《愿景与行动》的要求，推进"一带一路"工作的开展。

《北京市推进共建"一带一路"三年行动计划（2018—2020年）》中，提出"当好国家'一带一路'建设排头兵，推动共建'一带一路'高质量发展"，通过搭建对外交往、科技支撑、人文交流、服务支持四个平台以及和平、创新、文明、繁荣、开放五条道路，服务国家"一带一路"建设。《哈尔滨市推进"一带一路"建设三年行动计划（2019—2021年）》中，要求"建设大通道，完善大枢纽，搭建大平台，繁荣大贸易，全力建设国家对俄合作中心城市"，具体任务包括畅通国际经贸通道、建设全方位对外开放新高地、加快推动外向型产业集聚发展、构建开放型经济发展新模式、夯实友好交往民意基础。《连云港市建设"一带一路"战略支点三年行动计划（2018—2020年）》中，以"建设大港口、构建大交通、推动大开放、发展大产业、促进城市建设大提升，实现连云港大发展，把连云港建设成为'一带一路'战略支点"为总体要求，提出构建"一带一路"东方大港、陆海联运综合交通枢纽、东西双向开放重要门户、沿海新型临港产业基地、山海相拥的西游文化名城和区域发展新的增长极等目标。

除了综合行动计划，一些城市还出台了专项行动计划或规划。重庆市针对平台间功能定位趋同、信息和政策孤岛现象突出、同质化竞争激烈、枢纽集聚功能弱、协同管理体制未理顺等问题，提出要整合要素资源、扩大政策叠加效应、实现全市开放平台相互支撑和提质增效，制定了《重庆市开放平台协同发展规划（2018 — 2020 年)》。天津市为切实发挥科技创新在推进"一带一路"建设中的支撑和引领作用，推动全市开放型创新体系建设，制定了《天津市"一带一路"科技创新合作行动计划（2017—2020 年)》，提出深化科技人文交流、共建联合实验室（研究中心）、支持科技园区合作发展、实施国际技术转移四项重点任务。

直辖市、内陆城市和港口城市制订行动计划中思路和工作重点的差别，反映出不同等级和类型城市基于自身禀赋条件，推进"一带一路"的差异化特征。北京提出保障外事活动、加强国际高端科技创新资源流动、开展人才培养、探索金融国际化等其他城市少有的内容，特别是跨境金融创新，虽然在"一带一路"地方开放态势中没有提及，但显然是城市推进"一带一路"建设中需要深入探索的内容。在保障措施中还创新地提出推进境外服务中心和非公经济（境外）发展服务基地建设，完善安全风险评估、监测预警、应急处置"三位一体"的海外安全保障体系，与"一带一路"相关国家、友好城市等的主流媒体合作加强宣传等境外工作的内容。哈尔滨特别强调与中蒙俄经济走廊相结合，从区位特点和地缘关系出发，以对俄合作作为建设"一带一路"的重点。连云港则将港口建设放在"一带一路"工作的首位，此外还将提升城建品质和健全发展机制两方面的工作纳入，显示出对全面推进"一带一路"建设的探索。

城市开始编制"一带一路"专项行动计划或规划的现象表明，在推进"一带一路"工作过程中，一些城市遭遇并开始探索解决更为具体的某一方面和领域的问题，或针对某一方面和领域进行提升和强化的尝试，这也意味着"一带一路"的城市实践开始进入更高的阶段。

◇◇二 "一带一路"城市实践的进展和举措

近年来,各节点城市充分探索互联互通所涉及的五项内容,加强政策对接,在重点领域铺建基础设施,鼓励"引进来"与"走出去"相结合的投资贸易,对外金融体系不断完善,人文交流日益充分,"五通"水平逐步提升,对"一带一路"建设形成有效的助力。下文分别从政策沟通、设施联通、贸易畅通、资金融通、民心相通五个方面,详细阐述节点城市在"一带一路"建设方面的进展及经验。

(一)政策沟通

加强政策沟通是"一带一路"建设的重要保障。政策沟通要求加强政府间合作,积极构建多层次政府间宏观政策沟通交流机制,深化利益融合,促进政治互信,达成合作新共识。到目前为止,主要节点城市在政策沟通方面开展工作和取得进展相对较少。

(二)设施联通

基础设施互联互通是"一带一路"建设的优先领域。设施联通要求共同推进国际骨干通道建设,逐步形成连接亚洲各次区域以及亚欧非的基础设施网络。设施联通是主要节点城市共建"一带一路"的重点之一。

1. 积极开行中欧班列

主要节点城市对以中欧班列为代表的国际大通道建设表现出很大的热情。自 2011 年中欧班列首次开通至 2018 年,累计开行突破 12,000 列。

中欧班列双向运输日趋均衡，回程班列数量与去程班列之比已达到
0.71∶1。开行范围不断扩大，国内开行城市 56 个，可通达欧洲 15 个国
家 49 个城市。

成都、郑州、西安等内陆城市在开行中欧班列方面的表现较为突出。
通过中欧班列成都与境外 16 个城市、境内 14 个城市建立连接，每天从
成都至欧洲间往返的班列不少于 3 列，至 2018 年 6 月成都成为国内首个
实现中欧班列累计开行达 2,000 列的城市。郑州 2018 年开行中欧班列
752 班，运输各类商品达 1,300 余种，集货范围从 500 公里发展到 1,500
公里，其中河南省外的货物运量占 80%，境外覆盖 24 个国家 126 个城
市。快速发展的中欧班列和国际陆港建设，使内陆城市得以拥有直连海
外的快速便利通道①。

2. 打造空中丝绸之路

类似中欧班列，空中丝路也是内陆城市在设施联通方面的建设重点。
至 2017 年底，我国有 26 家航空公司从国内的 47 个城市口岸通航 35 个
"一带一路"参与国家的 80 个城市，航班量比"一带一路"倡议提出之
时增长 120%。至 2017 年，西安咸阳国际机场开通了国际（地区）航线
57 条通达 46 个城市，其中包括 14 个"一带一路"相关国家的 26 个城
市，客运量达 4,185.7 万人次，在全国大型机场中增速第一。

3. 形成陆海合作网络

"一带一路"倡议提出以来，主要节点城市大都提出畅通陆海互联，
加强陆港海港合作建设的目标。内陆城市普遍与沿海城市开展合作，发
展多式联运。合作范围也从就近合作，发展到建立全面的海陆港合作网
络。例如长春国际陆港除了和国内的宁波港、厦门港开展合作外，还与

---

① 本节城市案例如无特别标注，均来源于中国一带一路网，https：//www. yidaiyi-
lu. gov. cn/。

斯拉夫扬卡港、海参崴港、韩国釜山主港签署了共同开发协议。而青岛港也与西安、乌鲁木齐等多个陆港开展了海铁联运业务。

(三) 贸易畅通

投资贸易合作是"一带一路"建设的重点内容。主要节点城市在贸易畅通方面开展了大量的探索工作,特别是加强自贸区建设和发展跨境电商,走出特色化的新型贸易道路。

1. 加快自贸试验区建设

自 2013 年以来,我国先后设立了 13 个自贸试验区。除了海南外,试验区范围大多与城市片区相结合,以城市带动探索自由贸易试验。目前城市自贸试验区普遍在简政放权、优化营商环境、发挥市场配置决定作用、扩大开放、构建国际物流体系、创新人文交流等方面进行了有效的探索,进一步构建全方位对外开放的新格局。

2. 发展跨境电商

至 2018 年 7 月,我国已在杭州、天津等 35 个城市设置 3 批跨境电商综合试验区,综试区城市也从东部向中西部和东北地区倾斜。通过发展跨境电商,节点城市普遍在外贸领域获得了新的增长点,进出口不断增加,带动相关产业链条逐步延伸。针对跨境电商碎片化、小额化、高频次的特点,各城市综试区均在监管和服务体制机制上开展了改革试验。例如福建平潭将国际快件、跨境直购及跨境保税业务统一监管,优化提升了跨境电商投资环境和服务效率。贵州省则提出利用贵阳市大数据优势,"互联网 + 大外贸"发展模式,建设具有西部特色的跨境电子商务运营体系和运行机制。

（四）资金融通

资金融通是"一带一路"建设的重要支撑。虽然《愿景与行动》没有对节点城市提出明确要求，各城市也普遍未将资金融通方面的工作写入政府工作报告，但一些节点城市在该领域开展了若干探索。

1. 发行跨境债券

2015 年 9 月，中资企业境外发行债券审批机制改为备案登记制。同年，城投企业发行的海外债券开始快速增长。虽然由于发行增长过快引发相关政策收紧，一些城市政府依然支持城投企业探索并成功发行海外债券。

2. 发展离岸金融

随着我国对外开放进程的不断深化，主要节点城市均不同程度开展离岸金融业务探索。例如重庆提出要审慎稳健开展各项离岸金融业务，进一步提高离岸业务的经营管理效率，建立西部地区离岸金融高地[1]。西安也提出积极探索发展离岸金融业务，打造国内重要的离岸金融功能区[2]。

（五）民心相通

扩大节点城市与"一带一路"有关国家的城市交流，搭建城市人文交流合作平台，将有助于进一步夯实"一带一路"建设的民意基础，是

---

[1] 证券时报：《重庆银监局：促进重庆建立中国西部地区离岸金融高地》，http：//finance. sina. com. cn/stock/t/2017 - 05 - 22/doc-ifyfkkme0096627. shtml。

[2] 西安晚报：《加快建设西部重要的经济中心》，http：//epaper. xiancn. com/newxawb/html/2018 - 09/12/content_346979. htm？div = - 1。

城市外交在"一带一路"建设中的重要体现。

1. 缔结友好城市

友好城市是城市间交往最常见也是最重要的手段[①]。通过建立友好城市关系，能够与具有共性或互补性的城市开展长期稳定的交流合作，更好地推进"一带一路"建设。截至 2018 年上半年，我国与 61 个"一带一路"国家共建立了 1,023 对友好城市，占我国对外友好城市总数的 40.81%[②]。乌鲁木齐将缔结国际友好城市作为推进"丝绸之路经济带"核心区建设的抓手，国际友城从 7 个增加到 32 个，涉及 23 个国家。在推进文化科教中心、医疗服务中心建设方面，国际友好城市发挥了显著作用。

2. 加强旅游合作

旅游是促进不同国家和地区文化交流和增进友谊最重要的途径之一。目前北京、上海等多个国内城市对部分境外游客实施过境免签政策，为外籍人士来华旅游和商务出行提供更多的便利，为拓展对外交往提供更加广阔的空间。国内外的主要节点城市间还广泛开展合作，通过建立旅游联盟、发表合作宣言等形式，共享旅游资源、共同开发旅游线路、提升旅游品质和便利化、加强联合推介等。云南省组织相关市州与越南、老挝、缅甸的地方政府分别签订合作备忘录，通过跨境旅游合作区建设，进一步加强相互间客源市场的互送与合作，推动区域经济发展、密切人员往来。

3. 开展文化交流

节点城市通过搭建人文交流平台和举办"走出去"文化活动，推动"一带一路"文化双向交流，促进多元文化相互交融。2017 年上海国际

---

① 汤伟：《"一带一路"与城市外交》，《国际关系研究》2015 年 8 月总第 16 期。

② 国家信息中心"一带一路"大数据中心：《"一带一路"大数据报告（2018）》，商务印书馆 2018 年版。

电影节设立"一带一路"展映单元，吸引了"一带一路"沿线 47 个国家的电影机构申报了 1,016 部影片，14 个"一带一路"参与国家的 15 个电影节及电影机构代表共同签订了"一带一路"电影文化交流合作机制备忘录。2019 年"感知中国·江苏文化周"在柬埔寨和泰国举办，无锡通过惠山泥人、留青竹刻、无锡纸马等非物质文化遗产展演和"遇见无锡"图片展，与观众现场互动和展示无锡的风貌和建设成就，激发起观众对中国文化的热情，获得了两国民众的好评。

◇◇三 "一带一路"城市实践的问题和难点

（一）城市间同质竞争多，实质性合作不足

"一带一路"倡议的提出，引发了各城市政府的热烈回应。但由于不同工作内容间存在见效速度和实施难度等方面的差异，各城市政府在早期普遍选择见效快且相对容易的领域切入，从而导致城市间建设"一带一路"的竞争多于合作。

从名义上争抢"丝路起点"和"桥头堡"等定位，到从项目上争抢中欧班列和举办"一带一路"相关论坛，都表现出城市政府在建设思路和策略上的相似性多于创新性。相似的发展思路也导致政府间合作推进较慢，虽然各城市针对旅游、产业等形成若干发展联盟，但这些联盟由于往往涉及区域过大，无法形成热门游线，从而导致缺乏有效的共赢机会，难以发展出切实有效的合作。一些中心城市也未能有效地引导周边中小城市参与"一带一路"建设。

（二） 与经济走廊联系不足

从当前我国"一带一路"具体实施和推进的战略中，"六大经济走廊"成为走廊组织的基本框架，不同经济走廊基于我国对外战略所承担的不同功能，决定了丝路城市走廊的功能体系[①]。部分节点城市考虑到区域经济合作的难度以及追求快速见效，在经济走廊合作领域内的着墨少于其他方面。虽然在国家层面上，"一带一路"没有合作对象的局限，但在城市层面上，特别是处于某一经济走廊的节点城市，需要考虑区域关系和合作重点。

（三）"五通"发展不平衡

在建设"一带一路"时，城市政府更多地希望通过参与"一带一路"建设获得发展机会和做出更多政绩。所以各地均表现出对基础设施建设、电子商务和举办论坛会展的偏好。这与各城市政府长期以来发展经济所依靠的基础设施建设投资、产业投资、出口等要素一致。部分城市在路径依赖的影响下，以建设"一带一路"名义继续集中资源，使用补贴手段和行政壁垒，促进投资和贸易。

民心相通方面，有些城市对此间的理解仍然停留在"文化搭台、经济唱戏"的传统观念上，因此倾向于举办国际活动和互结友好城市，对于加强科技合作、开展沿线国家民间组织的交流合作等则较少开展。

---

① 屠启宇：《国际城市发展报告（2017）》，社会科学文献出版社2017年版。

（四）对外服务能力和国际化程度较弱

受到机构设置和人员结构的影响，多数城市政府缺少具有统筹协调能力的外事机构和人才。由于缺乏专业的机构支撑和对复杂国际政治与法律法规的了解，即使有为企业提供"走出去"服务的意愿，在实际工作中也难以形成对企业在海外的支持。

部分城市政府也缺乏对建立国际化营商环境、公共服务设施和城市功能的认识和能力。这些问题对于持续扩大开放、吸引投资和人才也构成了一定的影响。

（五）缺乏整体化的共建机制

大部分城市缺少完整公开的"一带一路"建设整体行动计划，不利于政府统筹推进"一带一路"建设，也不利于社会和企业有效参与。缺乏整体行动计划使得难以将"一带一路"作为系统性的工作开展和突出重点。在实际中，缺乏整体计划导致部分城市在日常工作层面认识和开展"一带一路"建设，专门化程度不高，推动进程缓慢。还有些城市则将所有国际相关的事务理解为"一带一路"建设，导致缺乏有针对性的重点。

◇◇四 "一带一路"城市实践的建议

（一）加强城市间区域合作

节点城市参与"一带一路"建设，应当与所处的区域经济走廊、国土空间开发格局和比较优势紧密联系。作为节点城市,要重点面向"六大走廊"的畅通和发展,发挥带动作用。将共建"一带一路"工作,与京津冀协同发展、长江经济带发展、粤港澳大湾区建设等国家战略对接,促进西部地区、东北地区在更大范围、更高层次上开放,助推内陆沿边地区成为开放前沿,带动形成陆海内外联动、东西双向互济的开放格局。

(二)深化"互联互通",针对短板开展探索

在政策沟通方面,城市政府应结合区域特点,在了解"一带一路"沿线国家相关区域和合作政策的基础上,开展探索性研究和工作,为国家层面的政策沟通提供基础。中印缅孟次区域经济合作的设想,即源于20世纪90年代的云南省设想。四方于1999年在昆明举行了第一次经济合作大会,共同签署《昆明倡议》。此后2013年李克强总理访问印度期间,上述设想被纳入国家层面的合作轨道,两国领导人共同提议启动孟中印缅经济走廊建设。由地方首先提出的合作设想,最终成为国家的外交行动。

在资金融通方面,城市政府可以加快形成金融支持"一带一路"建设的政策体系。包括支持企业发行海外基金,引导社会资金共同投入沿线国家基础设施、资源开发等项目,为"走出去"企业提供资金支持等。

在民心相通方面,城市政府可以在联系紧密的友好城市中,开展长期深入的文化交流活动,并支持当地华侨组织及在本城工作的外籍人士与机构参与,促进公众可以长期深度参与的文化交流。推动教育、科技、文化、体育、旅游、卫生、考古等多领域交流蓬勃开展,围绕共建"一带一路"开展卓有成效的民生援助。

（三）加强统筹规划和智库建设

编制"一带一路"建设行动计划，开展城市"一带一路"相关研究。结合城市的比较优势，系统分析城市在"一带一路"建设中的优势、劣势、机遇、挑战，从加快推进全面开放、互利合作的角度，统筹安排相关工作，作为指导城市"一带一路"的纲领。针对具体领域的问题，还可以相应开展专项规划。

强化相关领域智库建设，加强智库合作。"一带一路"建设是中国开创性的探索，缺少可资借鉴的成熟经验和成功先例。可以结合政府、学界、民间的力量，共同成立"一带一路"智库。加强国内外"一带一路"智库间的交流合作，发挥智库的桥梁和纽带作用，推动"一带一路"的互利共赢[1]。

（四）强化城市政府对外交流与服务能力

积极争取行业主管部门对"一带一路"相关联盟业务发展和协调方面的指导。加强城市政府间共建"一带一路"的力度，在能够发挥集群优势或具有互补性的城市间，建立更深入的合作关系，不仅企业要抱团出海，城市政府同样需要在"一带一路"沿线联合开展国际合作。

城市政府可以鼓励园区平台企业探索共建境外经贸合作区，利用园区平台企业在园区建设和运营方面的经验，拓展国际经贸合作，并为本土企业"走出去"提供更好的平台，便于企业到沿线国家开展投资合作。

---

[1] 何茂春、田斌：《"一带一路"战略的实施难点及应对思路》，《人民论坛·学术前沿》2016 年 3 月总第 93 期。

加强境外风险防范能力，鼓励和支持发展城市海外商会，以城市政府为依托、以商会为主体，解决本地企业"走出去"后遇到的问题和困难。

专题篇

第七章 "一带一路"建设融资机制

刘 勇[①]

经过五年多的实践，"一带一路"建设已逐步建立基建、贸易、文化、治理能力等全方位的多轮驱动式国际合作新机制，促进了沿线国家经济增长与社会发展，提升了东道国造血能力与国家治理水平，强化了区域经济一体化的发展理念与协同效果。还应看到，"一带一路"是关乎世界可持续发展的长期、复杂、艰巨的人类工程，既有基础设施互联互通、能源资源合作所需要的长期、大额融资，也有贸易畅通所需要的产业类发展资金和短期贸易融资。沿线国家投融资环境较差、国别风险较大，需要各方共同努力，以"一带一路"建设为统领，以多边机制和平台为重点，运用好经济、金融、结构性改革等政策工具，统筹发挥好政府、企业、行业协会等各方力量，逐步形成国际化、市场化的发展取向和国际宏观经济政策协调新机制。

"一带一路"投融资体系为"一带一路"建设提供资金融通服务，以支持"一带一路"项目建设作为目标，合理引导资金促进"一带一路"沿线国家经济的可持续发展。长期以来，"一带一路"沿线国家，特别是

---

① 刘勇，国家开发银行首席经济学家兼研究院院长，复旦大学博士生导师，享受国务院特殊津贴，研究方向：经济、金融。

发展中国家，始终面临基础设施重大项目建设能力不足、资金短缺等问题，融资需求，特别是中长期融资需求较大。融资作为投融资体系落实"一带一路"倡议的重要支撑，亟须创新模式、深化金融合作，打造多层次金融平台，建立服务"一带一路"建设长期、稳定、可持续、风险可控的金融保障体系。

在此背景下，为实现可持续的融资安排，至少有三方面问题需要予以明确：一是如何理解"一带一路"建设与融资机制之间的逻辑关系，这是我们客观认识"一带一路"国际融资问题的必要准备。二是如何分析"一带一路"融资机制的现状、问题与成因，这是我们准确把握"一带一路"国际融资症结的关键所在。三是如何构建"一带一路"规则标准框架及发展融资体系，这是我们完善"一带一路"国际投融资机制、引领话语权的有益探索。

◇◇一 融资机制与"一带一路" 建设的逻辑关系

资金融通是"五通"发展的关键一环，而融资机制则是资金融通的重要途径和保障。在"一带一路"建设中，融资机制既是这项庞大系统工程的重要支撑，承担为政策、设施、贸易、民心相通合作提供血液的职能；同时也是建设的重点内容，通过主动创新不断推进金融体系、投融资模式、金融服务网络、金融市场的构建和完善，全面提高服务水平，满足资金的可得、便利、安全和可持续需求，实现"一带一路"建设与融资机制建设的相互促进和协同。

（一）"一带一路"建设对融资机制的总体需求

"一带一路"建设的融资需求属性首先是常规性的，包括资金的可得、便利、安全以及可持续，但是由于建设自身是一个复杂的开拓性系统工程，从而使得上述常规性需求具有特定的内涵和外延，必须赋予创新的标签，用全新的理念、路径、手段才能实现。

1. 具备强大的融资功能——资金的可得性

为经济运行筹集资金和分配资金，是融资机制的基本职能。在"一带一路"建设中，这一基本职能表现为提供超大体量的资金。以设施联通为例，交通、能源和通信干线等基础设施的供给需要充分资金，受经济发展水平和经济发展差异化的制约，目前"一带一路"沿线国家和地区的基础设施普遍存在"联而不通、通而不畅"问题，建设和改造需求市场巨大。按照亚洲银行的数据，亚太地区每年的投资需求约为8,000亿美元，仅南亚区域每年的基建资金需求即达400亿美元。如何募集基金、解决钱从哪里来问题是金融支持"一带一路"面临的首要问题。

2. 资金的便捷高效传导——资金的便利性

庞大体量的资金要实现在投资者与经济活动主体之间的充分有效使用，需要一系列硬、软条件的支撑。一是资金成本要相对低廉。"一带一路"沿线能源资源开发、交通基础设施等领域的项目建设周期长、收益不确定等特点决定了资金的低成本需求。如何通过顶层规划设计、发育债券资本市场、开发信用价值等完成资金供需之间的平衡配置是其中的难点所在。二是资金渠道的畅通，主要是金融基础设施建设，包括金融机构的互设、金融服务的对接、资本市场的连通、双多边跨境支付合作，等等。三是要有稳定、便利的货币形态作为计价币种，要有便利的货币互换及本币使用渠道。在投融资活动中减轻、避免对单一货币的过度依赖，挖掘和释放本币开展对外投融资的可能性，可以有效调动亚洲区域以及投资国的潜在储蓄资源，规避美元指数起伏带来的风险。四是资金应是普惠而非选择性的。"一带一路"建设的融资安排应惠及所有企业和人群，支持可持续、包容性发展。[①] 以提高科技能力、技术发展、市场活力以及创造就业为目标，以多层次的金融体系努力向更多人普惠金融服务，特别是覆盖到发挥产业集群成长和贸易联通的主力军作用的中小企业。

3. 实现对风险的防控——资金的安全性

"一带一路"建设中的金融活动面临的风险是多层次、长期而复杂的，既包括跨境投融资本身的信用、汇率、财务风险，也包括东道国政局不稳、经济动荡以及地缘政治冲突等引发的资产贬值、汇兑限制和汇率动荡等金融风险。加之"一带一路"沿线是一个开放而非闭合的空间，没有也很难建立起超国家的权威机构以及统一的监管约束规则和标准，需要创新机制与手段来防范风险，如软性的各国之间的金融监管合作、跨境监管协调，硬性的保险缓释措施、保险机构的深度参与以及评级体系建设等都是可能的选项。

4. 保障资金供给的长期稳定——资金的可持续性

"一带一路"建设是沿线各国开放合作的宏大经济愿景，其显著特征之一是这个建设过程将是长期的。实施重大项目、更新换代基础设施、优化产业链分工布局、贸易的互通往来等都将以十年或数十年计期，对资金的相关需求也是长期的过程。可持续的要素一是前述提到的资金的可得性、便利性以及安全性必须是长期可持续的；二是其主导力量应该是市场化的，市场机制在金融资源的配置中应发挥决定性作用，不同资源最终是基于市场的力量投入到"一带一路"建设之中，政府之间合作

---

① 《"一带一路"融资指导原则》。

协调的目标都是促进和维护这种力量；三是资金的使用必须以绿色金融为导向。"一带一路"建设与沿线国家的工业化、城镇化进程叠加度高，要充分考虑生态保护和气候变化影响问题，突出生态理念，强化基础设施绿色低碳化建设和运营管理，加强对融资项目社会环境影响的评价和风险管理。

（二）"一带一路"建设与融资机制互为促进与协同

资本的逐利性决定了资金走势及项目谋划，因此"一带一路"建设在对融资机制提出需求的同时，也为融资机制完善提供了广阔机遇和宏大舞台。

1. 融资机制在"一带一路"建设中发挥支撑和引领作用

（1）推动政策沟通和发展战略对接。政策沟通和发展战略对接是开展各方面务实合作的基础，是扩大"一带一路"建设参与国利益汇合点的关键，也是共建"一带一路"的重要保障，融资机制在其中能够发挥重要作用。可以主动构建顺畅的交流磋商渠道、互相包容的规则体系和参与国政府之间的政策协调对接机制，推动多双边合作机制建设、推动构建行业产品国际标准规范、推动完善区域投融资规则体系等。积极对接各国的发展战略，促进国家之间和区域范围内的发展规划对接，增进政治互信、达成合作共识、深化利益融合，从宏观上寻求合作的最大公约数，将发展战略确定的愿景明确为包括金融领域在内的具体时间表和路线图。

（2）促进基础设施联通和实体经贸合作。"一带一路"建设参与国大多处于工业化、城市化的起步或加速阶段，改善交通、能源、通信等基础设施的愿望比较强烈。融资机制可以有力支持构建陆上、海上、天上、网上"四位一体"的复合型基础设施网络，以重大项目建设为支点，撬动和带动产业、市场环境，提高相关国家的发展潜力，激发其经济活力。此外，促进"一带一路"沿线国家加强资源禀赋和产业结构的互补性，实现投资与贸易的有机结合，推进经贸产业合作区建设，助力产能合作和经贸合作相融合，将经济互补性有效转化为经济推动力。

（3）支持民生发展、人文交流及能力建设。结合所在国资源禀赋，支持当地产业项目及工业园区开发，支持农业、林业、中小企业等薄弱环节发展，提升实体经济活力、增加就业和改善民生。[1]推行"绿色信贷"，注重项目社会效益，促进多方共赢，实现可持续发展。

（4）形成预警规避防范风险的重要支撑力量。"一带一路"沿线国家的经济活动面临一系列宏观中观层面的风险，包括政治、经济、生态等，可能具体到某一个国家、区域或产业。中国作为主要的投资国，需要构建起面向"一带一路"沿线的公共风险分析和预警机制，其中金融机构的参与十分重要。面对真金白银的安全性，金融机构和风险预警防范有着天然的紧密联系，对相关风险最敏感最有动力投入防范成本、建立防范机制。由于金融服务覆盖领域广泛，数据信息以及风险判定结果更具有代表性和说服力，所形成的国别风险综合管理方案、实质性风险管控策略和处置预案等更具操作价值，因此，金融机构的风险防范有助于实现多层保险功能，既能在控制高风险项目过程中引领市场主体的投资方向，也能为国家层面的公共风险分析和预警机制提供重要支撑，规避系统性风险的冲击和影响。

2. "一带一路"建设为融资机制完善提供了机遇和舞台

（1）促进区域金融公共产品的制度性供给。以世界银行、国际货币基金组织和世界贸易组织为主导的全球经济治理体系已经越来越难以反

---

[1] 郑之杰：《抓住历史机遇，以开发性金融服务"一带一路"建设》，《人民日报》2016年8月4日，第13版。

映不断崛起的新兴市场经济国家的利益诉求，主动参与和推动经济全球化进程、促进全球治理体系变革是中国大国责任担当的体现。同时，国家开发银行等综合性、区域性、开发性机构或机制都将发挥市场引领作用，在建设运营投资基金、域内域外债券市场融资、运用中长期权益资本、构建多边合作机制以及融资机制等方面挖掘更大服务空间和更多服务形式，推动和完善银团贷款、同业授信、"第三方"市场合作等方式，形成吸引第三方融资、满足"一带一路"资金需求特性的长期性制度化金融服务。

（2）提高中国金融企业的国际竞争力。"一带一路"建设对于中国金融企业提出了更高要求，是锻造世界一流金融企业的历史机遇，为中国金融机构的国际化和市场化拓展了新的发展空间，有助于提升国内金融业对国际贸易投资和企业"走出去"等实体部门的跨境金融服务能力和水平[1]。一是促进大型金融企业"走出去"，建成覆盖"一带一路"的服务网络。从地域覆盖来看，一方面目前中国大型银行与国际同业相比还有较大差距，远未建成全球性银行，另一方面国内大型银行在利差收窄和金融脱媒影响下，过于倚重传统信贷业务，收入结构较为单一，需要地理扩张寻找新的市场机遇。随着"一带一路"建设的深入，企业和居民对跨币种、跨国境金融服务需求迅速增长，银行客户的国际化程度越来越高，客观上要求中国银行业同步"走出去"，建成与"一带一路"战略布局相匹配的全球服务网络[2]。二是提高中资银行海外投资管理运营能力。境外设点、进入相关区域只是商业银行服务"一带一路"建设的第一步，在国际市场上，中国大型商业银行总体仍处于资产持有量大但

---

① 霍颖励：《人民币在"一带一路"中的作用》，《中国金融》2017 年第 14 期，第 15—17 页。

② 胡浩：《"一带一路"建设与大型商业银行战略转型》，《金融论坛》2015 年第 20 卷第 10 期，第 10—16 页。

管理能力弱、投行业务相对薄弱的状态，为"走出去"企业提供具有避险、保值、投资功能的全方位商品金融交易，以及利率、汇率及资本市场产品目前还十分有限。如何建立现代化的境外机构投资管理体制，促进境外机构成为当地主流银行，从分散布局走向形成合力，"一带一路"建设为我国金融业提供了广阔的演练场。三是完善金融业务和产品。建设全球跨境人民币产品线，不断丰富境内外连通渠道，大力发展国际结算、贸易融资、保函、全球供应链融资等贸易金融业务，以融资产品为抓手为企业提供一揽子金融服务方案。

（3）推进人民币国际化进程。近年来我国人民币国际化进程稳步推进，人民币在国际金融市场资产交易计价和储备货币领域的使用范围逐步扩大，"一带一路"建设为拓展人民币支付、投资、储备功能扩大了平台，是加快人民币国际化进程的重要载体。"一带一路"建设可以提供关键平台，有助于扩大亚欧国家特别是广大新兴经济体使用人民币进行跨境贸易和投资结算、资产配置等方面的需求。[①] 一是进一步发挥人民币跨境贸易计价结算功能。包括在贸易投资中人民币用于跨境支付和清算，发挥人民币清算行在营销客户、研发人民币产品、管理外汇风险、推广人民币境外使用的功能，提升人民币跨境支付系统（CIPS）功能与效率等。二是进一步发挥人民币的投融资功能。鼓励以人民币开展项目合作，开展人民币海外基金业务，支持"一带一路"沿线国家政府或商业机构利用两个市场、两种资源发行人民币计价债券。三是充分发挥人民币资产配置功能。在现有股票、债券渠道基础之上加快推进境内外资本市场联通，便利人民币投融资活动。四是进一步发挥离岸人民币市场的积极作用。发挥沿线区域性、国际性金融中心的集聚优势，充分支持人民币投融资功能及市场机制的基础作用。五是进一步提升与沿线国家货币金

---

① 彭红枫：《"一带一路"助推人民币国际化》，《人民日报》2016年5月31日（007）。

融合作的层次和水平，深化本币结算和货币互换等，共同维护区域金融稳定。加强与沿线国家、国际机构、金融机构沟通协作，消除不利于扩大木币使用的体制机制障碍。[①]

◇◇二 "一带一路"建设融资机制的现状、问题与成因

五年来，融资机制服务"一带一路"建设取得了一定成效，推进了一批重大项目，自身的体制机制建设进一步推进和完善，初步形成了金融机构和金融服务多层次、网络化布局，金融市场融资支持能力增强，金融合作不断取得新的进展，有力推动了共建"一带一路"走深走实。但由于"一带一路"沿线国别风险突出，在融资机制现状的表象之下仍有深层次问题及其成因亟待归纳总结。

（一）融资支持"一带一路"建设的现状

五年来，共建"一带一路"完成了总体布局，融资通过机制体制、模式方法的创新发挥了重要支持保障作用。主要包括以下方面：

1. 提供了大量贸易投资资金

通过直接投资、经贸合作区、自贸区建设以及重大项目合作，金融为"一带一路"建设提供了超大体量的资金。2018 年我国与"一带一路"沿线国家货物贸易进出口总额 1.3 万亿美元，同比增长 16.3%；5

---

① 霍颖励：《人民币在"一带一路"中的作用》，《中国金融》2017 年第 14 期，第 15—17页。

年来累计超过 5 万亿美元，对外直接投资超过 700 亿美元，中国企业在沿线国家推进建设 75 个经贸合作区，上缴东道国税费 22 亿美元，创造就业岗位 21 万个。在融资规模方面，截至 2017 年底，中资银行业机构共参与"一带一路"建设相关项目近 2,700 个，累计授信近 4,000 亿美元，发放贷款超过 2,000 亿美元，相关贷款余额约 2,000 亿美元。

2. 金融合作的深度广度进一步扩大

一是监管方面，中国银保监会高度重视并积极推进与境外金融监管机构建立正式的监管合作机制，跨境监管水平不断提高。截至 2017 年底，已与 32 个"一带一路"沿线国家的金融监管当局签署了双边金融监管合作谅解备忘录或合作换文，就建立正式信息共享和监管合作机制达成共识。二是多边金融合作机制方面，仅国家开发银行就发起设立上合组织银联体、中国—东盟国家银联体、中国—中东欧银联体、中国—阿拉伯国家银联体等多边金融合作机制，引导更多资源服务"一带一路"建设。三是推进政府间融资共识。在中方的倡议和推动下，2017 年 5 月中国财政部与阿根廷、白俄罗斯、俄罗斯等 26 个国家的中央财政部门共同核准了《"一带一路"融资指导原则》。据此原则，从各国政府层面细化"一带一路"融资有关问题，包括重点加大对基础设施互联互通、贸易投资、产能合作等领域的融资支持力度，利用好政府间合作基金、对外援助资金等现有公共资金渠道；鼓励政策性金融机构、出口信用机构继续为"一带一路"建设提供政策性金融支持，呼吁开发性金融机构考虑为"一带一路"相关国家提供更多融资支持和技术援助，鼓励多边开发银行和各国开发性金融机构积极参与"一带一路"建设特别是跨境基础设施建设等。四是外资银行间合作。外资银行通过与中国金融机构合作积极参与"一带一路"建设。花旗集团已与中国银行、招商银行分别签署了合作谅解备忘录。根据备忘录，三家银行将围绕"一带一路"倡议，分别在各自领域探索潜在的合作渠道，包括公司融资、金融产品、贸易、代理、信托、资本市场等。渣打集团称将在 2020 年底之前再联合银团为相关项目提供总值不少于 200 亿美元的融资支持。汇丰银行的服务覆盖一半以上的"一带一路"沿线国家和地区,参与项目上百个。五是建立商业银行合作机制。2017 年 5 月"一带一路"国际合作高峰论坛期间,中国工商银行倡议建立"一带一路"银行间常态化合作机制,并作为唯一的商业性成果纳入峰会官方成果清单。30 余家商业银行以及国际金融组织代表以签署《"一带一路"银行家圆桌会议北京联合声明》的方式通过了机制的目标、意义、合作内容、主要解决问题等。截至2018 年 4 月,"一带一路"银行间常态化合作机制成员单位已扩展至 53家,并通过平台互荐了超过 25 亿美元的项目。

3. "一带一路"沿线人民币国际化取得进展

一是央行层面,中国人民银行与"一带一路"沿线国家的货币当局开展货币互换协议,先后与超过 20 个"一带一路"沿线国家的货币当局签订了互换协议,加深国家层面的流动性支持;与"一带一路"沿线相关国家签署关于建立人民币清算安排的备忘录,并在新加坡、韩国、卡塔尔、马来西亚、泰国、匈牙利、俄罗斯、阿联酋等指定了境外人民币业务清算行,促进上述国家和地区的企业和金融机构使用人民币进行跨境交易的便利化。人民币跨境支付系统(CIPS)一期二期已实现包括"一带一路"沿线在内的全球各时区金融市场的全覆盖,拓展了直接参与者类型,为人民币国际化铺设了"高速公路"。二是跨境人民币结算规模不断提高。人民币在"一带一路"沿线国家的接受和使用程度保持增长,支持了贸易投资的便利化以及我国沿边、内陆开放高地建设。如新疆截至 2017 年底已与哈萨克斯坦等境外 90 个国家和地区开展了跨境人民币结算,累计结算量超 2,600 亿元。重庆与"一带一路"沿线 40 个国家发生了跨境人民币实际收付业务,累计实现跨境人民币实际收付结算量1,045.4 亿元,仅 2017 年实现结算量即达到 186.3 亿元,同比增长

3.3%。三是沿边双边多样化便利化措施不断涌现。如实现了人民币与越南盾现钞点对点跨境双向调运，在柬埔寨启动中柬跨境资本服务平台，在哈萨克斯坦中国银行开办个人客户向中国内地人民币跨境汇款业务，在中老跨境经济合作区设置中老合资银行分支机构，等等。

4. 金融市场融资支持能力不断提高

随着我国债券市场逐步对外开放，境内外机构发行人民币债券的类型和范围不断拓展，境外机构投资的便利性稳步提高，"一带一路"融资从中大受惠益。目前 QFII、RQFII、沪港通、深港通、债券通、直接入市等为境外机构的境内投资提供了多种渠道。已有多类型境外机构共 400 余家进入银行间债券市场，债券托管总量达 8,000 亿元人民币。在债券类型方面，创新的首单首次产品不断涌现：2017 年 3 月，俄罗斯铝业联合公司在上交所非公开发行 10 亿元人民币债券，成为首单"一带一路"沿线国家企业发行的人民币债券。2018 年 1 月，红狮控股集团在上交所发行 3 亿元人民币债券用于老挝"一带一路"项目建设，成为首单境内企业募资用于"一带一路"项目的债券。2018 年 2 月，招商局港口控股有限公司及普洛斯洛华中国海外控股（香港）有限公司"一带一路"公司债券在深交所成功发行，发行规模分别为人民币 5 亿元及 12 亿元，成为市场首批公开发行的"一带一路"熊猫公司债券，募集资金分别用于收购斯里兰卡汉班托塔港股权及欧洲沿线物流基础设施资产。

5. 开发性金融发挥了重大作用

以国家开发银行为代表的开发性金融在"一带一路"建设中发挥了多方位支撑服务作用。一是推进政策沟通和发展战略规划对接。2013 年以来，开行累计与"一带一路"建设参与国合作方签署协议 170 余份，涉及融资金额 1,800 亿美元，为增进战略互信发挥了重要作用。全程深度参与中国与哈萨克斯坦、老挝等国双边合作规划以及中蒙俄、中巴、孟中印缅经济走廊规划工作，完善"一带一路"重大项目库，与合作国政府和企业共同推动规划成果转化为具体项目。二是以重点项目引领发展，促进基础设施联通和实体经贸合作。以基础设施建设、国际产能合作、经贸产业合作区等为抓手，建立"一带一路"重大项目工作机制，推动了一批战略性突出、综合效应明显、融资金额大的重大项目取得实质性进展。三是推进金融合作不断深入。发起设立多边金融合作机制，积极投资"一带一路"对外投资基金；借助债券银行优势，发行多笔"一带一路"专项债，引导社会资金共建"一带一路"。四是提升金融服务能力。以财务顾问、融资顾问等融智类产品推动重大项目进程，创新项目融资交易结构和风险分担机制，借助各方优势破解东道国融资瓶颈；发挥投贷债租证协同优势，为"一带一路"项目提供贷款、债券、股权等多产品、多类型金融支持，2017 年 12 月 20 日国开行在香港成功发行的首笔"一带一路"专项债具有积极的引导和示范效应；运用开发性金融方法着力解决准公益性基础设施项目的融资难题，探索形成可复制、风险可控的开发性金融境外投融资模式。五是以智库方式推进人文交流[1]，凭借开发性金融机构的独特定位和国家高端智库培育单位的平台优势，加强"一带一路"核心问题研究，促进多方学术、思想交流。

（二）融资支持"一带一路"建设的问题与成因

资金供需失衡仍是融资支持"一带一路"建设问题的集中表现。仅基础设施领域潜在资金需求预计就达 20 万亿美元，而目前供给每年还不到 5%。供需不平衡是资金可得性的直观表象，也是资金便利、安全、可持续性方面欠缺的综合反映，究其原因主要来自宏观政治经济风险、金

---

[1] 刘勇：《发挥智库作用 服务"一带一路"软力量建设》，《开发性金融研究》2017 年第 13 卷第 3 期，第 18—20 页。

融市场发育不足、沿线项目收益存在高不确定性等。

1. 经济风险

"一带一路"沿线国家经济体量占到全球经济的30%以上，但各国发展水平十分不均衡，多数处于工业化升级进程中，新兴市场经济国家、转型经济国家占比高，很多国家自身经济总量小，市场有限，财政状况一般，市场开放度、自由度不高，投融资风险较大。一方面，对外界因素敏感，承压能力薄弱，如美联储货币政策的变化就可能导致各国的金融和经济动荡，引起货币贬值资本外流通胀走高等一系列连锁反应；另一方面，经济管制多，包括贸易管制、投资管制、金融管制和产业政策管制等，如一些国家经常采取紧急外汇管制和极端金融政策应对国际大宗商品市场价格急剧波动，给贸易投资企业带来巨大压力。

2. 政治风险

当前世界上重要的安全热点、地缘政治热点国家很多分布于"一带一路"沿线。这些国家一般存在国内矛盾尖锐、政治对立明显、阶层冲突时有发生、政府稳定性较差、法律法规多变和契约意识不强等问题，且是美国、俄罗斯和欧洲国家等大国的博弈热点，换届风险突出，开展内部或相关联的跨境基础设施建设项目、重大产业合作项目，面临着协调互信成本高、外部干扰多、信用构建难度大等困难。

3. 金融市场发育不足及法律宗教异质性

"一带一路"沿线国家，尤其是发展中国家，缺乏市场融资习惯和积累，融资模式往往以银行的间接融资为主，金融市场发展滞后，金融基础设施不完备，杠杆率低、融资门槛高是常态现象。如中亚地区大型项目的平均资产负债率大概为60%，个别项目的资产负债率甚至只有30%，各国信贷价格普遍超过20%，且国内信贷占GDP的比重普遍较低。再如南亚部分国家对境外贷款利率水平实行上限控制，印度法律规定5年期以上国际贷款全部成本不得超过6个月Libor+500BP，巴基斯坦国家银行、尼泊尔工业部、孟加拉国投资局对贷款价格和本息偿还安排则要进行严格审查。

4. 沿线项目收益存在较高不确定性

"一带一路"沿线涉及基础设施"互联互通"、产能装备以及能源资源合作等重大项目,普遍资金需求量较大,审批监管环节复杂,项目的建设周期较长,项目运营及运营收益具有不稳定性。[①] 如基础设施投资收益率一般偏低,机场、高铁、高速公路、港口等基础设施的自身收费是本息偿还的第一来源,而交通设施收费受到多种因素限制,实现盈利是一个漫长且不确定的过程,缺乏相应的投资吸引力。

◇◇三 "一带一路"国际投融资规则标准及发展融资体系研究

(一)关于"一带一路"国际投融资规则标准的思考

当前,"一带一路"国际投融资规则标准框架尚未形成国际统一共识,仍呈现碎片化、多元化、多维度等特点,亟待进一步融合提炼。首先,国际规则标准种类和内容的碎片化,2018 年 G20 名人小组关于改革国际金融体系的报告就曾建议各机构采纳一些共同的"核心标准";其次,国际规则标准的层级和类型呈现多元化,一是部分条约、标准与规范具有法律约束力,二是有些标准供自愿采纳,三是世行等多边开发银行有其自身的项目融资政策标准;再次,东道国国家法律法规和政策往往影响更为直接;最后,行业规范与社会责任体系是标准硬约束。

---

① 贾儒楠、韦娜:《金融支持"一带一路"建设的现状、问题与建议》,《国际贸易》2016年第 5 期,第 43—47 页。

"一带一路"投融资规则标准框架建立的目的在于高效贡献全球协作，解放发展束缚，促进"一带一路"资金流动并整合所有支持发展的要素，从而大幅提高发展性资金的使用效率，在正确的方向上提供关键推动力。为实现以上目标，规则标准的融合需充分考虑地区差异与国家差距，"因地制宜"地对现有规则标准体系进行动态调整与优化处理，至少需要设定符合项目所在国基本国情的前提性原则，具体包含以下几个方面：

差异性：投融资规则标准的具体要素设定要体现不同国家的差异性，对于发达国家、中等收入国家、发展中国家及重债穷国，分别给予分级设计，按照高级标准、中级标准和基本标准等建立要素指标体系。

适用性：投融资规则标准的要素指标应较好地反映与项目所在国的国情民意和发展战略的匹配度，对东道国来说最基本的原则就是要适应其发展需要，能够切实解决当前面临的突出问题。

选择性：在投融资规则标准框架下，东道国作为主权国家享有充分的选择权，根据实际需要有权选择不同要素指标的分类组合，而不是不顾实际地全盘接收。

优先性：东道国根据项目的实际情况，结合项目合作伙伴的技术优势、资金实力，可以对投融资规则标准进行优先排序，综合设定现阶段能够达到的阶段性高质量投融资目标。

基于此，我们综合考虑《"一带一路"融资指导原则》等共识性文件、东道国法律及诉求、多双边机构和企业实践以及国际社会关切的重要问题，提出环境评价、宏观政策对接、财务评价、债务可持续评价、社会影响评价、招投标采购、风险管控及项目后评价共八个方面、覆盖项目全生命周期的"一带一路"投融资规则标准的基本框架。

（二）关于构建中国特色国际发展融资体系的思考

当前，经济合作与发展组织（OECD）正积极推动国际发展融资体系变革，为发展融资撬动私人资本创造国际舆论环境。美、日等国也于近期密集推出"美国国际发展金融公司""高质量基础设施投资"等发展融资新机制，对"一带一路"建设、国际发展合作形成围堵竞争之势。对此，我们应高度重视、主动作为，厘清中国发展融资的特色内涵与竞争优势，明确中方立场与基本主张，创新引领国际发展融资体系健康有序发展。

1. 国际发展融资的概念和现状

（1）国际发展融资概念

一是国际发展融资由发展援助衍变产生，正处于发展初期，尚无统一的概念。通常窄口径的国际发展融资是指传统发展援助；宽口径的国际发展融资是指全球为发展中国家的可持续发展和减贫提供的资金支持，传统的发展援助是其重要组成部分。二是经济合作与发展组织（OECD）正积极推动超越官方发展援助（ODA）的"官方对可持续发展的总支持（TOSSD）"统计方法。三是国际发展融资口径的拓宽是大势所趋。

（2）经合组织官方发展援助面临困境

一是总体规模有限，长期低于 ODA 占国民收入 0.7% 的承诺目标。二是撬动效果不佳，仅带动了 ODA 规模 20% 的私人投资。三是支持基础设施不足，只有 1/3 的 ODA 用于基建领域。四是中国国际发展合作的理念模式与实践成效对 OECD 造成巨大冲击和影响。

（3）国际发展融资竞争形势日趋严峻

一是美国通过组建新型开发性金融机构"美国国际发展金融公司（USIDFC）"，完善其发展融资体系，加大对发展中国家的金融控制力，增强其服务外交战略的实力和能力，制衡中国不断上升的影响力。

二是日本在 G20 等多边框架下全面推行"高质量基础设施投资"战略，提高亚洲官方发展援助（ODA）至 25%，支持亚洲开发银行（ADB）提高贷款能力 50%，扩张其发展融资影响力。

三是西方还频繁以增加受援国债务负担、不透明、环保劳工问题为借口，对我国际发展合作横加指责，企图遏制我国际话语权和全球治理能力提升。

（4）关于国际发展融资的基本观点

一是发展权始终是第一位的；二是发展融资要以增强发展中国家经济造血能力和进入全球价值链的能力为目标；三是发展融资要增强投资与贸易的互动；四是以中国为代表的新型经济体 ODA 作用在持续增强。

2. 相关思考与政策建议

一是构建中国特色国际发展融资体系意义重大。有利于打破发达国家垄断地位，获取更多国际制度性话语权；有利于巩固"一带一路"建设成果，维护发展中国家利益主张；有利于将比较优势转化为务实合作；有利于引导国际发展融资改革为我所用；有利于参与、引导全球发展融资理念及标准规则。

二是深刻理解中国特色国际发展融资的内涵与核心理念。基本内涵是中国为促进受援国可持续发展，提升其治理能力和内生发展动力，提供的官方发展融资、撬动的社会资本和带动的受援国经济增长。核心理念是遵循共商共建共享原则，尊重受援国发展权与选择权，坚持发展优先，兼顾效率公平，提升受援国自身造血功能。

三是影响并引领发展融资规则标准的制定与完善。抓住 OECD 发展融资改革窗口期，参照 IMF 和世界银行主导的债务可持续评估体系，科学构建发展融资评估体系和分析框架。统筹考虑重大项目可持续发展的全生命周期与关键要素，对标国际规则，建立涵盖战略对接、项目实施、国际参与、经济发展、合作共赢等方面的中国特色的发展融资规则体系。

四是增强开发性、政策性金融支持中国特色发展融资体系建设能力，作为中国发展融资的重要组成部分，开发性、政策性金融参与"一带一路"发展融资的作用越来越大。同时，还要做好重大项目分类、战略性及一般项目坚持国际化、市场化建设。

第八章　提升投资促进工作质量，推动"一带一路"投资合作

刘殿勋[①]

2013年，习近平主席提出共建丝绸之路经济带和21世纪海上丝绸之路重大倡议，开辟了我国参与和推动全球开放合作的新境界。习近平主席在党的十九大报告中指出，中国开放的大门不会关闭，只会越开越大。要以"一带一路"建设为重点，坚持"引进来"和"走出去"并重，遵循共商、共建、共享原则，加强创新能力开放合作，形成陆海内外联动、东西双向互济的开放格局。

对外投资与利用外资是我国构建开放型经济新格局的一体两翼。2000年我国提出"走出去"战略，国内企业开始尝试国际化经营，培育跨国公司。经过近20年对外投资，我国企业已经逐渐积累了国际化运营的基本经验，对外投资的区域逐步地扩展到亚洲、欧洲、北美、南美和大洋洲，对外投资的行业不断扩大，投资规模增速很快。2015年，我国对外投资流量跃居全球第二。根据商务部、外汇局统计，2018年全年，中国全行业对外直接投资1,298.3亿美元，同比增长4.2%。其中，对外金融类直接投资93.3亿美元，同比增长105.1%；对外非金融类直接投

---

① 刘殿勋，商务部投资促进事务局局长。

资 1,205 亿美元，同比增长 0.3%。[①]截至 2018 年底，我国对外直接投资存量达到 1.94 万亿美元。[②]

与此同时，中国吸收外资已连续 25 年居发展中国家首位，成为具有很强吸引力的外商投资目的地之一。据商务部统计，2018 年中国新设立外商投资企业 60,533 家，同比增长 69.8%；实际使用外资 8,856.1 亿元人民币，同比增长 0.9%（折合 1,349.7 亿美元，同比增长 3%。未含银行、证券、保险领域数据）。[③]

2019 年是新中国成立 70 周年，是决胜全面建成小康社会关键之年，今年将举办第二届"一带一路"国际合作高峰论坛。双向投资的巨大规模和增长趋势，为中国企业对"一带一路"沿线国投资，以及吸引"一带一路"沿线国对华投资提供了良好的先决条件和重大机遇。投资促进工作在推动"一带一路"投资合作中有着广阔的发展空间。

◇◇一　"一带一路"投资合作情况

五年多来，"一带一路"投资合作在探索中前进、在创新中发展、在互惠中壮大，各国合作意愿日益增强，合作领域不断扩大，合作层次不断提升。中国制造、中国建设、中国服务受到越来越多沿线国家的欢迎，沿线国家更多的产品、服务、技术、资本源源不断地进入中国。

一是投资合作持续深化，利益纽带更加紧密。根据商务部统计，2018 年，我国企业对"一带一路"沿线国家实现非金融类直接投资 156.4 亿美元，同比增长 8.9%，占同期总额的 13%。在"一带一路"

[①]　http：//hzs. mofcom. gov. cn/article/aa/201901/20190102827479. shtml.

[②]　http：//www. mofcom. gov. cn/article/ae/ai/201902/20190202832653. shtml.

[③]　http：//www. mofcom. gov. cn/article/difang/201901/20190102827669. shtml.

沿线的 63 个国家对外承包工程完成营业额 893.3 亿美元，占同期总额的 52%。①

二是沟通对接不断深入，利益交汇逐步扩大。落实首届"一带一路"国际合作高峰论坛经贸合作成果。成功举办首届中国国际进口博览会，172 个国家、地区和国际组织参加，3,600 多家企业参展，创造多项国际博览会纪录。启动中非合作论坛北京峰会"八大行动"落实工作，扩大"一带一路"非洲朋友圈。完善贸易投资促进机制，在双边经贸联（混）委会框架下与多个国家建立贸易畅通工作组、投资合作工作组。与日本等国签署第三方市场合作文件。

三是经贸产业园区稳步建设，产业集聚效应显现。支持企业按照市场化运作模式，结合所在国国情，建设境外经贸合作区。推动建立政府间合作区磋商协调机制，确保合作区合法权益。目前我国企业在 24 个沿线国家在建合作区 82 家，累计投资约 290 亿美元，为当地创造税收超过20 亿美元。稳步推进中老和中哈等跨境经济合作区建设，加快推进中蒙、中越、中缅、中尼等跨境经济合作区建设前期工作。

四是自贸区建设持续推进，区域次区域合作不断深化。构建"一带一路"大市场，与格鲁吉亚自贸协定正式生效，与毛里求斯完成自贸协定谈判，与新加坡签署自贸协定升级议定书。积极推进与以色列、巴勒斯坦、摩尔多瓦自贸协定谈判和与巴基斯坦自贸协定第二阶段谈判。推动区域全面经济伙伴关系协定（RCEP）谈判取得重大进展。提高一体化合作水平，与欧亚经济联盟签署经贸合作协定，完成中俄欧亚经济伙伴关系协定联合可行性研究。《亚太贸易协定》第四轮关税减让成果文件正式生效实施。深入推进大图们倡议、大湄公河等区域次区域合作，推动提高区域次区域贸易投资便利化水平。

---

① http：//hzs. mofcom. gov. cn/article/aa/201901/20190102827479. shtml.

　　五是重大项目形成更多可视性成果。在项目建设上下功夫，启动实施"丝路明珠"工程，着力打造一批综合效益好、带动作用强的项目。推动一批重大基础设施互联互通项目取得实质性进展，马尔代夫中马友谊大桥通车，亚吉铁路开通运营，瓜达尔港具备完全作业能力，汉班托塔港二期工程主体完工，中老、中泰、匈塞铁路等项目平稳推进。

　　六是产业投资合作快速发展。5 年多来，我国与"一带一路"沿线国家产业投资合作取得积极进展，从传统的基础设施建设行业，已扩展到装备制造、能源化工、食品加工、农业、医药健康、电子信息、物流、文化教育等多个产业，呈现出传统产业与高端产业、制造业与服务业、绿地投资与跨境并购并举的趋势。

　　七是营商环境持续优化，吸引"一带一路"沿线国对华投资。2018年，推动出台 23 项积极有效利用外资政策举措，全面实施准入前国民待遇加负面清单管理制度，放宽外资准入领域，简化外商投资企业设立程序，打造高标准国际营商环境。世界银行发布的《2019 年营商环境报告》显示，我国营商环境排名从第 78 位提升至第 46 位。"一带一路"沿线国家实际投入金额同比增长 13.2%。

◇◇二　"一带一路"投资促进现状

　　中国政府高度重视"一带一路"投资合作，在多双边合作机制、投资促进活动、信息平台建设等方面着力推动"一带一路"投资促进工作的开展。

（一）多双边投资促进合作机制稳步推进

在双边合作领域。据国家发改委消息，截至 2018 年底，中国已累计同全球 122 个国家、29 个国际组织签署了 170 份政府间共建"一带一路"合作文件①，其中绝大部分涵盖了投资或投资促进相关的工作内容。尚未签署政府间共建"一带一路"合作文件的部分国家和地区也通过其他形式的政府间合作文件，对"一带一路"投资合作及投资促进工作提供了双边政策支撑。例如，日本通过与中国签署第三方市场合作政府间备忘录的形式，推动同中国在"一带一路"沿线国家和地区的项目投资合作，并集中签署了 52 项具体领域的合作文件；西班牙在与中国《关于加强新时期全面战略伙伴关系的联合声明》中确认"一带一路"倡议是促进全球合作的重要方案等。

此外，作为执行我国"引进来""走出去"相关政策，为我国吸引外资和企业对外投资提供双向投资促进服务的专业机构，商务部投资促进事务局与全球 52 个国家和地区的 92 家机构签署了 89 份双向投资促进合作谅解备忘录（MOU），其中覆盖"一带一路"沿线国家和地区 19 个、同我国签订共建"一带一路"合作文件的国家 29 个，并开展一系列促进"一带一路"投资合作的相关工作。

在多边合作领域。中国与"一带一路"重要地区建立多边合作机制，如东盟与中国"10 + 1"、中东欧国家与中国"16 + 1"等。为落实中国与中东欧国家领导人共同签署的《中国—中东欧国家合作布加勒斯特纲要》相关内容，促进中国与中东欧国家的双向投资合作，提升经贸合作的规模和水平，2014 年 9 月宣布建立中国—中东欧国家投资促进机构联

---

① http：//www. yidaiyilu. gov. cn/gbjg/gbgk/77073. htm.

系机制，这是我国首个明确以投资促进为主要内容、以官方机构为成员的多边投资促进机构联系机制，该机制工作会已举办 3 届。

在国际组织与国际开发机构方面。上海合作组织对"一带一路"经贸投资合作做出积极回应，绝大多数成员国均明确表示支持中国提出的"一带一路"倡议，肯定各方为共同实施"一带一路"倡议，包括为促进"一带一路"倡议和欧亚经济联盟对接所做的工作，认为上合组织成员国共同努力的优先方向是创造便利条件扩大经贸和投资合作，发展高科技产业，促进工业产业现代化。① 我国牵头设立的亚洲基础设施投资银行，通过多边协调、独立运作的方式，打造开放包容、专业透明的治理体系，已为"一带一路"沿线国家和地区基础设施建设提供了数十亿美元的项目融资服务。上述国际组织和国际开发机构，在政策沟通、资金融通等方面为促进"一带一路"投资合作提供支持。

（二）"一带一路"投资促进活动务实举办

大型活动作为投资促进工作的主要形式之一，在"一带一路"投资促进工作中扮演着重要角色。经过一段时间的探索，大型投资促进活动呈现出核心与辅助并存、综合与分类互补的特点。

"一带一路"国际合作高峰论坛。2017 年 5 月，首届"一带一路"国际合作高峰论坛在北京举行，来自 29 个国家的元首和政府首脑，140 多个国家、80 多个国际组织的 1,600 多名代表与会。中国商务部部长钟山在出席论坛高级别会议"推进贸易畅通"平行主题会议的主旨发言中提出倡议，"促进贸易和投资自由化便利化，消除贸易投资壁垒，推动构建公正、合理、透明的国际贸易投资规则体系，促进生产要素有序流动，

---

① http：//chn. sectsco. org/documents/.

资源高效配置，市场深度融合"，充分表明了中方促进"一带一路"投资合作的方向和决心。首届论坛共收获了 5 大类、76 大项、279 项的具体成果。据中国国家发改委的统计，截至 2018 年底，其中 269 项成果已完成或转为常态化工作，10 项正在推进，落实率达 96.4%。随着 2019 年第二届论坛的召开，"一带一路"国际合作高峰论坛在"一带一路"投资促进工作中的作用将进一步显现。

中国国际进口博览会。2018 年 11 月，以"新时代，共享未来"为主题的首届中国国际进口博览会（以下简称"进博会"）在上海举办，来自五大洲的 172 个国家、地区和国际组织参会，参展企业 3,617 家，80 多万人进馆洽谈采购、参观体验，成交额达 578 亿美元。作为进博会配套活动的虹桥国际经贸论坛，由主论坛、3 场平行论坛及国际财经媒体和智库论坛组成，以"激发全球贸易新活力，共创开放共赢新格局"为主题，下设"贸易与开放""贸易与创新""贸易与投资"三个分议题，吸引了 4,500 多名各界嘉宾出席。首届博览会的成功举办，彰显了中国进一步扩大开放的决心，体现了"一带一路"倡议的全球吸引力，进博会必将成为中国对外开放的新窗口、以贸易促进投资的新典范。

其他国家级展会活动。作为中国目前唯一以促进双向投资为目的的国际投资促进活动，中国国际投资贸易洽谈会（以下简称"投洽会"）迄今已走过了 22 个春秋。2018 年 9 月 8 日，第二十届投洽会开幕，国家主席习近平在向大会所致贺信中指出，"20 多年来，中国国际投资贸易洽谈会致力于打造双向投资促进、权威信息发布和投资趋势研讨三大平台，已发展成全球最具影响力的国际投资盛会之一，为我国改革开放和社会主义现代化建设作出了积极贡献"。在共建"一带一路"的大背景下，第十九届、二十届投洽会均紧密围绕"一带一路"主题，通过主论坛或分论坛等多种形式对"一带一路"投资促进进行了研讨，也推进了一批"一带一路"投资合作项目。除投洽会外，我国各地还定期举办有多个主题内容明确、地区色彩鲜明的大型展会活动。其中很多与"一带一路"关系密切，如中国—亚欧博览会、中国—东盟博览会、中国—中东欧国家博览会等，均将"一带一路"投资促进主题纳入活动内容。

各国驻华使领馆及投资促进机构积极举办"一带一路"投资促进活动。各国使领馆和投资促进机构是"一带一路"相关投资活动的重要组织方。据不完全统计，仅"一带一路"沿线国家驻华使领馆及投资促进机构每年在华举办的投资促进活动就达百余次，其中既有大规模宣传推介活动，也有中型的对接交流，还有小范围的研讨座谈。不同类型活动的高中低搭配，不仅为投资者与引资者搭建了交流平台，也为投引资双方提供了更多贴合其需求的选择，有效提升了"一带一路"投资促进活动的效果和工作质量。

（三）投资信息互联互通有序进行

投资项目信息库。投资是一项对信息高度敏感的活动，信息的有无可以决定投资意愿与行为是否发生，因此实现"一带一路"国家间投资信息互联互通至关重要。项目信息是投资信息的核心，能否及时获取最新的项目信息不仅影响投资行为本身，客观上也会造成投资成本的波动。为了更高效地为投引资双方提供项目信息，促进双向投资，商务部专门搭建了投资项目信息库，并作为商务部公共服务项目向公众开放。该项目信息库从招商引资信息、对外投资信息、投资意向三个维度对项目进行了分类，同时配备有全文检索功能，便于投引资双方更快速准确地获取所需信息。截至目前，累计收录中、英文项目信息 58,697 条，覆盖了绝大多数"一带一路"沿线及相关国家和地区。

"走出去"公共服务平台。广义上的投资信息不仅包括项目信息，也包括会对投资行为产生影响的所有政策、法律、市场、基础设施等相关背景环境信息。对此，中国商务部定期发布《对外投资合作国别指南》及《中国投资指南》，向国内外投资者提供最新的投资环境信息。而不少"一带一路"国家还会根据自身特点，通过诸如投放媒体广告、定向推送等方式，围绕特定主题，有针对性地宣传本国投资环境、提供投资信息。以上方式彼此支撑，互为补充，形成了全方位、多种类的信息共享及推广模式。

◇◇三　"一带一路"投资促进工作面临的问题

"一带一路"投资促进稳步推进，为"一带一路"倡议的落地生根开展了一系列工作，取得一定成效的同时，也暴露出了一些问题，需引起重视。

（一）投资促进机构和机制不够健全

一是我国投资促进体系不完善。目前，我国缺乏对于投资促进工作的顶层设计和立法，使得国家及各地方的投资促进机构在机构设置、人员和资金配备及工作职能方面缺乏法律基础。据了解，韩国颁布的《外国人投资促进法》、印度尼西亚颁布的《投资法》、泰国颁布的《投资促进法》都对投资促进工作有相关规定，这些国家的投资促进机构，如大韩贸易投资振兴公社、印度尼西亚投资协调委员会、泰国投资委员会，都根据有关法律法规的规定，促进本国双向投资合作的开展。而我国缺乏相应的立法和顶层设计，导致国内投资促进体系不完善，是制约"一带一路"投资促进工作的根本性问题。

二是我国投资促进机构境外布局严重不足。在全球经济一体化条件下，投资促进机构海外代表处成为政府开展投资促进工作的重要组成部分。英国贸易与投资署在 35 个国家设立了 56 个代表处；香港投资推广署在 28 个国家设有代表处；芬兰政府投资促进署在全球 50 多个国家设立代表处；爱尔兰投资发展局在世界 19 个国家设有代表处；瑞典政府投资促进署在海外设有 6 个代表处，并在 7 个国家驻有代表。据不完全统计，目前已有 34 个国家的 65 个投资促进机构在中国设立代表处，主要职能是吸引中国企业对外直接投资。目前中国商务部投资促进局仅在德国、匈牙利、韩国设有 3 个代表处，我国投资促进机构境外网络建设不完善、分支机构严重不足，制约了我国投资促进工作的国际化水平。

(二) 产业引导不充分，产业链积聚效应不明显

一是产业引导不充分。目前，中国企业赴"一带一路"沿线国家和地区进行投资时，多以单个企业开展投资合作为主，缺乏包括投资促进机构在内的专业机构的支持，也缺乏产业层面更深入的沟通和交流，企业在赴"一带一路"沿线国家和地区进行投资时，较难全面了解上下游产业的"走出去"情况，有时也未能提前开展充分的战略规划和市场分析，对于"一带一路"沿线国家和地区以及产业的选择缺乏规划设计，从而错失发展机会，或造成不必要的风险和损失。

二是产业链积聚效应不明显。目前，中国与"一带一路"沿线国家和地区的产业投资合作尚停留在初期阶段，没有针对投资国别和地区的产业禀赋和市场需求进行充分交流和匹配，更多只是项目层面的合作，未能形成更多产业链层面的对接。并且，各产业零散分布在各沿线国家，也没有形成很好的产业链联动效应。

（三）信息共享机制有待完善

推动投资促进信息交换在许多多双边自由贸易协定中都有所涉及，但实际工作中投资促进信息共享仍相对滞后。许多投资者不了解也很难了解目标国家或地区的投资环境和项目信息，少数通过非官方渠道获得的信息也存在真假难辨、权威性不足等问题。造成这种情况的原因有很多，比如信息宣传渠道有限、听众覆盖不足，或是目标国家政策变动频繁、难以追踪等。但主要原因是缺乏相对权威或统一协调的投资信息共享机制和平台。投资者欲了解投资信息往往只能针对单一国家联系该国机构，无法通过一个整合的平台迅速获取多方信息比较筛选。这一方面加大了信息获取的成本，另一方面也不利于投资促进资源的优化配置。

◇◇四 "一带一路"投资促进工作建议

投资促进工作的本质是促进投资合作。构建"一带一路"新型投资促进合作机制，加强与"一带一路"沿线国投资促进机构合作，完善我国投资促进体系建设，提升我国投资促进机构专业化水平，进一步提升投资促进工作质量，对推动"一带一路"投资合作具有至关重要的作用。

（一）构建"一带一路"新型投资促进合作机制

一是与"一带一路"沿线国家和地区的投资促进机构建立长效多边合作机制。积累多边投资促进资源，强化国际协调和沟通，与"一带一路"沿线国家和地区加快形成高效合作的投资促进国际网络，构建具有

"一带一路"广泛代表性的高水平投资促进和沟通协调机制，推动与相关国家和地区的政策协调、产业对接、信息共享等，广泛开展投资促进领域的交流协作。

二是建设"一带一路"沿线重点国家和地区双边合作机制。积极建设针对"一带一路"沿线重点国家和地区的双边投资促进合作模式，与相关国家的投资促进机构签署双向投资谅解备忘录，拓展合作领域，在产业链投资合作、推动项目落地等方面开展深度合作，并将成功经验复制推广到"一带一路"沿线国家和地区。

（二）完善我国投资促进体系建设，提升投资促进机构专业化水平

一是强化投资促进顶层设计，建立我国多层次的投资促进网络。加强国家及地方各级投资促进机构建设，确立投资促进机构的法定地位和职能，解决投资促进部门职能不统一、隶属关系多样等问题，形成清晰、规范的全国投资促进框架体系。各地在推进"一带一路"建设的过程中，因其所处的发展阶段不同，具有的竞争优势各异，对于"一带一路"建设所蕴含的区域发展机遇也呈现差别。应完善投资促进机构的沟通协调机制，建立国家—省级—地市—区县畅通的沟通协调机制，加强国内投资促进机构与多双边经贸合作机制、高层级商务资源及国际投资促进网络的有效对接。加强对地方"一带一路"投资促进工作的科学引导，明确我国与沿线国家和地区重点投资合作的方向、领域、平台和重大项目安排。重点加强指导地方根据区位优势与产业竞争优势对"一带一路"沿线国家进行布局，找好切入点和突破口，锁定"走出去"目标市场。围绕具有国家战略意义的产业领域和重大国际科技合作项目，指导地方科学判断合作空间。

二是建设"一带一路"沿线国家和地区投资促进分支机构网络。海外投资促进分支机构能更好地满足双向投资需求,同时也是我驻外公共服务平台的重要环节。加快在"一带一路"沿线国家和地区设立投资促进分支机构,培育重点国别投资促进工作支点,为中国与沿线国家开展双向投资合作拓展有效渠道、积累境外资源、推动产业对接、促进市场融合等发挥积极作用。通过建立和完善"一带一路"投资促进国际网络,增强产业对接、项目推介与落地的实际操作能力。

三是提升我国各级投资促进机构的专业化服务水平。国家及地方各级投资促进机构应提高自身能力,建设专业化、国际化、信息化的投资促进机构。首先要提高专业化研究能力水平,把握好国际资本流动趋势和国家政策导向。其次要对服务对象进行研判,了解企业和投资国别的情况,在把握服务对象深层次需求的基础上,加大投资促进方式的创新力度,提供有针对性的服务。最后要实现投资促进机构的科学化管理,健全考核及风险控制机制,强化内部监督,规范工作流程,实现以岗位职责为核心的管理模块,提升广大干部的责任意识,科学化工作配置。

(三)进一步完善"一带一路"产业投资促进合作

一是以产业为导向,加强与"一带一路"沿线国家和地区的产业联动。进一步发挥投资促进机构的引导作用,制定统一的产业链投资规划和实施步骤,促进行业龙头企业赴"一带一路"国家投资的同时,鼓励上下游企业抱团"出海",从而逐步形成在"一带一路"国家的集群式产业投资。在中国企业产业链"走出去"的基础上,积极对接所在国产业发展诉求,带动当地产业发展。加强与"一带一路"沿线国家和地区的产业链互动,推动"一带一路"投资合作纵深发展和集群式发展,从而产生更高的规模和集聚效应。

二是建设跨境产业投资促进平台，开拓务实高效的国内外沟通渠道。最大限度将产业资源进行有效整合，使国内资源与国外资源通过有效的手段进行对接，推动跨国公司引领中小企业开展产业内深入的国际合作。积极倡导"以产业为主线、以需求为导向"的理念，落脚点在于产业，着力点在于需求，主体是境内外投资者和引资者。政策制定部门、行业商协会、咨询公司、研究机构、律所、会计师事务所等作为平台建设的重要要素，为"一带一路"投引资主体提供政策引导、专业分析、理论研究等投资服务，实现产业链资源精准对接，推动产业内企业参与"一带一路"建设。

（四）务实开展投资促进活动，强化对企业的引导和支持

一是务实开展常态化投资促进活动，打造"一带一路"框架下品牌性活动。继续做好国家级展会相关配套活动，在综合性展会活动中凸显"一带一路"主题，设置"一带一路"专题活动。拓展活动内容及方式，结合"一带一路"沿线国家产业特点和我国企业需求，赴热点国家开展主题明确、时效性强的一系列投资促进活动。定期在"一带一路"沿线国家举行"一带一路"投资推介洽谈会；不定期举行中国投资促进机构与沿线国家投资促进机构间的交流对话、"一带一路"进展说明会及政策解读会，有针对性地开展促进中国优质企业"走出去"和吸引优质项目落户中国的投资促进活动。

二是提高活动针对性，加强针对"一带一路"沿线国投资的科学性引导。通过务实举办有针对性的活动，科学规划、务实推进对"一带一路"沿线国家和地区的投资促进政策，更好地引导企业主动探索、科学评估具体目标市场、产业领域和合作项目前景。通过发布"一带一路"投资指南等方式，引导企业了解沿线国家文化和社会，从当地实际出发

开展经营活动，并履行社会责任，将和平合作、开放包容、互利共赢的核心价值理念传递给"一带一路"沿线国家。同时通过活动增强企业风险意识，引导"走出去"企业加强知识产权创造、运用、保护和管理能力，做好境外专利申请与商标注册，积极应对国际知识产权纠纷。

（五）打造信息共享网络，充分利用信息资源

一是加强"一带一路"投资促进信息网络建设，打造信息丰富的动态大数据库。建立"一带一路"沿线国投资促进信息交互机制和共享机制。加强"一带一路"重点国别投资促进的深入研究，对重点区域投资环境和政策变动保持深度跟踪，利用公共服务平台定期发布国别研究报告和国情监测预警，加强对沿线国家投资促进与权益保护条款的动态研究，以及沿线国家的动态风险监测、预警和处理机制管理，帮助企业掌握动态信息，提前规避风险。

二是国内投资促进机构要充分利用信息资源，综合运用"线上"和"线下"两种资源、两条渠道。首先在建立起"一带一路"沿线国投资促进信息交互机制和共享机制的基础上，借助网络资源获取"一带一路"沿线国投资情况和项目信息。其次要充分利用信息资源，重视信息网络建设，统筹本地区投资情况和项目情况，打造全面翔实的动态数据库，建立投资促进信息服务平台，展示投资环境的同时，吸引"一带一路"沿线国投资合作。

（六）加大"一带一路"投资促进资金支持

一是加强对投资促进机构的资金支持。投资促进具有较强的公共服务属性，通过促进投资能够推动经济发展、完善市场机制、解决就业问

题等。从职能上看，投资环境塑造、政策反馈、经济形势和产业研究、投资者服务等，都属于非营利性职能，只有提供有力的财政经费支持，才能保证公共服务职能的有效履行。国际先进经验表明，很多国家和地区都将投资促进部门划归为官方或半官方的机构，给予充足预算保障，保证其行使公共职能。比如香港投资推广署为企业免费提供投资全过程量身打造的服务，有专属行业团队为投资者提供支持，这离不开公共财政资金的支持后盾。建议设立投资促进专项资金，保障投资促进机构履行好投资环境的优化和宣传、相关研究工作、公共性的投资者服务等公共职能，充足的财政经费支持也可以确保投资促进机构更有效落实国家战略和提供对企业的服务。

二是设立"一带一路"投资促进专项基金。通过设立专项基金，鼓励、支持和引导我国各地方和企业赴"一带一路"沿线国家和地区开展投资合作。针对重点项目提供早期市场拓展等方面的资金支持，有助于解决企业在项目初期资金不足的问题，引导企业制定长远投资规划，协助为"龙头企业"提供配套产品的中小企业赴"一带一路"沿线国家和地区进行投资，促进产业链在沿线国逐渐形成，产生产业链积聚效应。

第九章 "一带一路"建设基础设施互联互通

汪 鸣① 谢雨蓉② 樊一江③ 王杨堃④

陈晓博⑤ 刘文华⑥

◇◇一 序论

基础设施是为社会生产和居民生活提供公共服务的物质工程和基本保障,是对国家或地区社会经济活动正常运转具有支撑性、引导性作用的公共设施系统。"一带一路"沿线多为发展中国家,部分国家和地区长期以来基建投资支出不足,基础设施建设能力和水平较为落后,严重制约了经济社会发展。近年来,全球化的深入推进和国际产业分工、贸易格局演变为沿线国家和地区带来了新的发展机遇,也产生了巨大的基础设施投资和建设需求。在"一带一路"倡议下,积极扩大基础设施投资、提高基础设施发展质量、推进跨国跨区域基础设施互联互通,对于本国和本地区短期扩大经济总需求、长期提升潜在供给能力和经济发展动能

① 汪鸣,国家发展改革委综合运输研究所所长、研究员。
② 谢雨蓉,国家发展改革委综合运输研究所交通运输服务与物流研究室主任、研究员。
③ 樊一江,国家发展改革委综合运输研究所综合研究室副主任(主持工作)、研究员。
④ 王杨堃,国家发展改革委综合运输研究所交通运输技术研究中心副主任、副研究员。
⑤ 陈晓博,国家发展改革委综合运输研究所综合研究室助理研究员。
⑥ 刘文华,国家发展改革委综合运输研究所交通运输服务与物流研究室助理研究员。

具有重要作用，对于沿线各国加强交流合作、扩大贸易往来、实现共同繁荣也将产生深远影响。

中国将基础设施互联互通作为"一带一路"建设的优先领域，在尊重相关国家主权和安全关切的基础上，以形成连接亚洲各次区域以及亚欧非之间的基础设施网络为目标，加强基础设施建设规划、技术标准体系对接，共同推进国际骨干通道建设，强化绿色低碳化建设和运营管理。"一带一路"倡议提出五年多来，沿线国家逐步取得共识，按照"共商、共建、共享"的原则，积极参与推动基础设施的互联互通，合作开展设施的建设运营，许多域外国家、国际企业和第三方金融机构也在基础设施互联互通的价值链中共享机遇，携手助力基础设施建设与当地经济社会发展深度融合，取得了丰硕成果。

基础设施滞后是"一带一路"沿线广大发展中国家普遍面临的突出"短板"，也是全球面临的共同问题。2016年，中华人民共和国主席习近平在出席G20杭州峰会二十国集团工商界活动（B20）峰会开幕式时发表主旨演讲，指出："我们应该夯实基础设施的联动，中方发起全球基础设施互联互通联盟倡议，推动多边开发银行发表联合愿景声明，加大对基础设施项目的资金投入和智力支持，以加速全球基础设施互联互通进程。我们应该增加利益共赢的联动，推动构建和优化全球价值链，扩大各方参与，打造全球增长共赢链。"作为当年G20主席国，中国首次将基础设施互联互通引入G20议程，开创性地推动G20制定全球首个多边投资规则框架——全球投资指导原则，倡议成立全球基础设施互联互通联盟，共同促进跨国、跨区域基础设施建设。这次峰会将我国提出的"一带一路"基础设施互联互通倡议拓展至全球范围，推动发达国家和发展中国家迈上互联互通的共赢之路。

◇◇二 "一带一路"建设基础设施 互联互通的成就与经验

（一）交通基础设施建设与运营

五年来，我国加快推进"一带一路"国际互联互通铁路、公路、港口、民航、管道等领域重大项目建设；制定《标准联通"一带一路"行动计划》，推动建立双多边互认程序与工作机制，推进标准体系对接；提出"全球基础设施互联互通联盟"倡议，主动与国际社会共商、共建、共享基础设施，推动全球基础设施互联互通，目前已取得重大实质性进展，促进了全球一体联通。

1. 铁路建设与运营

在非洲，中国铁路实现全产业链"走出去"，建成连接埃塞俄比亚和吉布提两国首都的亚的斯亚贝巴—吉布提电气化铁路、安哥拉本格拉铁路（洛比托—卢奥）和肯尼亚蒙内铁路（蒙巴萨港—内罗毕），其中亚吉铁路成为我国在非洲建设运营的首条全线采用中国技术、中国装备和中国标准的电气化铁路，三条铁路对打通大西洋和印度洋经非洲大陆的连接通道发挥重要作用。在东南亚，我国与印度尼西亚合作的雅加达至万隆高速铁路项目正式开工；时速 200 公里的中越中老国际铁路共用线路——昆明至玉溪段"试跑"成功；作为泛亚铁路中通路的中老泰铁路的中国境内玉溪至磨憨段和老挝境内磨丁至万象段、泰国境内的廊开至曼谷段等一批重大项目开工建设；启动了中尼铁路前期工作，并建立双方政府部门间沟通协作机制。在中西亚，德黑兰至伊斯法罕高铁正式开工;克拉玛依至塔城铁路铁厂沟至塔城段开工建设;中吉乌铁路三方联合工作组已召开两次会议就铁路项目的技术标准、项目融资等问题进行磋商。在欧洲,中匈塞三国合作建设的匈塞铁路项目稳步推进。

2. 公路建设与运营

在亚洲,中巴经济走廊两大公路建设项目——卡拉奇至拉合尔高速公路(苏库尔至木尔坦段)和喀喇昆仑公路升级改造二期(哈维连至塔科特段)、中俄界河黑龙江上首座跨境大桥、昆明经临沧清水河至缅甸皎漂公路中的墨江至临沧和临沧至清水河段、国道302线三岔至阿尔山、国道210线满都拉口岸至白云鄂博等一批具有标志性意义的交通工程项目开工建设。同时,我国还积极参与柬埔寨金边至西哈努克高速公路项目建设。在中东欧,塞尔维亚高速公路等项目进展顺利。

3. 港口建设与运营

海外港口建设运营成效显著,先后参与希腊比雷埃夫斯港、斯里兰卡汉班托塔港、巴基斯坦瓜达尔港等34个国家42个港口的建设经营。目前,巴基斯坦中资港口瓜达尔港已正式开航,斯里兰卡汉班托塔港二期工程竣工,科伦坡港口城项目施工进度过半。此外,中国企业成功中标缅甸皎漂港项目,成功收购希腊比雷埃夫斯港控股权并全面接管港口经营,中国—马来西亚港口联盟正式成立,中资企业参与的拉脱维亚里加煤码头改造项目稳步推进。

4. 机场建设与运营

"一带一路"沿线民航基础设施布局通航网络日趋完善,我国民航机场建设企业参与建设中亚、东南亚、俄罗斯等国家和地区机场项目的力度不断加大。

5. 油气管道建设与运营

中缅原油管道已经投入使用,实现了原油通过管道从印度洋进入中国;中俄原油管道复线投入使用,中俄东线天然气管道、中亚天然气管道 D 线、中哈原油管道扩能建设等项目按计划稳步推进。

(二) 国际联运与跨国运输的发展

1. 国际铁路联运

中欧班列是依托欧亚大陆桥铁路运输骨干通道，以集装箱"五定班列"形式组织开展中欧及沿线国家间贸易运输的一种货运产品或物流服务，属于国际集装箱铁路联运范畴。从较为正式的班列运输服务形式的角度来看，目前业界普遍认同"中欧班列"起始于 2011 年 3 月重庆开行的"渝新欧"。事实上，在此之前的很长一段时间内，我国国际货物联运集装箱运输和国际集装箱过境运输通达的境外国家主要是俄罗斯、哈萨克斯坦、蒙古、朝鲜、越南等周边国家，比较少有直达欧洲的集装箱班列运输服务。自 2006 年 11 月 20 日，中、德、俄三国铁路领导人在北京共同签署《中华人民共和国铁道部、德国铁路股份公司和俄罗斯铁路股份公司关于加强欧亚铁路运输合作的谅解备忘录》，并成立协调委员会和共同工作组以后，亚欧、中欧间的集装箱铁路运输开始较快发展。

自 2011 年至 2018 年底，中欧班列累计开行超过 12,000 列，其中，2018 年共开行中欧班列 6,300 列、同比增长 72%，其中返程班列 2,690 列、同比增长 110%。目前中国境内开行中欧班列的城市达到 56 个，可到达欧洲 15 个国家的 49 个城市，回程班列数量与去程班列的占比已达到 71%，基本实现"去 4 回 3"，重箱率、计划兑现率等质量指标也均达到了历史最好水平。国内开行城市中，成都、重庆、西安、郑州、武汉 2018 年分别开行 1,587 列、1,442 列、1,235 列、752 列、423 列，名列前五。这五城开行班列数量占总开行数量的 8 成以上，大幅"领跑"。

中欧班列的快速发展，有力地推动了沿线国家间的政策沟通，加快

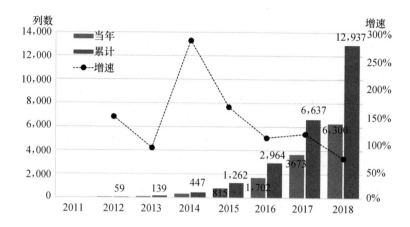

图9.1 中欧班列（不含中亚班列）历年开行数量

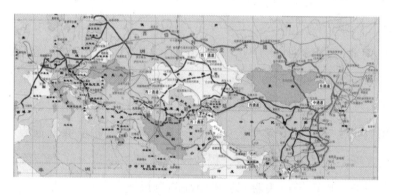

图9.2 中欧班列运输通道示意图

了沿线国家间的铁路设施联通，带动了投资贸易畅通，促进了资金融通和民心相通，成为促进沿线各国对话协商、共建共享的重要平台，各国人民交流互鉴、友好往来的重要纽带。中欧班列承载了"五通"的重要使命，体现了"五通"的核心要义，已成为推进"一带一路"建设的标志性旗舰项目，为扩大共建"一带一路"倡议的影响力产生了重要的示范与品牌效应。

2. 海运

截至 2018 年 10 月，我国已经与 200 多个国家和地区，600 多个主要港口，建立了密切联系，海运服务已覆盖"一带一路"沿线所有沿海国家，海运互联互通指数、货物总吞吐量保持全球第一。

海运是国际货物贸易运输的主要方式，占比超过 90%，其中，相当部分的商品是通过集装箱班轮公司来运输。目前，我国已有 4 家海运企业进入全球十大集装箱班轮企业排名，分别是中国远洋海运集团（COSCO Shipping Co Ltd.，简称中远海运）、长荣海运（Evergreen Line）、东方海外（OOCL）和阳明航运（Yang Ming Line）。其中，中远海运在全球集装箱班轮运输能力的占比达到 8.4%，排名全球第四。

在"一带一路"沿线，中远海运集运主要航线包括远东至欧洲航线 11 条，南亚/西亚至欧洲航线 5 条，欧洲地中海区域支线 13 条，远东至中东红海航线 10 条，远东或欧洲至非洲相关航线 12 条，远东至东南亚或南亚航线 56 条，澳新相关航线 4 条，以及其他挂靠东南亚的美洲和加勒比相关航线 7 条。2017 年，中远海运在中欧集装箱航线开通直挂希腊比雷埃夫斯港的中欧快捷航线，提供从中国基本港口及东南亚至该港口的运输服务，以市场最快船期连接中欧陆海快线。

专栏 1 中欧陆海快线

中欧陆海快线南起希腊比雷埃夫斯港（以下简称比港），北至匈牙利布达佩斯，中途经过马其顿斯科普里和塞尔维亚贝尔格莱德，直接辐射区域人口达 3,200 多万。早在 2014 年 4 月，比港就开通了通往中东欧的专列运输。通过这条路径，远东货物在比港上岸前往捷克、奥地利等中东欧国家，比传统的西北欧路径（即通过德国汉堡、荷兰鹿特丹等港口上岸后经陆路中转）缩短 7 至 10 天。这一运输线路不仅为远东至中东欧腹地的货源提供了更为便捷的通道，对于比港的集疏运系统建设、门户作用发挥更是至关重要。

续表

国务院总理李克强当地时间 2014 年 12 月 17 日上午在贝尔格莱德集体会见塞尔维亚总理武契奇、匈牙利总理欧尔班和马其顿总理格鲁埃夫斯基,一致同意共同打造中欧陆海快线。

为进一步打造以比港为枢纽的中欧陆海快线,从 2017 年起,中远海运在中欧集装箱航线开通直挂比港的中欧快捷航线,投入 30 多艘 7,000 标准箱至 2 万标准箱的集装箱船舶,定期穿行于远东与地中海之间,提供从中国基本港口以及东南亚至比港的运输服务,以市场最快船期连接中欧陆海快线。

统计显示,从 2014 年至 2018 年 8 月,中欧陆海快线累计出货客户数量由 2 家增至 780 家,发班率从每周 3 班增加到每周 11 至 13 班,服务产品从最初的比港到

续表

捷克单一服务扩大到多元化铁路服务，可以覆盖除罗马尼亚外所有中东欧国家。2017 年，中欧陆海快线累计完成货量 4 万标准箱，而 2018 年 1 至 7 月，运行班列 493 列，累计完成货量 3.14 万标准箱，同比增长 105%。

---

3. 民航

截至 2018 年 9 月，我国民航在"一带一路"相关航线完成旅客运输量达到 1.02 亿人次。从开通航线情况来看，2017 年国内机场直飞"一带一路"沿线国家航线总计 652 条，超过非"一带一路"沿线国家航线数量；2017 年国内机场直飞"一带一路"沿线国家新增航线 200 条，超过非"一带一路"沿线国家新增航线数量接近 4 倍。

截至 2018 年 8 月，我国已与全球 125 个国家和地区签署了双边政府间航空运输协定，与沿线 62 个国家举行双边航空会谈并扩大了航权安排，与东盟签订了首个区域性的航空运输协定，为中国与"一带一路"建设参与国之间打造空中丝路创造了航权条件。目前，我国已与 45 个"一带一路"沿线国家实现直航，每周约 5,100 架航班往来于我国与这些国家的蓝天之上。2017 年，我国国航、东航、南航、海航等 21 家国内航空公司新开"一带一路"沿线国家国际客运航线 141 条，主要集中在东欧、中亚、东南亚、南亚及南太平洋地区国家，每周航班共计 555 架。

专栏 2 让"空中丝绸之路"越飞越广

河南加快建设郑州到卢森堡的"空中丝绸之路"，通过织密航线、完善货运体系、提升服务能力，将郑州打造成为国际航空货运枢纽，提升服务"一带一路"建设的支撑能力。2017 年，郑州至卢森堡货运量占郑州机场总货运量的近三分之一，达到 14.7 万吨，增长速度为 37%。在郑州、卢森堡双枢纽带动下，2017 年，

续表

郑州机场客货运规模在中部机场位居"双第一",首次跻身全球机场 50 强,卢森堡货航全球排名也从 2014 年的第 9 位上升到第 6 位。今年上半年郑州机场旅客、货邮吞吐量同比分别增长 17.8%、12.3%,增速分别居全国大型机场第一、第二位。

——节选自搜狐网 2018 年 8 月 28 日新闻《央媒点赞河南"一带一路"五年发展:扩大开放　连通内外》

4. 国际公路跨境运输

目前,我国已经和"一带一路"沿线 16 个国家和 2 个政府间国际组织签署了运输协定等方面的合作文件,建立了 12 个运输部长级、事务级会谈机制,基本形成了以沿边重点城市为中心、边境口岸为节点,覆盖沿边地区并向周边国家辐射的国际道路运输网络,开通国际道路客、货运输线路 356 条。

专栏 3　国际公路运输系统

国际公路运输系统(TIR 系统)是一个在联合国《国际公路运输公约》(《TIR 公约》)基础上建立的国际货物运输海关通关系统,由国际道路运输联盟(IRU)建立于 1949 年。《国际公路运输公约》规定,对于装运集装箱的公路承运人,如持有 TIR 手册,可以由发运地至目的地,在海关封志下途中不受检查,不支付税收,也可不付押金。作为全球唯一的跨境货运海关通关系统,TIR 系统通过简化通关程序和提高通关效率,成为促进贸易便利化和提高国际运输安全水平的实用工具。2016 年,中国加入了联合国《国际公路运输公约》(TIR 公约),成为了联合国《TIR 公约》第 70 个缔约方,截至当年已有 42 个"一带一路"相关国家加入《TIR 公约》。

续表

> 2018 年 5 月 18 日，由中国交通运输部、海关总署和俄罗斯联邦运输部共同主办，中国大连至俄罗斯新西伯利亚国际道路运输试运行启动仪式在大连举行，这标志着国际公路运输系统正式在中国落地实施。

专栏 4 中巴跨境大巴开通运行 拉合尔直达喀什全程 36 小时

巴基斯坦旁遮普省—中国新疆跨境大巴客运服务 2018 年 11 月 6 日正式启用，首班客车于 6 日凌晨离开始发站巴东部旁遮普省的首府拉合尔市，全程预计耗时 36 小时，将途经伊斯兰堡、拉瓦尔品第等巴基斯坦 5 个站点，计划于 7 日下午抵达终点站喀什。

巴基斯坦政府官方推特账号 6 日发布了巴中跨境大巴首次运行的消息，并配发图片，表示该客运服务将有助于提高中巴经济走廊下的两国陆路联通水平，促进彼此间的经贸往来。这一推特得到了上千名巴基斯坦网友的点赞和评论。

据巴基斯坦《黎明报》报道，该跨境大巴客运服务由隶属于巴基斯坦政府的巴基斯坦旅游发展公司和一家民营客运公司共同发起，旨在利用两国的陆路联通优势为商界人士提供便利，并促进巴基斯坦旅游业发展。该客运公司负责人安瓦尔介绍说，由于路途较远，巴中跨境大巴班车均为新购置的单排 15 座豪华型长途客车，以便为乘客提供宽敞舒适的乘车环境。单程票价 1.3 万巴基斯坦卢比（约合 782 元人民币），往返票价 2.3 万卢比，乘车者须持有身份证、有效护照、签证和中方的邀请函。大巴每周往来各 4 班，沿途穿过首都伊斯兰堡以及吉尔吉特—巴尔蒂斯坦地区，并在几个主要城市作短暂停留以便为乘客提供餐饮、茶歇等服务。为保证乘客安全，车厢内均安装有监控。

巴基斯坦国内舆论对于这一跨境客运服务的开通抱有较高的期待，商界和旅游界人士普遍看好该线路的潜在经济效益和旅游效益。《论坛快报》援引巴基斯坦经济论坛主席胡马雍·伊克巴尔·沙米的话称，往来方式的便利将让两国有更多机会增进民间交流交往，巴中跨境大巴开通是两国交往的一个重要进展，同时也将帮助赴巴游客发掘更多旅游景点，带动沿线地区的旅游业发展。

编辑：刘梦 文章来源：中国一带一路网

（三）信息通信设施的建设与运营

通过信息通信基础设施互联互通建设，"一带一路"沿线国家信息通信能力和服务水平显著提高，我国与"一带一路"沿线国家逐步演变为信息通信互联互通的共同体。

1. 国际互联互通水平不断提升

我国致力于加强与世界各国信息通信基础设施的互联互通，目前已经与"一带一路"沿线 12 个国家建有 34 条跨境陆缆和多条国际海缆，直接联通亚洲、非洲、欧洲等世界各地。我国基础电信企业通过跨境海缆和陆缆建设搭建了"一带一路"沿线互联互通的信息高速公路。

海底通信光缆是目前国际通信最主要的信息载体，承载着 95% 以上的国际通信带宽。2014 年以来，中国电信联合 13 家合作伙伴共同投资建设的亚太直达海底光缆系统（APG）开通。中国联通主导建成了亚非欧 1 号海缆（AAE-1）、亚欧 5 号（SMW5）海缆，与喀麦隆电信合作建设了南大西洋国际海底光缆（SAIL）。中国移动通过与中国电信、中国联通合作建设新跨太平洋海缆（NCP），也拥有了第一条直连我国大陆地区的国际海底光缆系统。

由中国电信筹建的"中巴光缆"国际陆地光缆于 2018 年 7 月建成开通，是"一带一路"网络互联互通的战略性重点项目，也是中巴经济走廊框架下中巴两国通信网络互联互通的重点建设项目。中巴跨境光缆是连接中国与巴基斯坦的首条跨境直达陆地光缆。这条跨境光缆将由中国电信和巴基斯坦特别通信组织联合运营。

同时，我国与国际电信联盟、联合国亚太经社会等国际组织合作，努力推进东非信息高速公路、亚太信息高速公路等多边合作倡议，计划通过光缆骨干网系统与海底光缆接入系统，通信网、宽带网和数据电视网的光缆接入网建设，打造区域宽带平台，已经取得了广泛成果。

2. 信息通信网络提速升级

我国信息通信企业参与了全球170多个国家信息通信基础设施建设。大量"一带一路"沿线国家享受到信息通信领域产能合作带来的网络红利。在文莱，华为协助当地运营商先后构建首张3G移动通信网络和首张4G移动通信网络，移动宽带服务覆盖了文莱全国；尼泊尔通过跨境陆地光缆与中国进行连接，改变了其国际互联网路由单一的格局，我国电信企业还正在推动4G移动通信网络在尼泊尔城乡全面覆盖。在泰国，我国企业助力完成近7.5万个村庄的高速网络架设，并逐步实现对学校、医院和政府机构等公共部门的覆盖。

3. 空间信息基础设施全面应用

广电和通信领域。2015年11月，中国成功发射"老挝一号"通信卫星，并联合老挝成立合资公司进行运营管理，为老挝提供卫星电视直播、无线宽带接入、国际通信等服务，并向湄公河地区提供高清电视节目、远程教育、政府应急通信等服务。由我国承建的布隆迪广播电视数字化项目实现了当地电视信号由模拟信号向数字信号提升，显著改进电视收视质量，布隆迪得以成为东非首个电视数字化的国家。

卫星导航服务领域。我国的北斗三号基本系统已于2019年初开通面向"一带一路"沿线地区提供高精度定位导航。此前，北斗系统作为"一带一路"建设的排头兵，在东盟地区率先应用，后逐步推广到阿拉伯地区。北斗卫星导航系统已可为东盟地区的陆地和附近海域提供5米定位精度服务，包括缅甸的农林土地规划、大湄公河监管、老挝的精细农业和病虫灾害监测管理、文莱的智慧旅游、印尼海上集成应用均采用了我国的北斗卫星导航系统。

遥感服务领域。新一代地球静止轨道光学遥感卫星高分四号为东盟沿线国家提供防灾减灾服务，助力应对各类气象地质灾害。

4. 区域网络信息平台合作取得良好开端

以"中国—东盟信息港"与"中国—阿拉伯国家网上丝绸之路"开通运行为标志，我国与"一带一路"沿线国家在网络信息交流、合作共享方面不断深化。网上丝绸之路正以信息流带动技术流、资金流、人才流、物资流，破除各国信息壁垒，实现互利互惠、协调发展和要素优化配置，助力沿线各国提升本国经济发展质量和竞争力，促进区域经济一体化发展。

"中国—东盟信息港"建设取得显著成就，以深化互联互通，增强信息协作为基本内容，构建了以广西为支点的中国—东盟信息通信枢纽，推进了一系列经贸服务、人文交流、技术协作。目前已经有一批布局于广西，辐射西南中南、面向东盟的基础设施、跨境电商平台等重点工程相继实施。

我国与埃及、沙特等阿拉伯国家共同推进"网上丝绸之路"建设取得良好开端，在信息基础设施、跨境电子商务、智慧城市等领域开展务实合作，其中中阿跨境电子商务交易平台、宁夏跨境电子商务监管服务系统已上线运行，中阿软件服务外包等合作项目也在加快对接。

5. 国际通信合作取得重大成就

我国的基础电信企业通过与国际组织、入股当地运营商的方式，参与"一带一路"通信合作。其中，中国移动通过 GTI，吸引更多通信运营商支持 TD-LTE 技术，扩大 TD-LTE 网络的国际覆盖，推动"一带一路"沿线 21 个国家和地区建设了 39 张 TD-LTE 网络。中国联通加强"一带一路"全方位通信合作，在"一带一路"沿线加快机构设立、加大投资力度，构建"一带一路"合作生态圈，加快部署物联网、推进 SDN/NFV 网络转型。

我国在面向"一带一路"沿线国家开展信息通信基础设施建设与运营合作过程中，为沿线国带来巨大经济社会效益的同时，也积累了大量宝贵经验。我国与"一带一路"沿线国家在信息通信领域进行合作：一是需要高品质产品和服务，我国企业不断通过创新改进产品和服务以适应所在国市场环境，推动了我国信息通信产品和服务在国际上获得认可。二是需要国际化人才保障，我国信息通信企业直面国际巨头挑战，需要在国际规则和外国本地法律的框架下进行市场化竞争，具有国际化人才队伍才能有效支撑国际竞争。三是需要推进融合发展，不仅让"一带一路"沿线国家网络信息水平有了广泛提升，同时还要通过网络信息与经济社会融合发展，提升沿线国家人民的获得感，实现全面互惠互利。

◇◇三 "一带一路"建设基础设施互联互通合作实践中的问题

（一）交通基础设施建设运营中存在的问题

1. 投资需求缺口仍然较大，投融资主体及模式单一

目前，沿线国家以及地区性组织在基础设施投融资方面做出了很大努力，但是依旧不能满足巨额的资金需求。根据 2017 年国际货币基金组织报告，到 2022 年"一带一路"沿线国家基础设施累计投资额将超过 3 万亿美元。世界银行预测，到 2020 年前"一带一路"基础设施每年至少需要 8,000 亿美元投资。既有亚投行、丝路基金、金砖国家新开发银行等可贷款规模与之相比，缺口较大。而受制于国际交通基础设施项目投资大、回报期长、回报率低及面临不确定风险大等固有特性，以及沿线国家政治关系复杂、法律规范不完善、投资环境不佳等因素影响，较为充裕的社会资本很难进入该领域。数据显示，目前，社会资本在沿线基础设施等投入占比不足 0.8%。因此，从投融资主体看，主要包括了中央企业或大型国企，民营企业参与较少。从投资模式看，我国对外投资基础

设施建设融资来源则主要为政策性银行或商业银行参与的银团贷款，国际上较为成熟的 PPP、BOT、股权融资等形式较少。

2. 沿线交通基础设施发展水平差异大，标准规范不统一

"一带一路"沿线各国交通设施水平参差不齐，缺乏统一的标准和运作规范等，影响整体效能和效率，"设施虽联、通行不畅"现象较为突出。如中欧班列途经的波兰马拉舍维奇等铁路枢纽设施已经老化，随着班列开行数量增加，有时甚至出现严重拥堵现象，影响通道运行。而沿线部分东南亚、南亚、中亚等国家交通设施网络规模明显不足、结构不合理、线路技术等级低、设施设备老化严重、运营管理水平低下，也影响了我国与周边国家以及更远区域的连接，难以形成有效的互联互通交通网络。此外，各国铁路、公路等技术标准和运行规范不一，再加上双边或多边跨境、过境运输规则或缺失、或繁杂、或执行不力，在一定程度上引发技术及交流障碍，增加运输时间和成本，降低了通道运行效率。

3. 交通基础设施运营与国内国外产业及消费布局联动不足

从目前来看，虽然中国铁建、中远海运、招商局等企业积极参与铁路、公路等通道设施及港口、铁路枢纽、物流园区等枢纽节点项目建设与运营，也在一定程度上开始探索交通设施与物流服务、产业园区等联动发展的新模式，但从总体看，仍有许多交通设施项目主要从建设本身赢利性考虑，在交通设施建设与当地产业发展、我国未来重要资源能源物资及高品质商品进口方向及通道、我国商品主要市场辐射方向及通道等涉及国际产能合作、国际贸易格局重构等方面，尚待继续深化研究。项目孤立运作情况较多，在一定程度上影响了项目后续运营收益和我国海外利益的保障和实现。

4. 各国基础设施建设项目协调推进难度较大

各国基础设施建设发展方向与布局等利益诉求不尽相同，影响项目协调及进展。主要表现为，各国经济发展水平、国土空间开发重点及产

业布局、发展的目的等各不相同，对基础设施发展的走向、布局、规模、方式和类型等诉求不一。如在走向上，我国倾向于最短或最优路径联通，而部分国家倾向于实现对于国土和产业的引导和重构布局，选择不同路径。在方式上，我国因与欧洲等区域货物运量大、运距长，为减少成本，倾向于通过铁路互联互通实现双方贸易交流；而中亚国家等因为幅员辽阔、运量分散、制造业薄弱，更偏向于公路和民航运输。而在具体执行过程中，部分项目经济效益不佳，过度依赖当地政府和政策支持；而部分项目对当地企业、民众的利益考虑不周全；此外，部分国家还会因为债务等问题，取消已经合作的部分项目，这些不一致的利益诉求均在一定程度上增加了项目协调难度。

（二）国际联运与跨国运输中存在的问题

1. 相关法律法规及技术标准等规则体系仍有待衔接优化

各国之间关于国际运输领域的相关法律规定和技术标准差异较大。比如，我国广西与越南之间道路运输线路不断增加，但两国在跨境运输方面还存在法律、规章、制度及技术等问题，导致一些"点对点"直达运输线路只能通过补贴来维持运营。而我国现行国内立法的实体法和程序法都与国际条约、协定及国际惯例存在差异，使国际合作产生法律障碍。又如，国际铁路联运规则与国际贸易惯例存有差悖，由于缺乏准确、适当的贸易规范，国际铁路联运实操过程中往往会造成误差和纰漏，进而延误时间甚至造成经济损失。

2. 市场机制不尽完善，企业竞争力仍有很大提升空间

比如铁路经营管理体制仍有待完善，铁路系统内部经营主体间关系不够顺畅，铁路运价机制仍不够完善且缺乏灵活性，往往不能及时应对市场变化。又如中欧班列运营企业的物流服务水平仍有待大幅改善，在

境外网点的建设、物流市场参与深度、货源掌控能力等方面仍需加快发展，目前尚难以保障特定市场需求的持续平稳增长，更难以满足供应链高效管理的要求。再如，海运企业不能及时根据市场周期适时调整，其利润结构失衡、营运成本高企、盈利能力下降、准班服务不足、国际竞争实力不足。

3. 交通运输与产业贸易间的联动融合程度仍不深入

比如中欧班列服务与国际产能合作，特别是与我国制造企业"走出去"之间还没有很好地结合起来，缺乏相互配合；又如，海运领域"国货国运"比例低，战略物资运输保障能力不强。此外，对外协调机制仍较粗放，目前更多的是某一部门、某一行业、某一地区各自的协调，国家层面的统一协调机制还不够完善。

（三）信息通信设施建设运营中存在的问题

1. "一带一路"部分沿线国家局势和法规政策影响合作进程

东南亚、南亚、中东、非洲等地普遍信息通信设施落后，是我国开拓信息通信设施装备的重要市场，但是这些国家的市场开放程度、法律制度、整体消费水平、政局稳定性等直接影响了合作共建。在东南亚地区，信息通信基础设施普遍落后，但普遍执行了限制性开放政策，给外资企业进入电信市场造成了较高壁垒。在南亚地区多国与中国有传统友好关系，面临着信息通信基础设施落后状态，市场开放程度较高，但相关法律制度对外资企业进入增加了很多限制。中东地区政局动荡，电信业开放程度普遍较低，部分国家信息通信基础设施易受到人为破坏，工程施工难度较大，后期维护成本高企。中亚国家只能通过经由其他国家的国际陆缆才能够与国际互联网连通，而目前国际陆地光缆运营模式缺乏，中亚国家网络路由较少，提升了连通难度。而在非洲地区，法律法规不健全、整体消费水平低下、政局不稳等相关问题直接制约我国企业合作意愿。

2. "一带一路"基础电信运营服务短板明显

"一带一路"沿线国家普遍存在电信运营能力不强，常通过公开拍卖无线网络频段引入外国电信运营商。不少国家的电信运营业务已被发达国家的电信运营企业把持，我国想进入后期运营市场非常困难。同时，由于基础电信运营服务海外投资大、不确定性强、回收周期长，而我国的基础电信运营服务企业均为央企，受制于国资委对基础电信企业国有资产保值增值的考核，基础电信企业很难开展海外大规模建设投资和跨国并购。再者，央企境外投资审批流程复杂、时间较长也制约了我国参与国外基础电信运营服务。这也间接造成了我国电信运营企业在海外运营服务经验相对较少，缺乏国际市场竞争力。

3. 我国信息通信技术装备推广应用受国际政治势力影响

受到国际政治势力影响和介入，部分"一带一路"沿线国家出于国家信息安全的担忧，放弃采用来自我国企业的信息通信技术装备，有的国家还通过出台新的政府采购规定，给我国电信技术装备企业正常经营设置人为障碍。部分合作甚至是在已经达成协议的情况下，取消或变更业务。国际舆论推波助澜放大了少数国家的负面行为，也导致部分"一带一路"沿线国家民众因所谓"信息安全"降低了对我国信息通信技术装备和设施的认可度。

◇◇四 "一带一路"建设基础设施
互联互通的对策建议

加强"一带一路"沿线国家设施联通、规则互通和政策沟通，共商共建共享共用交通、通信等基础设施，畅通国际运输、物流与通信服务，提升沿线国家基础设施互联互通水平、服务运营品质和持续发展能力。

（一）协调推进基础设施建设运营

1. 推动基础设施建设运营与产业贸易融合联动的可持续发展模式

统筹基础设施建设运营与当地产业发展、我国战略需要等关系，按照"六廊六路多国多港"框架，协同当地交通与信息通信基础设施规划与项目建设，完善铁路干线、航运线路和核心枢纽等交通设施和国际通信网络等信息基础设施，补足设施短板，构建全球基础设施网络。创新"设施建设 + 网络运营 + 金融 + 产业 + 贸易"发展模式，保障设施可持续运营。发展信息通信新兴业态，积极培育沿线国家培育经济发展新动能。

2. 创新投融资模式，建立风险共担、利益共享机制

发挥亚投行、丝路基金、金砖新开发银行等金融机构带动作用，吸纳更多成员国及相关地区资金投入，探索有效机制，为社会资本进入提供配套以及风险担保。集合项目所在地经济实力、建设模式、投融资模式等特征的优惠政策标准，制定流程及规范，增加项目盈利渠道，建立补偿机制，探索特定区域优先开发权，多途径保障投资方经济利益。加快投融资市场化改革，灵活采用股权融资、债券融资、BOT、PPP、TOT等方式，支持设施项目证券化，开发贷款证券化、资产证券化等多样化融资工具和金融产品。

3. 强化政治互信，增强战略对接，分类施策推进

秉持公道正义，谋求互利共赢，寻求利益诉求最大公约数，妥善应对风险。尊重沿线国家和地区间发展差异，以及对基础设施走向、布局、规模、方式和类型等的不同诉求，加快"一带一路"倡议与沿线国家本国的发展战略相衔接，分国施策。充分保障沿线国家自主发展模式和路

径选择的权利，允许各国根据自身发展的进度选择加入的时间和方式。严格遵守国际规则和当地法律，合理应对沿线国家对通道、网络和信息安全的关切。加快成功案例示范推广，逐步与沿线国家达成共识。针对可能的经济、政治、安全及技术风险等，提前做好防范应对预案。

（二）创新国际合作机制与运营管理模式

1. 加强顶层设计，健全协调机制

国家层面加强国际运输、通信信息等领域的顶层设计，统筹规划，明晰沿线各省、区、市的功能定位、产业布局、资源整合等重大事项，避免重复定位，各地要结合自身优势和特点，按国家战略考虑的意图来寻找参与契合点，协同做好国际合作规划。建立由沿线国家交通与通信部门、运输与电信企业、国际组织参加的高层次协调机制，推动与各领域国际组织的合作，完善法治体系建设。加强国别政策指导和协作，进一步提升互联互通发展环境。

2. 深化各层级交流合作，创新运营模式

强化与各国政府相关领域主管部门在发展政策、标准、战略规划、监管等方面的沟通协调，促进发展成果和经验交流，推进基础设施项目落实。发挥企业主体作用，加强海外交通与信息通信业生态构建。支持企业合作开展跨境、区域、次区域基础设施建设，探索国际交通通信网络设施建设和运营模式，形成合作新方式。

3. 改革运营管理体制，提高国际竞争力

围绕市场竞争和提升一体化全链条效率的要求，以平台化运作、全链条整合、新服务业态为方向，进一步深化国际运输和信息通信经营管理组织模式改革。完善运营管理体制，维护市场秩序，简政放权，优化服务，增强企业市场主体地位，拓展完善业务功能，充分发挥平台型企

业和国际多式联运承运人、国际电信运营商的资源整合作用，提升相关项目和企业经营的市场竞争力。

(三) 完善互联互通政策法规标准

1. 优化相关政策，坚持放管结合

税收方面，在维持现行"营改增"其他条款不变的情况下，将"交通运输服务"纳至"物流辅助服务"中，设立"综合物流服务"税目，对运输、仓储、货代、配送等物流业务统一按6%税率征收增值税。结合境外物流业务收入管理规定，完善税收征缴政策细则。外汇政策方面，赋予一定政策弹性。制定服务贸易外汇管理指引及其实施细则时，考虑政策可持续性，留有弹性空间，避免制约新型服务贸易交易和管理缺位。比如，在国际运输审核凭证要求时，不再详细区分海运、空运及陆运等运输方式，不再限定支付主体类型，只根据国际运输交易特征，明确金融机构需要审核的运输发票等相关交易凭证即可，涵盖所有运输形式和支付主体，更好地适应新型国际运输业务发展需要。加强人民币结算运费问题研究，建立保障机制，降低企业汇率风险。关检政策方面，深化通关一体化改革。推进通关"单一窗口"和"一站式作业"，建立健全信息共享机制，加快制订国际贸易"单一窗口"标准版，拓展便利通关措施，探索建立多式联运一体化协同监管机制。

2. 强化国际合作，推动标准、运作规范、规则互联互通

发挥我国技术、基建等优势，利用好"全球基础设施互联互通联盟"倡议和《标准联通"一带一路"行动计划》等形成的良好标准对接和合作基础，加强与沿线国家和地区政府、企业等沟通合作。推进国内相关技术标准与国际接轨，推动双多边间形成统一的标准、规范和规则体系，包括融资、规划、设计、施工以及设备采购、安装、调试、试运营、运

营管理、设备维护等全产业链内容，夯实互联互通基础。

3. 加快技术创新，推广应用新技术新业态

积极推动我国交通通信领域工程技术、先进装备"走出去"，加强高铁、5G 信息网络等优势领域的对外合作，帮助"一带一路"沿线国家提高基础设施水平。聚焦新技术和新兴业务，推动数据中心、云服务、CDN 等新一代信息基础设施布局，加强窄带物联网、NB-IoT、eMTC、LTE-V 等新技术应用推广。促进北斗卫星导航系统部署应用。用好现有合作机制，发挥相关国际组织协调作用，推动沿线国家对中国设施装备和技术标准的认可，推进智能交通、5G、智慧城市等中国标准在沿线国家应用实施。

第十章　共建"一带一路"信息走廊

卢　山[①]

　　"一带一路"信息走廊是指以通信网、互联网建设为载体，以搭建信息网络公共服务平台为手段，以发展数字经济为抓手，以构建沿线国家和地区数字经济生态圈为目的，实现沿线国家和地区在数据信息服务、互联网业务和国际通信业务领域的互联互通，为沿线国家和地区提供全天候信息支持和服务的信息大通道，最终连接成覆盖全球的数字丝绸之路。

　　2019 年是新中国成立 70 周年，也是习近平主席提出"一带一路"倡议 6 周年。六年来，"一带一路"信息走廊建设取得了丰硕成果，极大地促进了区域内信息资源的有序流动和信息服务的共享共用，使不少国家和地区享受到"一带一路"倡议带来的互联网红利，给"一带一路"沿线国家和人民带来实实在在的便利。

---

　　① 卢山，中国电子信息产业发展研究院院长，高级工程师。

◇◇一 建设 21 世纪数字丝绸之路的重要意义

《推动共建丝绸之路经济带和 21 世纪海上丝绸之路的愿景与行动》明确提出："共同推进跨境光缆等通信干线网络建设，提高国际通信互联互通水平，畅通信息丝绸之路。" 2017 年 5 月，习近平主席在 "一带一路" 国际合作高峰论坛上强调，要将 "一带一路" 建成创新之路，要 "坚持创新驱动发展，加强在数字经济、人工智能、纳米技术、量子计算机等前沿领域合作，推动大数据、云计算、智慧城市建设，连接成 21 世纪的数字丝绸之路"。"一带一路" 信息走廊是建设信息丝绸之路和数字丝绸之路的重要载体和必经过程，建好 "一带一路" 信息走廊对深入落实 "一带一路" 倡议，加强国际产能合作，促进区域经济增长具有重要意义。

（一）数字经济已成为全球经济的新引擎

在全球数字技术进入全面渗透、跨界融合、加速创新、引领发展新阶段的大背景下，数字经济长足发展，正成为创新全球经济增长方式的强大动能。2016 年全球发达国家（美、日、德、英）数字经济占 GDP 比重在 50% 左右，美国数字经济规模排在全球首位，已超 10 万亿美元，占 GDP 比重超 58%。2017 年，我国数字经济规模达 27.2 万亿元，占 GDP 比重达到 32.9%，对 GDP 增长的贡献高达 55%。埃森哲研究报告提出，未来几年数字经济在世界经济的占比将达到 22.5%。可以预见，在不久的将来数字经济将占据全球经济的首要位置。

（二）"一带一路"沿线国家和地区信息化合作潜力大

"一带一路"沿线发展中国家较多，其信息基础设施水平普遍低于全球平均水平，严重影响"一带一路"共同经济体的互联互通。国家信息中心发布的《"一带一路"大数据报告2018》显示，"数字丝路"畅通度国别差异大，数字丝路合作在一些国家和地区的潜力较大，如以色列、立陶宛、拉脱维亚等国家的信息化发展水平较高，但与中国数字丝路畅通度水平不高，有较大的合作潜力。习近平主席在全国网络安全和信息化工作会议上指出，要以"一带一路"建设等为契机，加强同沿线国家和地区特别是发展中国家在网络基础设施建设、数字经济、网络安全等方面的合作，建设21世纪数字丝绸之路。

（三）物联网、人工智能等新技术驱动企业加快数字化转型

随着物联网、大数据、云计算、人工智能、5G和区块链等新技术的迅速发展和加速融合创新，催生出电子商务、新零售、共享经济、智能制造等一批新兴业态和商业模式，极大地推动了产业链垂直整合、制造业服务化转型、消费需求个性化释放和企业跨界融通发展，推动传统的生产方式、交换方式、生活方式发生革命性变化。越来越多的企业开始向数字化方向转型，建立适应数字经济时代的业务流程、组织管理、商业模式等新型架构。新技术对于经济社会的作用从基础支撑向创新引领转变，正成为加快全球经济社会转型发展的重要驱动力。

◇◇二 "一带一路"信息走廊建设现状

近年来，我国充分发挥在信息、产能、技术、资金、人才等方面的综合优势和比较优势，围绕东南亚、南亚、中东欧等重点方向开展"一带一路"信息走廊建设，积极对接沿线国家的供给能力和发展需求，共同促进沿线国家和地区实体经济发展。在工业和信息化部等部门的大力推动下，"一带一路"信息走廊建设从政府间合作机制、信息基础设施、产业合作、公共服务体系建设及支撑体系建设等方面都取得了良好进展。

（一）初步建立了"政府＋企业"的联动合作机制

在与"一带一路"沿线国家合作机制建设方面，初步建立了以政府间交流合作机制为主，以企业交流合作为辅的联动合作机制，发挥各自优势，全力推动沿线国家和地区信息互联互通。

加强政府间政策沟通，着力建立长效合作机制，深挖合作潜力。近年来，我国主动对接"一带一路"沿线国家数字经济发展战略，开展政策交流，利用双边、多边合作机制，组织行业协会、企业赴境外交流对接，深化与沿线国家产业合作。一是积极搭建沿线国家高层交往平台。首届"一带一路"国际合作高峰论坛、G20杭州峰会、博鳌亚洲论坛等成为我国与"一带一路"国家高层交往的重要平台。二是与俄罗斯、德国、荷兰、捷克、印度、韩国、金砖国家等15个国家和地区建立了双多边部级、司局级合作机制，进一步拓宽了对外合作渠道。三是签署了中美工业互联网、中德智能制造、中德自动网联驾驶、中俄民用航空领域、中日韩信息通信领域、中欧第五代移动通信（5G）战略合作、中保数字经济产业合作、联合编制古巴工业中长期发展规划等一系列政府间专项合作文件，深挖潜力促进产业深度合作。四是积极搭建国际产能和装备制造合作对接平台，邀请沿线国家参加在我国举办的产业转移对接、国际中小企业博览会、国际进口博览会等活动。

发挥龙头企业辐射带动作用，与重点国家和地区加强信息合作。在电子商务领域，阿里巴巴旗下的跨境出口 B2C 零售平台——全球速卖通，业务覆盖"一带一路"沿线全部国家和地区，仅 2017 年其移动用户就增长 80%，成为全球最受欢迎购物类 APP。近年阿里巴巴推出的世界电子贸易平台（eWTP）项目，先后落地东南亚、非洲、欧洲等地区，帮助当地中小企业利用互联网参与全球经济。在通信设备及服务领域，2018 年华为成为全球最大的电信运营商和设备服务供应商，其网络设备服务营收高达 430 亿美元，约占全球服务市场的 30% 以上。在通信服务领域，2018 年微信用户数量首次突破 10 亿，在全球软件排行榜中，仅次于 WhatsAPP 和 Facebook，位列第三名。

专栏1 工业和信息化部与"一带一路"重点国家合作文件签署情况

荷兰：2015 年 10 月 27 日，在国家主席习近平和荷兰国王威廉—亚历山大共同见证下，工业和信息化部部长苗圩与荷兰外交大臣贝尔特·孔德尔斯共同签署《中华人民共和国工业和信息化部与荷兰王国经济事务部关于民用航空工业领域开展合作的谅解备忘录》。该备忘录旨在进一步加强中荷民用航空工业领域合作，促进两国航空工业的繁荣。双方将成立民用航空工业合作工作组，促进双方相关企业、科研机构加强沟通，支持航空科技合作，鼓励民用航空工业项目合作，推动合作研制生产更加先进、高效、环保、安全的航空产品。

法国：2015 年 11 月 2 日，在国家主席习近平和法国总统奥朗德共同见证下，工业和信息化部副部长、国防科技工业局局长、国家原子能机构主任许达哲与法国原子能与可替代能源委员会主席沃瓦尔德在京签署了《中国国家原子能机构与法国原子能与可替代能源委员会关于成立核燃料循环后端双边高级别委员会的备忘录》；与法国国家空间研究中心主席勒加乐在京签署了《中华人民共和国国家航天局与法兰西共和国国家空间研究中心关于气候变化的合作意向书》。

东非共同体五国：2015年12月3日，工业和信息化部副部长刘利华、国际电信联盟秘书长赵厚麟以及来自东非共同体五国（坦桑尼亚、乌干达、卢旺达、布隆迪、肯尼亚，以下简称东非五国）的通信部长共同签署了《关于共建东非信息高速公路的谅解备忘录》（以下简称备忘录），意在联合七方力量共同打造覆盖东非五国的宽带平台，即"东非信息高速公路"。东非信息高速公路的建设，是提升东非各国信息通信发展和互联互通水平的筑基之举，将带动区域内经济社会各领域发展，助力"智慧东非"转型。同时，通过支持非洲信息通信业发展，推动"一带一路"建设，也带动我国技术、产品、服务"走出去"，对提升中非合作层次，推动国际产能合作具有积极意义。

斯洛伐克：2015年12月在第四次中国—中东欧国家领导人（16+1）会晤期间，工业和信息化部副部长、国家原子能机构主任许达哲与斯洛伐克经济部部长胡达克签署了《中华人民共和国国家原子能机构和斯洛伐克共和国经济部关于民用核工业燃料循环供应链领域合作的谅解备忘录》，为两国核领域合作奠定了基础。

阿拉伯联合酋长国：2015年12月14日，在国家副主席李源潮和阿拉伯联合酋长国阿布扎比王储阿勒纳哈扬的共同见证下，工业和信息化部副部长、中国国家航天局局长许达哲与阿拉伯联合酋长国航天局董事会主席阿里鲁迈共同签署《中华人民共和国国家航天局与阿拉伯联合酋长国航天局关于和平利用外层空间合作的谅解备忘录》，为推动后续中阿两国航天领域合作奠定了基础。

伊朗：2016年1月23日，在国家主席习近平和伊朗总统鲁哈尼共同见证下，工业和信息化部部长苗圩与伊朗通信和信息技术部部长瓦埃兹共同签署《中华人民共和国工业和信息化部与伊朗伊斯兰共和国通信和信息技术部信息通信技术合作谅解备忘录》，双方确定在信息通信基础设施建设、信息通信技术联合研发、卫星协调、网络安全和人力资源开发等方面开展合作。

埃塞俄比亚：2016年5月6日，工业和信息化部副部长刘利华与埃塞俄比亚联邦副总理兼通信和信息技术部长德布雷齐翁，就落实中非合作论坛约翰内斯堡峰会成果、加强双边信息通信领域合作、共建"东非信息高速公路"进行深入交流。双方共同签署两部间合作谅解备忘录。

古巴：中国工业和信息化部与古巴工业部先后签署了工业领域的合作谅解备忘录和相关行动计划，将加强中古工业领域的政策交流，并积极鼓励支持企业间合作。2016年9月24日，在国务院总理李克强与古巴国务委员会主席兼部长会议主席劳尔·卡斯特罗的见证下，工业和信息化部部长苗圩与古巴工业部长萨尔瓦多·帕尔多·克鲁兹共同签署《关于联合编制古巴工业中长期发展规划建议的合作谅解备忘录》，将就古巴工业发展现状及路径开展联合研究，加强工业合作顶层设计和战略对接，共同为两国企业合作营造良好环境。

乌拉圭：2016年10月18日，在国家主席习近平和乌拉圭总统塔瓦雷·巴斯克斯的共同见证下，工业和信息化部部长苗圩与乌拉圭工业、能源和矿业部部长卡罗丽娜·高斯共同签署《中国工业和信息化部与乌拉圭工业、能源和矿业部关于工业领域合作的谅解备忘录》。根据该备忘录，双方将在工业政策法规、产业技术创新、工业和信息技术融合发展等领域加强交流，鼓励和支持双方企业开展合作。

俄罗斯：中俄总理定期会晤委员会工业合作分委会第一次会议于2016年11月1日在上海举行。工业和信息化部部长苗圩与俄罗斯工业和贸易部部长曼图罗夫共同签署了分委会会议纪要，并见证签署了分委会装备、原材料和无线电电子工作组第一次会议纪要以及《中国机器人产业联盟与俄罗斯机器人协会合作谅解备忘录》。

新西兰：2016年12月9日，工业和信息化部副部长刘利华与新西兰商业、创新和就业部首席执行官戴维德·斯莫尔举行会谈，并共同签署两部间信息通信领域合作安排，一致同意加强4G、5G等移动通信、宽带网络基础设施、无线电频谱管理、电信市场监管等领域交流与合作。

续表

波兰：2017 年 4 月 12 日，工业和信息化部部长苗圩与波兰能源部部长克里什托夫就加强中波新能源汽车领域合作举行会谈，并共同签署了《中华人民共和国工业和信息化部与波兰共和国能源部关于电动交通（电动汽车）领域开展合作的谅解备忘录》。

阿联酋：2017 年 9 月 5 日，工业和信息化部部长苗圩与阿联酋经济部部长苏尔坦·曼苏里就加强两国在中小企业领域合作与创新广泛交换了意见，并签署了两部间中小企业合作与创新谅解备忘录。

捷克：2017 年 9 月 16—18 日，工业和信息化部部长苗圩与捷克共和国工业和贸易部部长会谈，并签署了《中华人民共和国工业和信息化部国际经济技术合作中心与捷克共和国工业联合会合作谅解备忘录》。

韩国：2017 年 12 月 14 日，工业和信息化部部长苗圩与韩国产业资源通商部部长白云揆签署了《中华人民共和国工业和信息化部与大韩民国产业通商资源部绿色—生态产业开发领域战略合作的谅解备忘录》。

匈牙利：2018 年 7 月 6 日，工业和信息化部副部长辛国斌与匈牙利创新和技术部国务部长拉斯洛·吉奥尔吉就加强两国产业政策对接，开展智能网联汽车等领域合作广泛交换了意见，并见证工业和信息化部国际经济技术合作中心与匈牙利投资促进局签署合作谅解备忘录。

保加利亚：2018 年 7 月 6 日，在国务院总理李克强与保加利亚共和国总理博伊科·鲍里索夫的共同见证下，工业和信息化部中国电子信息产业发展研究院与保加利亚经济部国家产业园区有限公司签署了《关于加强数字经济产业领域合作谅解备忘录》，该合作谅解备忘录被写入《中华人民共和国政府和保加利亚共和国政府联合公报》。中保数字经济合作是中国与中东欧合作的新起点，拓宽了合作的新领域，谋划了发展的新愿景。

德国：2018 年 7 月 9 日，在国务院总理李克强与德国总理默克尔共同见证下，工业和信息化部部长苗圩与德国联邦经济和能源部、联邦交通和数字基础设施部代表共同签署了《关于自动网联驾驶领域合作的联合意向声明》。

续表

日本：2018 年 10 月 26 日，在李克强总理和安倍晋三首相的见证下，工业和信息化部部长苗圩与日本经产大臣世耕宏成在人民大会堂签署了《中华人民共和国工业和信息化部与日本经济产业省关于设立中日产业部长对话的备忘录》。
菲律宾：2018 年 11 月 20 日至 21 日，中华人民共和国主席习近平对菲律宾进行国事访问。访问期间，双方签署了《中华人民共和国工业和信息化部与菲律宾共和国信息和通信技术部关于加强通信领域合作的谅解备忘录》。

（二）初步搭建起覆盖陆海空天立体信息通信网络框架

随着我国与沿线各国合作共建的一系列陆缆、海缆、通信或遥感卫星等重大信息基础设施工程不断落地，一个由陆、海、空、天等组成的立体互通信息通信网络初步搭建完成，极大地改善目前制约"一带一路"发展的薄弱环节，为沿线各国在各领域的合作奠定基础。

沿线大多数国家信息基础设施建设潜力巨大。尽管近 10 年来全球信息通信行业发展迅速，但东南亚、南亚、中东、东北非地区的大多数国家的信息化基础仍然薄弱。信息基础设施发展水平（IDI）指数仍低于世界平均水平，64 个国家的固定宽带普及率普遍较低，平均仅为 11.67%。根据国际电信联盟统计数据，发达国家大部分入门级固定宽带速度维持在 5Mbit/s，发展中国家为 1Mbit/s，超四成沿线国家提供的宽带接入速度小于或等于 1Mbit/s，其中，阿富汗、孟加拉国等国家提供的宽带速度仅为 0.25Mbit/s。沿线 35 个国家位居内陆或沿海，没有海底光缆通达，极大地限制了宽带的普及程度和带宽的发展水平。

覆盖陆海空天的信息通信网络基础设施取得重要突破。我国成功参与了全球 170 多个国家信息通信基础设施建设。与"一带一路"沿线 12

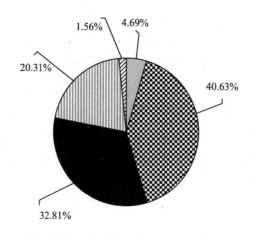

图 10.1 "一带一路"沿线国家 IDI 得分分布情况

数据来源：国家信息中心"一带一路"大数据中心。

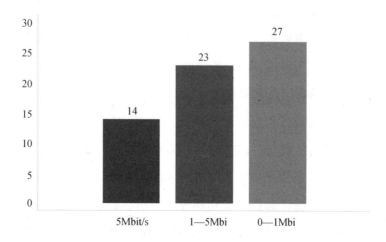

图 10.2 "一带一路"沿线国家提供宽带接入速度各区间占比分布情况

数据来源：《"一带一路"大数据报告》（2017）。

个国家建有 34 条跨境陆缆和多条国际海缆，直接连通亚洲、非洲、欧洲等世界各地。与国际电信联盟、联合国亚太经社会等国际组织合作，努力推进东非信息高速公路、亚太信息高速公路等多边合作倡议。其中，

2015 年 11 月，我国成功发射"老挝一号"通信卫星，为老挝提供卫星电视直播、无线宽带接入、国际通信等服务，并向湄公河地区提供高清电视节目、远程教育、政府应急通信等服务。2016 年 12 月，由我国承建的布隆迪广播电视数字化整转项目竣工，让布隆迪人民进入"高清电视时代"。2018 年 1 月，中尼跨国光缆开通，尼泊尔正式经由中国线路接入互联网，在缩短两国网络时延的同时，为两国互联互通增添了新内容。2018 年 7 月，"中巴光缆"建成开通，该项目全长 2,950 公里，是网络互联互通的战略性重点项目，将大幅缩短中巴之间的信息通信时延。

（三）积极融入沿线区域内产业分工

目前，我国与沿线国家已建设 80 多个境外经贸合作区。我国与沿线国家国际产能合作中，工业领域以智能制造、工业互联网、车联网等领域为合作重点，信息通信领域以新一代信息技术（5G、物联网、云计算、大数据等）、智慧城市、数字经济、虚拟现实、北斗卫星导航、通信工程建设、网络互联互通、电信业务服务等领域为合作重点，初步形成了互利共赢的良好局面。

我国工业企业全面融入"一带一路"建设。在原材料领域，炼化和化肥行业境外在建项目签约金额达 600 亿美元，建材企业在境外投资项目达到 33 个。在装备行业，轨道交通、工程机械、汽车制造等高技术企业纷纷到沿线国家投资。在汽车行业，2017 年，我国对"一带一路"沿线国家汽车出口量和出口额分别达到 66.70 万辆和 76.85 亿美元，同比增长 23.9% 和 19%，出口量占年内我国汽车出口总量的比重超过 60%，出口额占比超过五成。我国工业企业在沿线国家的市场参与度和活跃度不断提升，并在主要出口市场形成一定的竞争力。在工业园区建设方面，积极推进中白工业园、印尼青山工业园、中塔工业园等境外产业合作园区建设，搭建招商平台，创造产业合作机会，推动企业务实合作。2018
年，我国对"一带一路"沿线国家合计进出口8.37万亿元，增长
13.3%，高出全国整体增速3.6个百分点，与"一带一路"沿线国家的
贸易合作成为拉动我国外贸发展的新动力。

信息通信业领域国际合作取得重大进展。在通信领域，中国移动、
中国联通、中国电信参与了沿线170多个基础设施项目建设，并通过并
购、参股等方式在巴基斯坦、泰国、菲律宾等多个国家和地区实现海外
运营。在电子信息领域，百度、阿里巴巴、腾讯等企业陆续走出国门，
相关业务覆盖亚洲、南美、北美等200多个国家和地区。在电子商务领
域，我国已经与14个国家和地区签署了电商合作文件，俄罗斯、中东、
南亚、东南亚等国家和地区已成为我国跨境电商发展新的增长点。2018
年，通过海关跨境电子商务管理平台零售进出口商品总额1,347亿元，增
长50%。

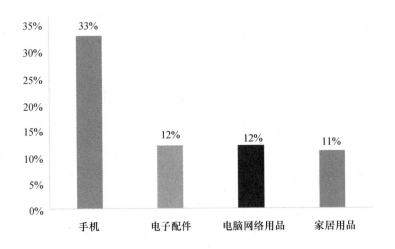

图10.3　我国最受海外市场欢迎的产品种类

专栏 2　三大运营商"一带一路"布局

中国移动：中国移动通过 GTI，吸引更多通信运营商支持 TD-LTE 技术，扩大 TD-LTE 网络的国际覆盖。目前，中移国际在全球拥有超过 40 条海陆缆资源，传输总带宽超过 30T；POP 点总数达 138 个，覆盖全球 91 个热点城市；以香港为起点，打造全球云化数据中心网络，提供通达全球的大带宽连接能力。2018 年以来，中国移动南非、俄罗斯、中东等子公司相继设立，其中，中东、南非业务聚焦 5G 网络、物联网等新兴技术领域，俄罗斯业务聚焦连接中国国内的数据专线业务。中国移动在新加坡的数据中心也正式奠基，预计 2019 年 5 月正式投产。据悉，新加坡数据中心作为首个动工建设的海外数据中心，标志着中移国际全球 IDC 建设的全面启动。中国移动于 2018 年 5 月 1 日起全面推出"一带一路一元"漫游资费，同时大幅下调了国际长途直拨资费。

中国联通：通过在"一带一路"沿线设立分支机构、扩大投资强度，打造"一带一路"合作生态圈。中国联通围绕"中国—中南半岛""孟中印缅"等经济走廊，自主建设中缅国际穿境陆缆系统；围绕丝绸之路经济带沿线中蒙俄、中国—中亚—西亚经济走廊建设，在提升完善传统的中—蒙—俄—欧、中—俄—欧方向欧亚陆缆电路容量、性能基础上，拓展乌鲁木齐—中亚—西亚方向新路由，推进建设乌鲁木齐区域性业务出入口局，支撑带动经济走廊实体经济建设；中国联通发起与沿线 19 个国家和地区共同建设亚非欧 1 号海缆，将与东南亚—中东—西欧 5 号海缆配合使用，在国内运营商中率先形成海上丝绸之路的双海缆覆盖。开通了首条南大西洋国际海底光缆。中国联通于 2018 年 5 月下调"一带一路"沿线国家和热门、重点方向的国际长途直拨资费。

中国电信：中国电信计划未来三到五年投入 10 亿美元，打造"一带一路"沿线主要区域信息高速公路，计划重点推进四大先导性重点项目。中国电信拥有 37 条国际海缆，与 11 个接壤国家建立了 35 个陆缆直连系统，并与全球超过 100 家领先的互联网运营商建立了互联关系。从此中国电信在境外拥有 13 个自有数据中心和超过 300 个数据中心机房。2018 年 11 月由中国电信联合 Mindinao 伊斯兰电话公

续表

司、Udenna 公司和 Chelsea Logistics Holdings 公司组成 Mislatel，进入菲律宾市场成为第三家全业务运营商，将全力提升菲律宾通信基础设施发展水平，该项目还将推动两国通信产业的全面对接，带动中国通信产业链上下游与菲律宾通信产业全面合作。

资料来源：中国移动、中国联通、中国电信网站整理。

（四）加快公共服务平台建设

为全面推动"一带一路"信息走廊建设，各级机构相继发布公共服务平台，为沿线各国参与"一带一路"建设提供服务。2015 年中国商务部发布"走出去"公共服务平台，涵盖了国别（地区）指南、服务"一带一路"、国际产能合作、境外经贸合作区、投资合作促进、统计数据、政策法规及业务指南、企业名录、在线办事、境外安全风险防范共计十大板块，企业可以线上查询相关政策法规信息，进行境外投资的备案、核准，以及对外承包工程经营资格的审批，投议标许可。2017 年 3 月 21 日中国"一带一路"网正式上线，该网站由推进"一带一路"建设工作领导小组办公室作为指导单位，国家信息中心主办，丝路国信大数据技术有限公司、环球网、百度云、安恒信息等提供运营支持，同步支持中、英、俄、法、西、阿六大联合国官方语言访问，可覆盖全球大部分地区用户。网站发布解读国内外有关"一带一路"政策法规，全面客观介绍"一带一路"建设的新进展新成果。湖北、内蒙古等地也纷纷打造省级"一带一路"公共服务平台。

但是，目前公共服务平台建设以政策、成果发布等为重点，缺少项目和企业对接途径,产业合作方面相应的措施还需进一步完善。

(五)积极推进服务"一带一路"建设的标准化工作

在推动"一带一路"信息走廊建设中,标准是国际合作的技术基础和技术规则,与"一带一路"沿线国家开展标准化国际合作,推进标准互认,有助于减少贸易摩擦,支撑数字经济领域国际合作。2015年10月12日,推进"一带一路"建设工作领导小组发布《标准联通"一带一路"行动计划(2015—2017)》,该行动计划重点聚焦装备制造、消费品、家电和基础设施等传统领域,提出了联合制定国际标准、开展标准比对分析、建设海外农业标准化示范区等10项工作任务。2017年12月22日,《标准联通共建"一带一路"行动计划(2018—2020年)》发布,根据"一带一路"的需求拓展了标准化合作的深度和广度,希望以标准软联通,打造合作硬机制,提高标准体系兼容性。为支持上述行动计划,2018年11月工信部印发了《工业通信业标准化工作服务于"一带一路"建设的实施意见》,包括推进制造业标准化合作、推进信息通信领域标准化合作,以及深化"互联网+先进制造业"领域标准化合作三个方面。

◇◇三 "一带一路"信息走廊建设面临的新形势

尽管"一带一路"信息走廊建设为沿线国家和地区实现区域全方位联动式发展注入了强大动力,为各国经济发展带来新机遇,但"一带一路"信息走廊建设还面临着周边国家政治不稳定、数字鸿沟、网络安全、国际贸易秩序动荡等方面的挑战。

（一）周边国家政治不稳定加大"一带一路"信息走廊建设风险

"一带一路"沿线许多国家仍然处于政治转型时期，国家治理能力有限，国内政治派别与利益集团众多，不同党派之间的理念差别很大，这必将给我国在这些国家的投资带来巨大风险。特别是在东南亚、南亚、中亚和中东地区，许多国家国内政治形势复杂，政局变化频繁，政策变动性大，甚至内战冲突不断。例如，中巴经济走廊在推进过程中受到巴基斯坦国内政治的影响；缅甸大选后要求今后的投资和基础设施建设项目避开冲突易发区域；中越之间的南海问题以及经济合作等。特别在中亚地区一些国家仍然存在"颜色革命"风险，这些都会影响"一带一路"信息走廊建设，最终可能使得信息互联变成中国和中亚各国间的互联。

（二）"数字鸿沟"制约"一带一路"信息走廊建设

"一带一路"沿线各国信息化发展水平参差不齐，信息基础设施建设存在较大"数字鸿沟"，严重阻碍沿线各国信息互联互通的进程。数据显示，沿线 64 个国家信息基础设施发展水平最大相对差距指数为 0.844，最差国家与沿线各国平均水平的相对差距指数为 0.746。固定电话普及率、固定宽带接入率最高的白俄罗斯比最低的东帝汶、阿富汗等国高出 200—300 倍；移动宽带普及率有 61% 的国家低于沿线各国平均水平（45.01%）。特别是中亚、西亚等地区的国家深处大陆腹地，传统农业、劳动密集型的加工制造业在整体的经济结构中依然占据较大比重，在网络基础设施、网络人才等方面的资源积累匮乏，数字经济参与度低。落后的信息化建设增加了互联网企业进入市场的难度，不利于"一带一路"

信息走廊建设。

（三）网络安全威胁"一带一路"信息走廊建设

当前，随着信息技术和互联网的进一步发展，全球受到网络攻击更加频繁。传统的网络边界越来越模糊，非传统网络安全威胁有增无减，分布式拒绝服务、高级持续威胁等新型网络攻击愈演愈烈。网络信息基础设施屡受全球性高危漏洞侵扰，网络攻击正逐步向各类联网终端渗透。除此之外，网络诈骗、网络黑客、网络恐怖主义、网络谣言等问题日益猖獗，干扰和破坏着各国正常的生产和生活，甚至威胁着国家政权的稳定。"一带一路"建设中很多项目涉及国与国之间的能源、交通、水利、民航等领域的重大合作，这些合作与国家的政治、经济、外交政策有很大相关性，因而包含诸多敏感的机密信息。调查数据显示，我国央企在"一带一路"建设中均遭到木马病毒、钓鱼网站、信息泄露以及 APT 等攻击。如何保障数据的安全加密、存储和传输，是"一带一路"建设中面临的突出问题。

（四）国际贸易秩序动荡亟须开辟"一带一路"新市场

2018 年以来，美国采取单边主义措施，挑起贸易战，并围绕5G 标准之争对我国通信企业进行打压，导致中美之间贸易摩擦和争端不断升级。未来一段时间，中美经贸关系将面临复杂性、长期性与严重性，国际贸易秩序持续动荡，也凸显了开辟国际贸易和投资新市场的必要性和紧迫性。数据显示，近年来我国与"一带一路"沿线国家和地区的贸易份额持续上升，已经超过我国外贸总值的1/4。全面提升与"一带一路"沿线国家和地区经贸合作水平、开辟"一带一路"新市场是调整我国外贸结构、提升对外贸易国际竞争力的一个重要突破口。

◇四 新时期推动"一带一路"
信息走廊建设的思路

通过"一带一路"信息走廊建设，可以有效整合"一带一路"沿线国家数字经济领域技术创新成果、产业资源和市场，为推动"一带一路"倡议实施提供信息化支持和产业对接平台。下阶段，"一带一路"信息走廊建设应以数字经济领域国际合作和技术创新为主，以公共服务平台建设为支撑，以国际合作园区为载体，以信息通信业合作联盟为组织形式，为"一带一路"沿线国家及区域数字经济合作提供一体化服务。

(一) 建立完善统筹推进机制

建立"内外协调、上下联动、多方合作"的工作推进机制。"一带一路"信息走廊建设需要加大数字经济领域技术创新和国际合作，强化组织实施，在技术、资金、人才、准入、监管、标准、知识产权等方面系统谋划，出台"一带一路"数字经济领域国际合作指导政策，建立"内外协调、上下联动、多方合作"的工作推进机制，多措并举、持续创新，全面打造"一带一路"信息通信业创新发展生态系统，促进"一带一路"信息走廊建设。

建立产业机构间长效合作机制。"一带一路"信息走廊建设，应借助区域合作共识，在双边或多边信息通信业国际合作机制之下，聚焦重点国家、重点产业、重要机构和重要平台，统筹各国信息通信业资源，共同推动信息通信业国际合作，助力各国信息通信业共同发展。

建立政产学研用金六位一体的跨行业协同机制。要充分发挥政府、企业和社会组织力量，结合自身职责，建立政、产、学、研、用、金六位一体的跨行业协同机制，针对重点任务制定"一带一路"信息走廊建设相应的行动计划和配套措施。

专栏3　"一带一路"信息走廊建设重点区域

东盟：结合东盟提出的互联互通总体规划，发挥我国科技产业创新的综合引领能力，加强业务和商业模式创新，推动数字经济产业合作。

中东欧：中东欧处于工业化后期阶段，信息化发展水平较高，产业合作应重点发展5G移动通信、电子商务、汽车、绿色环保等方向，推动中国—中东欧中小企业合作。

中亚：面向民生需求，发挥中国"互联网＋"产业优势，推动智能制造合作，打造中国创造品牌影响力。

非洲：非洲信息基础设施落后，大多数国家依然使用2G/3G通信，拥有广阔的4G/5G移动通信市场，推动与非洲信息通信合作是未来的主要方向。

日韩：面向人工智能、生物医药等方向，积极布局创新研发机构、公共服务平台等生态链建设，推动中日韩科技创新合作。

（二）加强公共服务平台建设

公共服务平台建设能够最大范围、最快时速、最全覆盖地提供信息支撑服务。共建"一带一路"信息走廊公共服务平台，下阶段要重点建立"一带一路"信息通信业国际合作信息数据库和信息通信业国际合作重点项目库，为企业提供沿线国家经贸活动信息，推动中小企业到"一带一路"沿线国家开展技术创新、科研转化、项目合作等活动,充分发挥企业在"一带一路"国际产能合作中的重要作用。

目前,中国电子信息产业发展研究院(CCID)在工业和信息化部的支持下正在全面开发建设"数字丝绸之路"公共服务平台,这也是为了全面落实《关于加强数字经济产业领域合作谅解备忘录》(《中华人民共和国政府和保加利亚共和国政府联合公报》重点项目)中数字丝绸之路国际产业合作公共服务平台建设运营管理的相关内容。该平台依托 CCID 承建并运营的国家中小企业公共服务平台、国家软件与集成电路公共服务平台、澜沧江—湄公河信息化公共服务平台(澜湄基金项目)等品牌平台建设,集聚国内外高新技术企业、科研院校、社会组织、专家智库及金融服务机构,提供政策咨询、项目对接、人才培养、成果转化和专家指导 5 大板块公共服务,涵盖综合信息门户子平台、合作信息库子平台、产业资源库子平台、数字园区子平台等多个子平台建设。此外,该平台同步推广多语言版本,加强利用全球主要创新资源。

(三)创新园区合作模式

园区通过公共服务平台、联盟建设,与金融机构、行业协会、中介机构等合作,可以打通信息壁垒,完善园区服务能力,提升园区软硬件水平,加快资源聚集,形成产业规模效应,扩大我国品牌的影响力和知名度,加快主导产业聚集与规模的扩大。下阶段,"一带一路"信息走廊建设要推动园区模式创新,在国内打造"一带一路"信息走廊试验区(示范园区),我国园区与"一带一路"沿线国家园区合作推行同等产业政策,进一步提升"一带一路"信息通信业创新活力,构建长期稳定的信息通信业合作环境。

（四）共建产业合作联盟

"一带一路"信息走廊建设中，应积极发挥社会组织的力量，积极组建相关产业联盟，为企业提供信息、咨询等服务，与国际组织、国内外企业共同举办信息通信业转移对接会等活动。利用双边、多边合作机制，组织行业协会、企业赴境外交流对接，深化与沿线国家产业合作，协调引导产业互利合作，加强"走出去"企业自律规范，减少企业间的无序竞争，积极履行企业在东道国的社会责任。

目前，中国电子信息产业发展研究院拟重点面向"一带一路"沿线国家，围绕工业通信业领域，集聚国内外社会组织、优质企业、高等院校、科研机构、金融机构等组建工业通信业国际合作联盟，开展"一带一路"相关政策解读、战略研判、信息共享、产业园区建设、企业合作、人才培育、技术创新、投资孵化、文化交流等工作，旨在实现"一带一路"各国共享工业通信业资源，同时可以通过分支机构的海外布局，促成一批企业和技术"走出去"，引导一批国际优秀项目和创新企业"走进来"。

专栏4　前海"一带一路"信息港建设重点内容

项目愿景：立足前海、放眼全球，以服务"一带一路"商贸物流和促进我国产业迈向全球价值链中高端为根本目标，将前海信息港建设成为粤港澳大湾区融合发展的信息先导区、"一带一路"沿线未来经济的国家战略平台、全球供应链创新服务中心、全球智造服务高地。

建设主体：深圳国际控股有限公司（深国际）、中国电子信息产业发展研究院（CCID）和工业和信息化部软件与集成电路促进中心（CSIP）三方将通过技术合作、人才培育、项目招商、金融投资等方式，共建前海"一带一路"信息港。

续表

> 服务体系：着力打造"一带一路"商贸促进中心、"一带一路"国际交流中心、数字丝路科技创新服务中心、"一带一路"央企服务中心、数字丝路跨境金融服务中心等"一带一路"综合服务基地，建设信息先行的"信息共同体"，为信息港两大未来产业发展提供支撑服务。
>
> 发展任务：基于深国际丰富的供应链管理经验、全国城市物流港布局优势，及CCID&CSIP强大的信息技术、人力资本、产业、平台等优势，聚焦发展现代供应链服务和智造服务两大未来产业，强化前海现代服务业供应链线上线下的整合能力，促进我国产业迈向全球价值链中高端。同时，实现深国际从物流基础设施运营商向现代供应链综合服务商的转变。
>
> 推进路径：成立深国际前海智慧云科技服务（深圳）有限公司，对信息港进行统一筹备、规划与运营管理。信息港将按照注入资源、建设项目、打造生态的"三层推进"实施步骤，初期以较低租金引入少量龙头企业功能性地区总部，以市场为导向、产业资本投入为支撑，吸引集聚国内外产业链上下游企业，最终形成以物业租售为基础，以两大未来产业为核心，以六大服务中心为支撑，以金融服务、检测认证、科技培训、评测与咨询服务等为拓展的多元化收益结构。

（五）推动中小企业"走出去"

目前，"一带一路"数字经济领域国际合作中央企和国企是主力军。但推动中小企业积极参与国际产业合作是下阶段的重点任务，充分利用中小企业创新力强，产品丰富，适应市场，灵活多样的特点，深化我国中小企业与"一带一路"沿线国家在科技创新、产能合作、基础设施建设等领域的交流与合作，充分发挥中小企业在"一带一路"建设中的重要作用，助力中小企业与全球市场深度融合。

（六）建设多元化的支撑服务体系

"一带一路"信息走廊建设需要资金和人才的支持，建议通过设立引导资金等方式，支持数字经济领域重点方向和重要领域国际产业合作。同时，要加快建设专业人才培养机制，与"一带一路"国家开展合作办学，通过共建联合实验室（研究中心）、国际技术转移中心等促进科技人员交流，共同提升沿线国家和地区数字经济创新能力。

第十一章 "一带一路"建设能源合作

高世宪[①] 高 丽[②]

　　"一带一路"横贯亚洲、欧洲和非洲大陆，沿线分布着众多发展中国家，集中了世界上最主要的能源生产国、消费国和过境国，因此，能源合作是"一带一路"建设中的重要支撑领域。2013 年"一带一路"倡议提出后，我国将"一带一路"能源合作政策分别列入了能源、石油、天然气、电力、煤炭和可再生能源等发展的"十三五"规划。2017 年 5 月，国家发展改革委员会与国家能源局共同制定并发布了《推动丝绸之路经济带和 21 世纪海上丝绸之路能源合作的愿景与行动》，明确提出中国将坚持"开放包容"的原则，鼓励各国和国际、地区组织共同参与"一带一路"能源合作。我国与一些国家就能源发展政策和规划进行充分交流、沟通和协调，联合制定合作规划和实施方案，协商解决合作中的问题，为推进能源合作提供政策支持。2018 年 10 月，我国与巴基斯坦、苏丹等十多个国家在"一带一路"能源部长会议上，共同发布了《共建"一带一路"能源合作伙伴关系部长联合宣言》，提出"2019 年正式建立'一带一路'能源合作伙伴关系，推动能源互利合作，形成区域能源国际

---

① 高世宪，中国宏观经济研究院能源研究所副所长、研究员。
② 高丽，新疆财经大学副教授。

市场"。"一带一路"倡议提出已有 5 年,亟须对"一带一路"能源合作进行总结,提炼成功经验和存在的突出问题,并提出解决问题的思路和建议。

◇◇ 一 "一带一路"能源合作的现状

"一带一路"倡议提出 5 年来,能源合作领域取得了丰硕成果。截至 2018 年底,已经签署能源合作文件 100 多份;与沿线十多个国家和地区制订了能源合作规划,开展了十多个能源领域联合研发项目;此外,"中国—阿盟""中国—非盟"和"中国—中东欧"等三大能源合作中心也正在积极建设之中。中国与沿线国家能源基础设施的互联互通不断加强,一批具有标志性的重大能源项目顺利推进,能源贸易不断扩大。

(一) 能源政策的沟通

我国与沿线国家的能源合作主要是与北部俄罗斯,西部中亚国家,伊朗、沙特等中东国家和非洲相关油气输出国,以及与巴基斯坦、越南、印度尼西亚等南亚、东南亚地区电力基础设施薄弱、水资源丰富的能源消费国的油气、电力等领域的贸易、产能合作。五年来,我国不断强化与"一带一路"沿线国家的能源政策的沟通。已进行的重要能源战略对接包括:

1. 对接俄罗斯、蒙古能源发展战略

2015 年 5 月,中国和俄罗斯签署了《中华人民共和国与俄罗斯联邦关于丝绸之路经济带建设和欧亚经济联盟建设对接合作的联合声明》。根据联合声明,双方将扩大投资贸易合作,优化贸易结构,实施大型投资合作项目，共同打造产业园区，加强基础设施的共同开发等。

2014 年 8 月，中国和蒙古发布《中蒙关于建立和发展全面战略伙伴关系的联合宣言》，根据宣言，双方将在双边机制框架内，加快推动两国煤炭、石油、电力、化工等能源基础设施及重大项目的产业投资合作，将结合本国能源发展战略和实际需求，进一步加强电力及可再生能源领域的合作。

2. 对接中亚国家能源发展战略

2016 年 9 月，中国和哈萨克斯坦签署了《"丝绸之路经济带"建设与"光明之路"新经济政策对接合作规划》，提出两国将本着"平等合作、互利共赢"的原则，共同推进"丝绸之路经济带"建设与"光明之路"新经济政策的对接，稳步推动产能和投资合作、深化能源资源合作，其中"中国—中、西亚—西欧"交通走廊、天然气管道以及跨境铁路等项目是重点建设领域。

3. 对接"中巴经济走廊"战略

2013 年 2 月，中巴发表联合声明，共同打造"中巴经济走廊"，进一步加强双方能源交通基础设施的互联互通，推进双方在走廊沿线开展能源领域重大项目的深度合作，以促进两国共同发展。双方能源主管部门共同制定科学合理的能源合作规划，并于 2014 年 11 月 APEC 会议期间签署了能源合作协议。之后，中巴双方企业和金融机构积极响应，签署了多项能源及电力合作项目合同，亚投行等国际金融机构也积极为合作项目提供了融资支持。

4. 对接欧盟"容克计划"

2015 年 9 月，在第五次中欧经贸高层对话上，中国和欧盟委员会签署了《关于建立中欧互联互通平台的谅解备忘录》，备忘录提出将欧盟容克计划的优先支持项目与"一带一路"互联互通倡议进行对接，将为中国和欧盟国家的电网建设和输电设备制造领域的企业带来新的发展空间。

此外，中国与土耳其的"中间走廊计划"、沙特的"2030 年愿景"、伊朗的"四大走廊及跨境走廊"、印度尼西亚的"全球海上支点"战略、柬埔寨的"四角"战略、越南的"两廊一圈"战略、韩国的"欧亚合作倡议"、老挝的"变陆锁国为陆联国"等诸多沿线国家发展战略中的能源计划的对接也在积极推进之中。

(二) 能源基础设施的互联互通

5 年来，我国与"一带一路"沿线国家能源基础设施的互联互通逐步推进，中国企业在海外签署和建设了一批重大能源基础设施项目，这些项目主要集中在跨境油气管道和跨境电力、输电通道等方面。

1. 跨境油气运输通道

在"一带一路"建设中，油气合作是能源合作的重要内容，其中，跨境油气管道建设是我国与"一带一路"沿线国家最重要的合作成果。"一带一路"倡议提出之前，我国对外陆上油气管线主要包括东北地区的"中俄原油管道"，西北地区的"中哈石油管道"和"中国—中亚天然气管道"(ABC 线)以及西南地区的"中缅油气管道"。倡议提出五年来，我国对外油气设施联通实现了新突破。2014 年，"中国—中亚天然气管道"D 线塔吉克斯坦段和"中俄天然气管道"东线俄罗斯境内段相继开工，2018 年 1 月"中俄原油管道"二线投运后，我国通过"中俄原油管道"进口的俄罗斯原油规模由每年 1,500 万吨上升到 3,000 万吨。日益多元化的油气进口渠道和多样化的运输方式，极大地提高了我国能源安全保障程度。

截至 2018 年底，"一带一路"沿线跨境油气管道原油输送能力达 6,300 万吨/年，天然气输送能力达 602 亿立方米/年。中哈原油管道累计向中国输送原油超过 1 亿吨；中亚天然气管道 A、B、C 三线累计进口天然气 2,359 亿标方，每年从中亚国家输送到国内的天然气，占我国同期天然气消费总量的 15% 以上，预计 2020 年 D 线竣工投入运营后，每年向中国输入的天然气可达 850 亿立方米；此外，中缅油气管道向我国输入原油已超过 1,000 万吨。

2. 跨境电力与输电通道

"一带一路"倡议为我国和沿线国家的电力行业均带来了新的发展机遇。5 年来，我国加强了与俄罗斯、哈萨克斯坦、蒙古、巴基斯坦等周边国家的电力合作，主要从三个方面推进"一带一路"跨境电力与输电通道建设：第一，从我国新疆到中亚五国的输电通道；第二，北部俄罗斯、蒙古向我国的输电通道；第三，我国与南部邻国的输电通道。

截至 2018 年底，我国已经与俄罗斯、蒙古、吉尔吉斯斯坦等国实现了电网互联；实现了从云南向越南、老挝的跨境供电，并将缅甸部分水电并入云南电网运营，初步实现区域电力联合调配。除了中国与周边国家的电网互联互通项目，东南亚、中亚、南亚等地区也提出了规模庞大的跨国电力联网计划。

（三）能源投资与产能合作

能源项目投资是我国对"一带一路"沿线国家的对外直接投资中规模占比最大的领域。国家统计局发布的数据显示，2014 年至 2018 年 6 月，我国企业对"一带一路"沿线国家的直接投资额超过 750 亿美元，年均增长 7.2%；在沿线国家已建设了 82 个境外经贸合作区，总投资 289 亿美元，并与 39 个国家签署了产能合作文件。目前，一批能源重大项目正陆续"落地"。我国与沿线国家的能源投资与产能合作，不仅提高了沿线国家能源基础设施水平，也提升了区域能源资源优化配置和能源协作安全保障能力。

1. 油气领域合作

我国与沿线国家油气领域的投资与产能合作集中在两个方面：一是大型油田项目投资。当前国际石油市场处于低价周期，中东主要石油输出国对我国市场的依赖性增强，加之中东国家自身也面临着迫切发展经济的压力，因此，我国与中东国家的石油合作空间不断扩大。目前，中国与中东地区的油气合作已取得重要成果，多个大型油田项目正在建设或已经投运。二是油气合作逐渐从上游产业链向下游产业链延伸。随着"一带一路"能源合作的发展，油气合作向深层次、全方位推进，从上游的勘探开发，逐步拓展到下游的炼油化工、工程技术服务等。上游加快推进与中亚、俄罗斯、中东等油气资源地合作区的共同开发；下游稳定推进在亚太、东欧及中东等地区的炼厂建设。此外，油气领域的投资也有力地带动了相关工程技术、工程建设和装备的出口。

2. 传统电力领域合作

电力合作是"一带一路"建设中的又一个能源重点合作领域。"一带一路"沿线东南亚（不含新加坡）和南亚国家，电力发展程度较低，人均装机和发、用电量远低于发达或较发达国家。沿线的亚洲及非洲国家对电源项目、电网互联和先进电力技术需求强烈，但其自身电力基础设施薄弱、技术相对落后，为我国与沿线国家开展电力合作提供了广阔空间。

根据中国电力企业联合会发布的数据，2013 年至 2017 年，我国主要电力企业在"一带一路"沿线国家签订近 500 个电力工程合同，总金额超过 900 亿美元；实际完成投资 3,000 万美元以上的重大项目有 50 多个，完成投资 80 亿美元。从投资项目来看，主要以发电项目为主，其中中亚以传统火电为主、非洲以水电为主，电网项目主要是东南亚和非洲的输变电工程总包项目；从投资对象来看，电力投资集中在南亚及东南亚地区，占我国对外电力投资项目的 81.2%，其中印度占比最高，达 25.4%。

投资项目主要集中在三个方面：一是电源项目，投资范围既有传统火电项目，也有风电、水电、核电项目。二是输变电工程项目。我国电网企业在南亚及东南亚地区、南美的巴西以及欧洲的葡萄牙、澳大利亚、意大利等多个国家均有投资运营项目。三是我国先进电力技术走向世界。"一带一路"电力合作推动了我国特高压输电技术和核电技术等世界先进技术走出国门，带动了沿线国家电力行业的发展。

3. 新能源领域合作

"一带一路"沿线大部分国家是发展中国家，经济发展高度依赖油气等传统能源。经济危机后油价的剧烈波动影响了沿线国家经济的持续、稳定发展，加之环保形势严峻，发展绿色低碳经济已成为全球共识，沿线大部分国家正在积极实现由传统能源向新能源战略转型。从能源禀赋看，沿线国家可再生能源蕴藏非常丰富，非洲的风能和太阳能蕴藏量在各洲中最大，亚洲的水资源蕴藏量在各洲中最高，风能和太阳能藏量仅次于非洲。亚非等沿线国家虽然具有丰富的清洁能源，但受资金短缺和开发技术落后的制约，而我国水电、风电、光伏、核电技术发展日益成熟，多项新能源技术居世界先进水平，正好与沿线国家清洁能源丰富、资金不足及技术落后形成优势互补。

5 年来，我国与"一带一路"沿线国家在水电、风电、太阳能等新能源领域的开发合作不断加强。中国对沿线国家电力投资中，以水电和清洁能源占比最高。2017 年，中国电力行业的海外并购交易中，以可再生能源资产和企业为标的的交易占比 50%。根据国际能源署（IEA）发布的数据，2030 年，"一带一路"国家可再生能源新增装机将约达 19.4 亿千瓦，其后十年内将再新增 26 亿千瓦，表明中国与沿线国家可再生能源合作还有巨大空间。

（四）能源贸易合作

"一带一路"倡议提出5年来，沿线国家在经贸合作方面取得了显著成效，为沿线国家经济发展注入了新的活力。我国从"一带一路"沿线国家进口的产品中，矿物油、矿物燃料等油气贸易居首位，在进口总金额中占比超过30%，油气贸易畅通取得新成效。2014年以来，我国从沿线国家进口的石油数量迅速增加，占我国原油进口总量的65%左右，成为我国原油进口的最主要来源，与沿线国家的油气贸易不仅保障了我国能源安全，同时也促进了沿线国家油气资源的开发和经济发展。

此外，我国与沿线国家的电力合作也带动了我国电力设备和技术出口。根据中国电力企业联合会发布的数据，2013年至2017年，我国电力设备直接出口总金额达62.84亿美元、技术直接出口22.48亿美元；境外工程带动电力设备出口177.68亿美元、带动技术出口51.22亿美元；与相关国家新签对外承包工程合同额超过5,000亿美元，年均增长19.2%。

◇◇二　能源合作中的成功经验

（一）金融机构深度参与，形成"能源产业＋金融"合作模式

"一带一路"倡议提出后，我国与沿线国家开展了大型能源基础设施建设项目的广泛合作，这些项目资金需求量巨大，需要金融机构的参与和支持，因而在与沿线国家开展能源合作中，需要积极探索"能源产业＋金融"的合作模式，倡导并组织设立相关金融机构，同时加强与国

际金融机构的合作，推动金融行业深度参与"一带一路"能源项目建设。一是金融机构全周期参与企业投资。我国先后倡导和组织成立了丝路基金、亚洲基础设施投资银行，并积极推动中非发展基金、金砖国家开发银行和上合组织开发银行的发展，不同机构均为"一带一路"能源项目的实施提供了不同程度、不同方式的金融支持和保障，并在能源合作项目中保持全周期深度参与，为我国企业"走出去"提供了必要的资金；同时，企业以直接投资、收购并购、政府与社会资本合作等模式，进行能源投资合作。金融机构从项目运作初期提供信用保证，项目建设中为双方企业提供贷款，项目竣工后的试运行、投产等全周期地深度参与，使项目得到有效的资金和信用保障，形成了良好的"能源产业 + 金融"模式。如俄罗斯亚马尔 LNG 项目、哈萨克斯坦 PK 项目等大型项目均依托亚投行、丝路基金等金融平台，并与国内外银行紧密合作，获得了必要的授信额度，使油气合作项目得以顺利实施。二是保险机构为能源合作提供风险保障。我国企业对外能源投资中面临法律、政治、市场及环境等诸多风险；沿线有些国家能源、交通等基础设施薄弱，项目实施过程中往往需要大额的预算外资金投入，因而企业对海外投资、海外租赁、对外工程、买方违约等的风险保障需求不断增加。"一带一路"倡议提出 5 年来，保险业充分发挥风险预警、风险管理功能，为能源企业"走出去"护航。如中国再保险集团、中国信保等积极为沿线国家和地区的投资项目承保，提供风险保障。此外，为进一步提升企业在能源项目实施中的融资便利化程度，2018 年 10 月，国家能源局与中国出口信用保险公司（中国信保）签署《关于协同推进"一带一路"能源合作的框架协议》，为中国企业提供风险保障。

（二）多元化能源投资与企业属地化经营

中资企业在跨国能源投资和经营时坚持：

多元化投资：坚持绿地开发和投资并购并举的模式，以获取海外项目资源，在较短时期内实现国际业务的跨越式发展。倡议提出之初，中国企业多采用绿地投资、股权投资等在沿线国家承建能源基础设施，积极推动了一批海外新能源项目的建设。随着"一带一路"建设的推进，中国企业加大了对沿线国家能源企业的并购，2014年至2016年间，我国对"一带一路"国家的并购金额从22.64亿美元增加到97.55亿美元，年均增长110%；并购数量持续上升，2016年超过美、日成为沿线国家中最主要的并购方。2016年后，海外并购势头有所下降。并购使中国企业短时间内获取了沿线国家能源企业的股权，利用被并购企业的生产销售渠道，迅速进入当地市场，极大地缩短了能源投资回收的周期，有效提高了投资效益。

属地化经营管理：在风险可控的前提下，最大限度地利用所在国管理资源、人力资源开展海外公司的经营和管理，既节约了企业运营成本，又使企业能够快速融入当地社会，同时还带动了当地居民就业，取得较好的社会影响和投资效果。如中亚天然气管道是"一带一路"设施联通的标志性工程，在A、B、C线建设、运营期间给中亚相关国家带来近万个就业岗位，累计缴纳税费超过100亿美元，有力地带动了当地经济的发展。

（三）以中国高端技术和标准引领沿线国家能源合作

"一带一路"沿线大多数国家的能源发展还处于较低水平，各国能源技术标准体系也不尽相同，甚至有的国家尚未建立技术标准体系。在此背景下，中国企业在国际能源合作中，坚持中国技术标准"走出去"，积极参与沿线国家技术标准的制定，推动与主要投资国、贸易国之间的标准互认。用技术和标准引领国际业务，实现中国标准、中国技术"国际化"。这对提高我国能源企业的国际影响力以及推进"一带一路"能源合作效果显著，且意义深远。

以三峡集团为例，5 年来该集团已在沿线 28 个国家进行了能源投资及海外工程承包，其海外项目均为清洁能源项目，主要以水电为主，也包括部分陆上风电、海上风电和太阳能项目，在与沿线国家合作中，主动将中国技术和中国标准运用到合作业务中，在绿地投资项目中坚持使用中国技术规范，在工程设计建设、机电产品供应时均采用中国公司或中国制造，充分发挥了中国水电"走出去"的引领作用。

此外，中国石油在境外项目中积极推广应用国内先进技术和标准。2017 年以来，与俄罗斯天然气工业公司签署了《标准及合格评定结果互认合作协议》及补充协议，为双方推动标准互认奠定了良好的基础。以中国高端技术引领能源合作，既能够提高中国企业在世界的声誉，也能够避免同质化的竞争。

（四）政府主导，充分发挥央企、国企优势

5 年来，我国与"一带一路"沿线国家以大型能源项目为依托开展互联互通，涉及油气管道和跨境输电工程等能源基础设施项目以及火电、水电等大型能源项目，项目涉及金额巨大，工期长，风险大。这些项目大多是在政府主导下，由中央企业或国有企业承建，其雄厚的资金及技术实力保障了项目的顺利实施。在项目合作中，首先是政府"搭台"做好能源合作规划。在"共商、共建、共享"的原则上，通过编制合作规划、签署合作协议等形式，推进落实重点能源合作项目的实施。如中巴经济走廊能源合作项目的建设中，由于双方政府合作协议和协调机制创造了良好的项目实施环境，并保障了双方企业的合法权益，一批重点能源项目得以顺利实施。其次是加强中资企业间的协调，重视发挥央企、国企的作用。能源基础设施项目具有金额大、期限长的特点，因而多由国内央企及国企承建。在国家能源主管部门的统一协调下，建立内部沟通协调机制，充分发挥了国有企业技术先进、资金雄厚、抗风险能力强等优势，重大能源项目得以顺利实施，形成示范带动效应。截至 2018 年底，以中石油、中石化、中海油等为代表的中国油气企业已在海外 50 多个国家实施了 200 多个油气投资项目；此外，中国电建集团在 "一带一路" 沿线也承担了 300 多个工程项目。

◇◇三　能源合作中存在的突出问题

在共建 "一带一路" 中，我国与沿线国家的能源合作取得了很多宝贵的经验，但也存在着一些突出的问题。

（一）东道国政局不稳，政策变化大

"一带一路" 沿线部分国家的民族、宗教复杂，冲突不断，政权更迭频繁，给能源国际合作带来了较大的政治风险。如中国水电集团承建的伊洛瓦底江密松水电站项目被搁置，中国企业损失严重，主要原因是对缅甸政治风险认识不足。中国企业对外能源投资中一般与当地政府关系融洽，由当地政府推动项目实施，但政权一旦易手，与前政府的亲密关系反而会成为企业的负担。不满前政府的民众，将中国投资视为前政府

的利益同盟，对中国投资的油气管线、水电大坝等项目进行抗议和抵制。另外，中东地区及中西非地区是我国重要的原油进口来源地，但这些地区极端主义和恐怖主义泛滥，加之西方国家的干预，造成地区武装冲突严重，内战不断，社会极不稳定，大量的难民外逃，而这些地区又是重要的石油输出国，使中国企业对这些地区的投资风险评估难度加大，给我国在该地区开展能源合作带来了较大风险。

此外，政权相对稳定的国家由于国际政治、经济形势的变动，对外合作政策及国内财政税收政策等往往也具有不确定性，加大了我国对外能源合作的风险。如 2017 年哈萨克斯坦在已经签署合同的情况下单方面提高油气出口税率，增加了油气出口成本。甚至有的国家以法律形式制定一系列不公平贸易政策，如提高能源企业税收、限制外国投资者将其利润汇回国内、设置贸易壁垒、任意变更合同等。"一带一路"沿线国家能源对外合作政策、相关财税政策的频繁变化，加大了我国与这些国家开展能源合作的不确定性。

（二）油气合作受大国博弈影响较大

能源安全是国家安全的重要组成部分，是开展对外合作中的敏感领域，特别是油气合作关系到战略资源，因而在对外合作中受大国博弈影响最深。如中亚地区由于拥有丰富的油气资源和独特的地理位置，不仅是我国倡导的"一带一路"的枢纽区域，也是美国"新丝路计划"、俄罗斯"欧亚经济联盟"、印度"季风计划"及蒙古"草原之路"等多个国家战略的关键支撑，因而我国与中亚国家的油气合作深受大国博弈的影响。

美国在中亚主导了"新丝路计划"，指责中国在东南亚、南亚和中亚主导的合作项目存在着环境和古迹保护的隐患，给项目的实施制造舆论压力和设置各种障碍。俄罗斯在中亚地区推行"欧亚经济联盟",担心中国与中亚各国能源合作的深化影响其欧亚一体化进程,中国与中亚油气领域合作的深化也会使俄罗斯产生中亚国家"离心"的担忧。此外,印度经济近年来发展迅速,积极发展在印度洋及太平洋区域的影响力,在强化与印度尼西亚、缅甸和日本双边关系的同时,积极发展与中亚各国的双边和多边关系,中国和印度这两个亚洲大国在对外能源发展与合作中,不可避免地会产生竞争关系。

(三) 电力合作中面临诸多现实困难

电力合作是我国"一带一路"能源合作的重点领域之一。倡议提出 5 年来,我国已与俄罗斯、蒙古、缅甸、老挝等周边国家实现了电力跨境初步互联,并在中亚、中东及非洲等地区投资建设了一批火电、水电及风电项目。然而,目前我国与沿线国家的电力合作仍处于起步阶段,面临着许多现实的问题。一是沿线各国目前不具备大规模互联互通的条件。首先,各国电力基础设施普遍较差,制约了电网互联。电网大规模连通要求具有远距离、大容量及高效率的输电通道,然而沿线国家大多为发展中国家,虽然电力消费潜力巨大,但是普遍存在着电力基础设施薄弱、设备及主干网架线路老化、输电容量偏小、输配电网损耗高等问题。其次,跨区电力互联关键技术可行性研究不够。目前远距离、大容量并网运行及恶劣天气下的设备运营维护等所需的电网核心技术前期研究有待深入。二是对外电力投资中我国企业间存在恶性竞争现象。我国电力企业众多、项目分散,国内企业产品和服务存在严重同质化,在电力工程承包、电力装备出口业务等领域的海外竞争中相互"杀价"的恶性竞争问题突出,削弱了中国电力企业的整体海外竞争能力。三是电力项目投资存在资金制约。电站、输电工程等基础设施建设往往需要投入大量资金，而沿线国家多数处于发展阶段，经济发展水平较低，基础设施薄弱、融资渠道有限，电力投资与产能合作面临着较大的资金制约。

（四）能源议价权缺失，长期承受价格溢价

1993 年，我国成为石油净进口国，1996 年成为原油净进口国。根据发改委及海关发布的数据，2018 年，我国原油表观消费量 6.5 亿吨，原油进口量 4.23 亿吨，石油对外依存度达 69.8%，成为全球第一大原油进口国。虽然原油消费量和进口量巨大，但我国在国际原油定价体系中话语权并不大，致使在石油贸易中处于劣势地位。国际原油贸易定价是以期货市场价格为基准的，最有影响力的是纽约商品交易所的西得克萨斯中质原油期货（WTI）和伦敦洲际交易所的北海布伦特轻质原油期货（BRENT），分别是北美和欧洲的基准原油合约。亚太地区的原油消费量和进口量虽然很大，日本、新加坡和印度及我国也推出了原油期货产品，但影响力都不大，包括我国在内的亚太国家只能被动接受 WTI、BRENT、新加坡普氏报价、迪拜阿曼原油期货价格等作为原油贸易定价的基准，因此在国际原油贸易中长期存在着"亚洲溢价"问题，加大了我国原油进口成本。我国原油期货于 2018 年 3 月 26 日在上海国际能源交易中心挂牌交易，目前仍需要进一步完善制度、扩大规模、提升国际影响力。

（五）能源合作中环保问题突出，增大投资成本

进入 21 世纪，环境保护受到世界各国的高度关注，各国政府均制定政策鼓励发展非化石能源和非传统油气资源，限制开采和使用传统化石能源。而"一带一路"能源合作大型项目主要以传统油气为主，电力也是合作的重点之一，在开采和使用过程中如果不注重保护将对环境产生

一定的负面影响。例如,对油气等资源的开发对当地地貌和自然生态会产生不同程度的破坏,甚至有可能产生井喷、火灾、油气泄漏导致环境污染等生态灾难。水电项目建设容易产生生态破坏,煤电项目排放 SO_2 和 NO_x,容易引起西方国家及东道国对中资企业造成环境问题的渲染、诘责。因此,中资企业对外进行能源投资面临着国际及当地环境保护法律的障碍及环境保护团体的影响,导致企业受到当地法律处罚,影响中国企业乃至中国在东道国的声誉,甚至引起东道国当地人的反对,进而被东道国收归国有或被搁置。同时,我国同欧洲国家的合作中也面临着合作成本增加的问题。根据《巴黎协定》,欧洲国家在全球减排目标中承担的减排任务较多,势必影响本国经济的发展,因此,这些国家正探讨通过对进口产品征收"碳关税"的方式来弥补本国由于减排造成的经济损失。"碳关税"政策一旦实施,将会增加我国参与能源国际合作企业的成本,降低其投资收益。

◇◇四 "一带一路"能源合作对策建议

(一) 与相关国家进行充分沟通,共同推进能源合作

由于能源常被用作实现地缘政治目标的手段,因而各国对于能源对外合作和贸易的安排会从经济和政治等多个维度考虑。加强"一带一路"沿线国家间能源合作还需要较长的时间磨合,以打造"政治互信、经济融合、文化包容"的互利合作,建立能源利益共同体。一是深入研究沿线国家能源政策,对接"一带一路"倡议。"一带一路"沿线各国能源禀赋各异,经济发展阶段不同,能源政策存在较大差异,应深入调研"一带一路"区域各国能源消费现状,结合地区未来经济和人口发展趋

势，研究各国能源政策及其变化趋势，加强沿线国家能源供需分析，参与各国能源合作的规划，以及做好与当地其他规划的对接。二是要加强与沿线各国的能源政策协调，共商存在问题和解决策略。坚持"共商、共建、共享"的原则，建立双边及多边对话机制，共同编制合作规划、签署合作协议，推进落实关键能源合作项目；推动先进能源技术研发共享，加快各国构建清洁安全经济可靠的能源供应体系。三是增进沿线国家间的互信。互信是国家间交往合作的基础，只有建立了互信，才能消除戒心，深化合作。因而除了积极主动的沟通交流外，能源合作中还应形成制度化的措施，以增进互信。

（二）逐步推进与沿线国家电力合作，统筹协调，防止中资企业间的无序竞争

由于"一带一路"沿线的多数国家仍处于发展中阶段，电力需求潜力巨大，未来较长时期内，电力合作仍将是我国与"一带一路"沿线国家能源合作的重点领域。因此，应积极解决当前电力合作中存在的现实问题。一是统筹规划、逐步推进电力跨境互联。依据循序渐进原则，分阶段、分层级推进我国与沿线国家的电力互联。首先，应在与沿线国家实现初步电网互联的基础上，继续推进区域电力互联示范工程，在落后国家建立并提升其国内主网架。其次，是建立跨境区域电力联网。最后，积极建设大型清洁能源基地，实现跨国甚至跨洲的电力联网。推进过程中，构建沿线与电力基础设施互联互通相关国政府间的协调机制，推动关键技术创新，探索创新运营机制及交易模式，以确保实现各阶段目标。二是建立中国企业间海外竞争协调机制。政府应明确中国企业参与海外竞争的规则，及发生纠纷后的协调机制，制定中国企业海外竞争诚信制度，一旦有企业被确认恶意竞争，将被列入黑名单，并给予一定经济处

罚,且规定一定期限内不得再进行海外投资。政府还可以通过税收、外汇额度限制等手段限制恶性竞争倾向明显的企业参与海外业务,激励我国电力企业在"一带一路"能源投资中的协同合作及良性竞争。

(三)完善原油期货市场,提高我国能源议价权

建立上海原油期货市场目标是建立反映中国及亚太市场供求关系的原油定价基准,有效推动我国获得原油市场定价权和人民币国际化进程。在上海原油期货市场的发展中,应坚持以下几点:一是实现市场参与主体的多元化。目前上海原油期货市场参与主体尚不够广泛,应进一步促进市场参与主体的多元化。吸引国内外投资者,形成更具竞争性的期货价格。主动向国内有套期保值需求的生产商及贸易商、金融机构等推介、普及原油期货知识,鼓励其参与或通过专业机构参与上海原油期货市场。此外,应在加强跨境监管的同时,加快国际化步伐,积极走出国门推介或在国外设立交易平台,以吸引更多的境外参与者,扩大竞争性交易,完善原油期货价格的形成机制,使其能更好地发挥价格发现的功能。二是提高原油期货市场的流动性。借鉴成熟市场的经验,在合适时机取消涨跌幅限制,增加交割方式及建立更方便交易的平台以提高市场的流动性。三是坚持完善市场经济体系。作为第一个对外开放的期货品种,上海原油期货的成功运行更需要开放的金融市场,市场化的体系和制度以及完善的法律法规作为市场稳健运行的保障。

(四)加强能源金融建设,提升中国企业海外抗风险能力

"一带一路"能源国际合作中,中国企业海外投资及并购中均需要雄厚的资金支持,因此,应加强我国能源金融建设,增强我国能源企业海

外发展能力。一是鼓励我国能源企业积极布局海外能源金融市场。在能源合作模式中增加金融因素，鼓励我国能源企业通过收购、兼并等方式提前布局海外金融产业，提高我国能源企业依靠金融市场防范及化解投资风险的能力。二是积极推进区域性碳金融市场体系的建立。推动构建"一带一路"沿线国家碳金融市场交易体系，使我国能源企业能通过市场获取"碳排放权"，以规避他国未来可能通过征收碳关税给我国海外能源投资企业带来的成本增加的风险。三是加大产融结合，促进能源与金融一体化发展。加大亚投行、丝路基金和国家开发银行、中国进出口银行等国内外金融机构对跨国能源项目资金支持力度，推动跨国结算平台建设，积极争取合作项目的人民币结算，降低汇率风险。四是充分利用资本市场，减少亚洲溢价。充分利用我国在亚太天然气增量贸易中的优势地位，借助上海石油天然气交易中心等资本市场平台，积极发展现货、期货等衍生品的交易，逐步降低、消除油气的"亚洲溢价"。

（五）拓宽投资领域，着力发展清洁能源投资

过去 5 年，我国在"一带一路"上的能源投资多集中于油气、电力等领域，投资项目集中增加了我国能源对外投资的风险。相对于传统能源产业，风能、水能、太阳能等清洁能源具有污染小、政治因素干扰小、投资环境好、收益稳定等特点。"一带一路"沿线国家大多数是新兴经济体与发展中国家，能源发展水平低但能源需求大，而我国经过多年发展，已在清洁能源领域积累了丰富的经验和技术。因此在未来能源国际合作中，应着力推进清洁能源行业的对外投资。一是加强政策支持，积极创新清洁能源合作模式。首先应从政府层面进一步加强国内清洁能源行业的长期发展规划，加强对清洁能源合作的政策支持，同时协助"一带一路"国家可再生能源合作规划的编制和对接，积极探索创新清洁能源国

际合作的新模式。主动与沿线国家沟通交流，鼓励企业与国外企业分享经验、共同建设基础设施项目、合作开展技术研发等。通过产能输出、技术转让、直接投资、工程服务、经营管理等方式，推进我国与"一带一路"国家的清洁能源的深入合作。二是建立中国清洁能源企业信用及风险防控体系。依托行业协会等第三方机构，建立新能源企业信用体系，定期发布《中国可再生能源产品优质供应商名录》，建立可再生能源产品白名单、黑名单制度，净化清洁能源国际合作环境。同时加强与保险、信用担保等机构的合作，建立能源投资风险防控体系，帮助企业识别投资交易对象的风险情况，积极防范能源国际合作风险。

第十二章　"一带一路"民心相通：
意义、成就与优化

金　鑫① 林永亮②

"一带一路"倡议提出 5 年来，各领域合作取得举世瞩目的成绩，成为引领国际合作模式创新、推动全球治理改革完善、推动构建人类命运共同体的重要实践平台。5 年来，民心相通工作扎实开展，合作机制日益丰富、活动质量不断提升，新时代的丝路故事纷纷涌现，为"一带一路"建设塑造了积极友好的社会民意基础，并为人类命运共同体建设持续打造共同精神家园。

◇◇一　民心相通与"一带一路"建设的关系

"民心相通"是与"丝绸之路经济带"倡议同步提出的。2013 年 9 月 7 日，习近平主席在纳扎尔巴耶夫大学演讲时提出共同建设"丝绸之路经济带"的倡议，同时提出了"政策沟通""道路联通""贸易畅通"

---

① 金鑫，中共中央对外联络部当代世界研究中心主任、"一带一路"智库合作联盟秘书长。
② 林永亮，中共中央对外联络部当代世界研究中心副研究员。

"货币流通""民心相通"等五个努力方向。在谈到民心相通时，他强调"国之交在于民相亲。搞好上述领域合作，必须得到各国人民支持，必须加强人民友好往来，增进相互了解和传统友谊，为开展区域合作奠定坚实民意基础和社会基础"①。

在印尼国会演讲时，习近平主席又提出了共建"21世纪海上丝绸之路"的倡议。这一次他虽然没有使用"民心相通"的概念，但强调保持中国—东盟友谊之树长青，必须夯实双方关系的社会土壤。交往多了，感情深了，心与心才能贴得更近。并强调要促进青年、智库、议会、非政府组织、社会团体等的友好交流，为中国东盟关系发展提供更多智力支持，增进人民了解和友谊。②

2015年3月，国家发展改革委、外交部、商务部经国务院授权，发布《推动共建丝绸之路经济带和21世纪海上丝绸之路的愿景与行动》，明确了与"一带一路"沿线国家的合作重点为"五通"，即政策沟通、设施联通、贸易畅通、资金融通和民心相通。（与第一次提出"丝绸之路经济带"概念时相比，"五通"表述略有调整。）

这些表述清晰地告诉我们，至少需要从两个角度来理解"民心相通"与"一带一路"建设的关系。一方面，"五通"可视为"一带一路"建设的五个维度，因此"民心相通"本就是"一带一路"建设要达到的目标体系中的一项，是"一带一路"建设的题中应有之义。另一方面，"民心相通"可为其他四方面建设提供坚实的社会和民意基础，是确保"一带一路"建设顺利推进的重要前提。即"民心相通"既是手段又是目的，既要把"民心相通"视为"一带一路"建设顺利推进的重要保证，也要

---

① 习近平：《弘扬人民友谊 共创美好未来——在纳扎尔巴耶夫大学的演讲》，2013年9月8日，新华网，2015年10月27日登录。

② 参见习近平《携手建设中国—东盟命运共同体——在印度尼西亚国会的演讲》，2013年10月3日，新华网，2015年10月27日登录。

把其视为"一带一路"建设的努力方向和目的。

事实上，要推动地区和跨地区经济合作，既要有经济上的互惠互利和相互依赖，也要有制度和文化上的及时跟进。因此，在工作实践中，既要主动营造良好的合作氛围，通过催生"合作的文化"来推动"一带一路"建设，也要在"一带一路"建设中有意识地引导衍生合作、友善的文化，从民众层面自下而上地加强相关国家间的亲切感和认同感，不断打造共同精神家园，从而巩固其他领域合作的成果。换句话说，"民心相通"是"一带一路"建设最根本的前提，没有"民心相通"，"一带一路"不可能具有可持续性。与此同时，"民心相通"有其自身规律，是一个长期过程，是一项非常艰巨和持久的任务，唯有锲而不舍、久久为功，才能真正取得实效。

◇◇二 "一带一路"民心相通建设的核心内容和工作起点

（一）"一带一路"民心相通建设的核心内容

根据《推动共建丝绸之路经济带和21世纪海上丝绸之路的愿景与行动》，民心相通的主要内容是传承和弘扬丝绸之路友好合作精神，广泛开展文化交流、学术往来、人才交流合作、媒体合作、青年和妇女交往、志愿者服务等，为深化双多边合作奠定坚实的民意基础。

我们可将人文交流的主要内容归纳概括为以下方面：一是加强教育合作，扩大相互间留学生规模，开展合作办学；二是互办文化年、艺术节、电影节、电视周和图书展等活动，合作开展广播影视剧精品创作及翻译；三是联合申请世界文化遗产，共同开展世界遗产的联合保护工作；

四是深化人才交流合作；五是加强旅游合作，联合打造具有丝绸之路特色的国际精品旅游线路和旅游产品；六是积极开展体育交流活动，支持沿线国家申办重大国际体育赛事；七是加强在传染病疫情信息沟通、防治技术交流、专业人才培养等方面的合作；八是为有关国家提供医疗援助和应急医疗救助，扩大在传统医药领域的合作；九是加强科技合作，共同提升科技创新能力；十是积极开拓和推进与沿线国家在青年就业、创业培训、职业技能开发、社会保障管理服务、公共行政管理等共同关心领域的务实合作；十一是加强沿线国家之间立法机构、主要党派和政治组织的友好往来；十二是开展城市交流合作；十三是推动与相关国家智库开展联合研究、合作举办论坛等；十四是加强沿线国家民间组织的交流合作；十五是加强文化传媒的国际交流合作，塑造和谐友好的文化生态和舆论环境。①

（二）"一带一路"民心相通建设的工作起点

在"一带一路"倡议正式提出前，中国与相关国家的人文交流工作已经具备了较为厚实的基础，我们可以从以下几个方面进行简单介绍。一是通过系列"主题年"活动增进相互了解。从 1999 年开始，中国与相关国家合作互办国家年、友好年、文化年、交流年、青年年、语言年和旅游年等。据统计，1999 年至 2013 年，中国与相关国家共互办 37 次主题年，有效提升了中国与相关国家民众的相互了解。二是通过中国文化中心建设介绍中国文化。中国文化中心经常举办演出、展览、艺术节、文体比赛等各类交流活动，开展语言、文化艺术、体育健身等各类培训

① 参见国家发展改革委、外交部、商务部《推动共建丝绸之路经济带和 21 世纪海上丝绸之路的愿景与行动》，2015 年 3 月。

项目，组织学术讲座、研讨会、汉学家交流等活动，并介绍中国历史、文化、发展和当代社会生活等，帮助所在国民众加深对中国文化的理解。三是通过孔子学院建设帮助提升汉语水平。孔子学院的主要工作内容是开展汉语教学，培训汉语教师，提供汉语教学资源，开展汉语考试和汉语教师资格认证，提供中国教育、文化等信息咨询，开展中外语言文化交流活动，帮助所在国民众提升汉语技能，并以语言为媒介加深对中国的了解。四是通过开展对外医疗援助彰显人道主义精神。1963 年，中国开始向发展中国家派遣援外医疗队。截至 2013 年 6 月，中国先后向亚洲、非洲、拉丁美洲、欧洲和大洋洲的 66 个国家和地区派遣过援外医疗队，累计派出 2.3 万人次，诊治患者约 2.7 亿人次。中国每年还向受援国赠送部分药品和医疗器械，并为非洲一些国家无偿援建了上百所医院。五是通过开展体育交流加强与各国民众间的亲近感。20 世纪 70 年代的中美"乒乓外交"拉开了两国建交的帷幕；1990 年北京亚运会是当时参赛国家最多、运动员人数最多、最为成功的一届亚运会；2008 年北京奥运会参与国达到 204 个，运动员超过 1 万名。体育逐渐成为不同国家民众沟通交流的重要媒介，在中国与他国公众的交往中发挥了重要的增信释疑作用。六是通过推动青年交流为国家间关系持久发展持续提供动力。2004 年"中俄青年友谊年"活动向世人展现了中俄世代友好的强烈愿望和坚定决心。2008 年"中日青少年友好交流年"活动为增进中日两国人民了解、推动两国战略互惠关系发展发挥了重要作用。2011 年"中欧青年交流年"活动为中欧人文交流开启成功范例。七是通过搭建友好城市合作网络推动与相关国家合作走深走实。友好城市是指中国省、自治区、直辖市及其所辖城市与外国省（州、县、大区、道等）、城市之间建立的联谊与合作关系。1973 年，中国与日本建立第一对友好城市。到 2012 年，已有 30 个省、自治区、直辖市（不包括港、澳、台）和 402 个城市与五大洲 130 个国家的 438 个省（州、县、大区、道等）和 1,330 个城市建立了 1,926 对友好城市（省州）关系。从以上方面的工作可以看出，中国政府始终重视同其他国家间的民间友好和人文交流，在"一带一路"倡议正式提出前，中国与相关国家人文交流和民间友好已经具备了较为良好的基础。①

◇◇三 5 年来"一带一路"民心相通建设取得的主要成就

五年来，中国与"一带一路"沿线国家开展了多层次、多领域的人文交流，规划实施了一大批品牌项目和品牌活动，提升了沿线国家民众对"一带一路"建设的理解和认同。可以说，在国内各方面的协调配合下，在中国与"一带一路"合作伙伴国的共同努力下，"一带一路"民心相通建设取得诸多重要进展。

（一）国际社会对"一带一路"的认识和理解越来越深入

在日常交往中，越来越多的外国朋友向我们表示，"一带一路"是强调基础设施建设的经济学，是强调陆海联动发展的经济学，是强调实体经济与虚拟经济良性互动的经济学，是探索国际经济合作模式创新的经济学，是推动后发国家合作发展的经济学，是推动世界经济开放、包容、均衡、可持续发展的经济学，是强调经济合作与人文交流相互促进的经济社会学。这些认识都契合了"一带一路"合作理念，从中能够明确感

---

① 参见中联部当代世界研究中心、北京大学全球互联互通研究中心《中国与"一带一路"沿线国家民心相通研究报告》，载郭业洲主编《"一带一路"民心相通报告》，人民出版社 2018 年版，第 79—99 页。

受到，国际社会对"一带一路"的认识越来越深入、越来越准确了。正是基于这一共识，"一带一路"得到国际社会广泛支持和积极参与。截至目前，130多个国家和国际组织与中国签署"一带一路"合作文件，许多国家为参与"一带一路"合作专门成立了相关机构，许多国家成立"一带一路"研究中心，联合国安理会第2344号决议等国际文件对"一带一路"给予明确支持。"一带一路"已经成为推动国际合作模式创新、激发国际合作潜力的重要平台，并对国际社会产生强大示范效应。

（二）一系列民心相通合作机制纷纷搭建

在首届"一带一路"国际合作高峰论坛上，中国政府与合作伙伴国围绕民心相通签署了一系列合作文件；与世界粮食计划署、联合国国际移民组织、联合国儿童基金会、联合国难民署、世界卫生组织、红十字国际委员会、联合国开发计划署、联合国工业发展组织、世界贸易组织、国际民航组织、联合国人口基金会、联合国贸易和发展会议、国际贸易中心、联合国教科文组织等国际组织签署援助协议；中国教育部与沿线国家组建音乐教育联盟；中国科技部与蒙古、匈牙利等国相关机构签署合作备忘录；中国环境保护部与联合国环境规划署共同发布建立"一带一路"绿色发展国际联盟的倡议；中国财政部计划设立"一带一路"财经发展研究中心；中央电视台与有关国家主流媒体成立"一带一路"新闻合作联盟；中国国家开发银行设立"一带一路"专项奖学金；中国民间组织国际交流促进会与150多家中外民间组织共同成立"丝路沿线民间组织合作网络"；由中联部发起成立的"一带一路"智库合作联盟启动"增进'一带一路'民心相通国际智库合作项目"；中国国际城市发展联盟与联合国人类住区规划署、世界卫生组织、世界城市和地方组织亚太区签署合作意向书。此外，联合国世界旅游组织（UNWTO）2017年9月在成都召开第 22 届全体大会，发布"一带一路"旅游合作成都倡议；
2017 年 9 月，参与首届中国北京国际语言文化博览会的 64 个"一带一
路"参与国家的留学生代表共同发出《"一带一路"语言文化交流合作
倡议》；中国社会科学院 2018 年 11 月倡议并联合 40 多个国家、地区的
科教机构和相关国际组织发起成立"一带一路"国际科学组织联盟。以
上只是比较有代表性的"一带一路"民心相通合作机制，远未全部涵盖。
可以说，在"一带一路"民心相通建设中，国内国外、官方民间的积极
性、主动性都非常高，各类合作机制如雨后春笋般不断涌现，各类机制
正呈千帆竞发、百舸争流之势。

（三）民心相通活动广泛开展

自"一带一路"倡议提出以来，各类民心相通活动陆续开展，有效
增进了中国与相关国家民众间的积极认知和友好感情。"一带一路"智库
合作联盟坚持"走出去"与"请进来"相结合，先后出访亚、欧、非、
拉美等合计 60 多个国家，并组织国内外智库代表在上海、天津、广东、
福建、甘肃、云南、广西等举办大规模、高规格国际研讨会，通过交流
研讨，增进了国际智库界对"一带一路"的积极认知。国家新闻出版广
电总局扎实推进"丝绸之路影视桥工程"，通过推动丝路题材广播影视创
作、推广和发行，鼓励扶持面向沿线国家的影视精品译配和播出，策划
组织沿线国家跨境采访、媒体活动等品牌活动，推动面向沿线国家的广
播影视落地覆盖，推动广播影视产品、技术和服务"走出去"等，增进
"一带一路"沿线国家民众对中华传统文化和中国当代经济社会发展的了
解；国家体育总局积极推动与"一带一路"合作伙伴国开展体育交流与
合作，分别组织丝绸之路国际汽车拉力赛、"武术丝路行"系列武术国际
推广活动，并与"一带一路"合作伙伴国开展内容丰富、形式多样的交

流合作，有效拉近中国与相关国家民众间的距离；国家宗教事务局指导中国宗教界结合自身特点和优势，深化宗教交流，构建磋商机制，推动文明对话，遏制极端主义，分别开展了"中道圆融——凝聚善愿的力量""心平天下平——同愿同行亚太梦""中奥《道德经》研讨会""祖德流芳共续胜缘"汉传佛教祖庭文化国际学术研讨会等活动，有效增进了中国与沿线国家的宗教交流与合作；共青团中央结合青年兴趣特点，不断创新活动形式、丰富活动内容，打造形成了"逐梦丝路——欧亚领导人青年研修交流活动""东盟青年干部培训班""上海合作组织青年交流营""亚非青年联欢节""中越青年大联欢""中国青年志愿者海外服务计划""中国东盟青年事务部长会议""中国东盟青年营""中国东盟青年企业家论坛""澜沧江—湄公河青年友好交流"，并与俄罗斯、蒙古、印度、巴基斯坦、尼泊尔、越南、印尼等持续举办大型青年交流活动，通过形式多样的交流，推动培养了中国与合作伙伴国青年间的朴素友好感情；"一带一路"倡议提出以来，相关国家孔子学院持续培养语言人才、开展文化活动、推动民间交往，成为推动"一带一路"建设的重要力量。截至 2018 年 9 月，"一带一路" 65 个国家中有 53 个国家共建立了137 所孔子学院和 130 个孔子课堂，约占全球孔子学院总数的四分之一，孔子学院培养的大批人才日益成为"一带一路"建设的重要生力军。

（四）新时代的丝路故事不断涌现

随着"一带一路"建设的不断深入，新时代的"丝路故事"不断涌现，并不断编织"一带一路"的共同精神家园。比如，2017 年 2 月，中国红十字会成立中国红十字基金会丝路博爱基金，致力于优化"一带一路"人道服务供给，关注"一带一路"沿线国家民生需求。在丝路博爱基金支持下，中国红十字会联合巴基斯坦红新月会开展中巴急救走廊项目，主要沿中巴经济走廊布设由急救站点、急救人员、急救车辆、信息系统等组成的"应急单元"，提升经济走廊沿线应急救护和公共卫生服务水平。2017 年 5 月，"中巴博爱医疗急救中心"在巴基斯坦瓜达尔港落成，该急救中心由中国红十字基金会丝路博爱基金整体援建。由于巴方暂不具备接管运营瓜达尔港急救中心的条件，经中巴两国红十字会协商，决定由中方派遣医疗队到该急救中心开展急救医疗服务、培训巴方医务人员、探索急救中心运营模式等，为整体移交巴方奠定基础。2017 年 9 月，中国红十字援外医疗队抵达巴基斯坦瓜达尔港，开始了为当地民众为期两年的医疗服务。首批派驻瓜达尔港的中国红十字援外医疗队由来自复旦大学附属华山医院、北京红十字会 999 急救中心的医疗专家及红十字会项目人员组成。再比如，河南国际纳米比亚公司副总经理崔云柯 2009 年到纳米比亚工作，2011 年开始参加纳乒协的活动，很快在各类赛事中崭露头角，囊括了各类赛事的冠军。2015 年崔云柯被纳米比亚青年体育部任命为纳乒乓球国家队主教练。2015 年 12 月，崔云柯带队参加非洲联盟（南部非洲赛区）乒乓球冠军杯赛，获团体季军，开创了纳米比亚参赛以来的最好成绩。崔云柯结合自己乒乓球运动特长，积极融入当地社会，不但帮助纳米比亚乒乓球队大幅提高了竞技水平，而且通过这项运动带动了两国其他层面的交往，形成了一定程度的"滚雪球效应"。纳米比亚当地民众亲切地称崔云柯为"纳米比亚的刘国梁"。类似这样的例子还有很多，不胜枚举。这样的事迹不断涌现，切实增强了"一带一路"建设的独特魅力，及对沿线国家和民众的吸引力。

◇◇四 "一带一路"民心相通面临的困难和挑战

"一带一路"民心相通建设在取得上述成就的同时，工作中也面临一些突出的困难和挑战，主要体现为以下几个方面。

（一）国际社会对"一带一路"的负面论调有所上升

近段时期以来，少数西方国家媒体智库对"一带一路"有一些负面论调，主要包括债务陷阱论、产能污染论、危害安全论、输出模式论、规则替代论、抢夺饭碗论等。这些论调其实是站不住脚的，但由于西方媒体的传播面较广、影响力较大，这些负面论调对"一带一路"的形象造成了一定的冲击。积极回应这些论调，正本清源、激浊扬清，澄清不实言论，对维护"一带一路"的品牌影响力具有非常重要的意义。

（二）沿线国家政治社会制度和文化价值差异较大

"一带一路"沿线经过佛教、伊斯兰教、基督教等三大宗教区域，各国在近代以来受西方工业革命、资本主义革命、社会主义革命等多重历史经历影响，形成了千差万别的文化习俗。仅以印度为例，印度宪法承认的部落有 212 个，语言和方言总数有 1,600 多种，官方语言为英语和印地语，宪法承认的地方民族语言有 15 种，宗教信仰则有印度教、基督教、伊斯兰教、锡克教、佛教、耆那教等。[①] 如此众多的宗教和文化，是"一带一路"民心相通建设中必须尊重的现实，民心相通建设必须找到科学的路径，在不同文化、不同习俗、不同制度之间建立起沟通的桥梁。

---

① 刘鹏飞：《"一带一路"与中外媒体合作发展》，载郭业洲主编《"一带一路"民心相通报告》，人民出版社 2018 年版，第 162—175 页。

（三）语言种类繁多，小语种人才缺乏

"一带一路"沿线有 50 多种通用语言和 200 多种民族语言，但中国和相关国家均缺乏足够的小语种专业培训。"如果你用一个人能听懂的语言和他交谈，你的话能进入他的大脑；如果你用他自己的语言和他交谈，你的话能进入他的心灵"，小语种高端人才的缺乏，对我们深入挖掘并弘扬丝绸之路的文化内涵和人文精神带来较大难题，对中国企业切实走进小语种地区意味着较大难题，对于增进中国与相关国家民众相互认知也意味着重要障碍。因此，我们迫切需要加强语言文化交流，培养更多能够进行跨文化交流的人才，切实增进相互间深入了解。

（四）对外讲述中国故事的能力亟待提高

国际交往过程中，交流技巧非常关键。在推动"一带一路"民心相通建设中，大家越来越深切体会到，有时"讲道理"不如"讲故事"，"讲故事"往往能够达到多重效果。不过，"讲故事"也是一个知易行难的事情。不仅涉及表达的问题，还涉及话语体系转化的问题，给"讲故事者"提出了非常高的要求。比如，我们如何能够做到既宣传历史上的中国又宣传当下的中国，既宣传中国文化的独特性又宣传各国文化的相通性，既宣传政府行为也宣传民间行为，既宣传中国为"一带一路"做了什么也宣传合作伙伴国为"一带一路"做了什么，等等。

（五）人文交流的软硬件建设不够平衡

过去 5 年中，我们在人文交流的"硬设施"方面推出了许多有重大

意义的举动，为民心相通持续推进奠定了较为坚实的物质基础。相比之下，我们的人文交流"软件"建设还有较大的提升空间。比如，我们向世界有效传递中国文化的平台和渠道还不够丰富，生动介绍中国文化习俗的书籍和影视作品相对较少，对不同国家采取区别化传播交流策略的意识还不够强，对外交流过程中有时还会使用一些带有军事色彩的比喻等，这些小问题有时会导致一些大误解，是需要在未来工作中尽量避免的。

◇◇五　推进"一带一路"民心相通建设需遵循的几项原则

（一）循序渐进、由点及面、逐步深入

第一，我们要让国际社会尤其是沿线国家民众准确认识"一带一路"倡议，深入理解"一带一路"核心理念，继承并弘扬"和平合作、开放包容、互学互鉴、互利共赢"的丝路精神，把"一带一路"切实打造为相关各国共同的经济和文化符号。第二，我们要协调推进"五通"建设，努力推动经济合作与人文交流正向反馈、良性互动，通过民心相通建设为经济合作提供社会民意保障，通过经济合作为民心相通提供更好的物质条件，努力满足相关国家民众用电、饮水、医疗、上学、就业等现实需求，切实增进沿线国家民众间的相互信任和深厚友谊。第三，我们要超越"一带一路"建设本身，广泛宣传国家间平等相待、文明间互学互鉴、人与自然和谐相处等理念，与沿线国家一道，把这些理念提升为国际社会的普遍共识，引导国际社会共同塑造更加公正合理的国际新秩序。

（二）全面布局、精准发力、深处着力

所谓全面布局，就是要鼓励和扩大中国与沿线国家间、沿线国家相互间的友好往来，加强政府、政党、立法机构、地方等各层面交往，加强科技、教育、文化、卫生、宗教、体育、新闻、旅游等各领域交流，支持青年、妇女、智库、媒体、高校等各界人员往来，不断完善多元参与的全方位工作布局。所谓精准发力，就是要在"一带一路"沿线打造经济合作与民心相通相互助力的旗舰项目，从中总结工作经验和规律性认识，充分发挥旗舰项目的示范效应，让星星之火呈燎原之势，让"一带一路"真正成为惠民工程、共赢工程。所谓深处着力，就是要深入开展文明对话和文化交流，把各文明共融共通的价值要素挖掘出来、梳理出来、传播开来，从价值理念层面做"人心"工作，把和平、发展、公平、正义、民主、自由等全人类共同价值写进各国人民的内心深处，潜移默化地在不同文化和文明之间搭建心灵沟通之桥，推动各大文明互学互鉴、共同进步。

（三）胸怀大局、着眼长远、久久为功

"一带一路"民心相通建设一头连着沿线各国民众，另一头连着世界发展走向。5年来，中国与"一带一路"沿线国家开展了多层次、多领域的人文交流，规划实施了一大批品牌项目和品牌活动，提升了沿线国家民众对"一带一路"建设的理解和认同。"一带一路"民心相通建设，应着眼于推动中国与世界的良性互动，深入贯彻正确义利观，自觉践行以合作共赢为核心的新型国际关系理念、"亲、诚、惠、容"的周边外交理念、"真、实、亲、诚"的对非工作理念、全球伙伴关系网络理念、共

商共建共享的全球治理理念，锲而不舍、久久为功，努力为统筹国内国际两个大局和发展安全两件大事服务，与国际社会一道，共同推动国际秩序和全球治理朝着更加公正合理的方向发展，共同打造利益交融、观念相通、命运与共的人类命运共同体。

◇◇六 对扎实推进"一带一路"民心相通建设的几点具体建议

一是加强顶层设计，推动合作机制建设。在国际层面，加强与联合国文明联盟、联合国教科文组织、联合国儿童基金会、世界卫生组织、红十字国际委员会等国际组织的合作，推动发展议程对接，积极寻找合作的契合点，在文明互鉴、减少贫困、疾病防治、促进可持续发展等方面加强工作对接。在国别层面，加强与合作伙伴国的沟通与协调，充分发挥沿线各国政党在共建"一带一路"过程中的政治引领作用，集众愿、聚众力，共同协商制定人文交流的近期、中期、远期目标，使民心相通建设长效化、常态化、机制化。

二是突出工作重点，做大做强精品项目。以教育、科技、文化、体育、旅游、卫生、考古等领域为重点，丰富活动形式，提升活动质量和影响，通过与沿线国家互办文化年、艺术节、电影节、电视周、图书展，推动各国展现各自民族特色，感受不同文化风采，增进相互了解认知。

三是拓宽工作领域，开展更多雪中送炭项目。建议根据沿线国家民众的期待和关切，开展卓有成效的民生援助，实施更接地气的公益慈善等项目。譬如帮助缺水地区的民众修建水窖、支持一些国家和地区的民众开展沙漠化治理、实施难民救助、提升妇女职业技能、开展再就业培训等。

四是推动多方参与，编织立体合作网络。推动更多社会主体共同参与，通过官民共建等方式优化资源配置、提升人文交流合作效率。充分发挥民间资本、社会组织等的作用，使官产学研媒等社会资源协调联动，努力形成中国与合作伙伴国相关部门、社会组织、企业、智库、媒体等各类主体广泛参与、相互支撑的良性互动局面。

五是创新合作形式，打造更多创意品牌。"一带一路"需要打造更多品牌活动，搭建更多合作平台，创新更多活动形式。很多沿线国家丰富的旅游资源有待开发，而中国在旅游基础设施建设、旅游资源开发、文旅结合等方面积累了成熟的经验，下一步除了继续通过互办旅游年、支持更多国家成为中国公民组团出境旅游目的地、提高中国与沿线国家旅游便利化水平等方式来推动旅游合作外，还可以通过与沿线国家开通精品旅游线路、打造跨境旅游示范区等方式，丰富合作业态，创新合作模式，增进彼此了解。在传播方式上，可共同制作以丝绸之路为主题的动漫、游戏、影视剧等文化创意产品，以网络直播等新型传播方式，更直观地向沿线国家展现彼此的文化。

"一带一路"民心相通建设，需要发挥好"一带一路"智库合作联盟、丝绸之路沿线民间组织合作网络、"一带一路"绿色发展国际联盟、"一带一路"新闻合作联盟等合作机制的作用，加强各类正式和非正式合作机制间的协调配合，推动各类人文交流活动相互融合、相互借鉴、相互助力、共同提升，推动中国与沿线国家民众之间、沿线国家与沿线国家民众之间逐渐形成相互熟悉、相互尊重、相互理解、相互欣赏、相互亲近的人文格局。

第十三章 "一带一路"建设人文交流

曹忠祥[①]

　　人文交流是"人与人之间沟通情感和心灵的桥梁，是国与国加深理解与信任的纽带……它与其他外交手段相比更具有基础性、先导性、广泛性和持久性"[②]，因而被许多发达国家作为国际交流的重要内容并优先予以推进。中共十八大报告将人文交流置于重要的战略位置，明确提出要扎实推进公共外交和人文交流；要提高国家文化软实力，树立高度的文化自觉和文化自信。作为"一带一路"建设的三大支柱[③]之一，人文交流既是推进"一带一路"建设的题中应有之义，同时也为深化双多边合作奠定坚实的民意基础和社会根基，助力"一带一路"建设进程，因而是"一带一路"倡议实施中必须长期重视的重大战略命题。

---

　　① 曹忠祥，中国宏观经济研究院国土开发与地区经济研究所研究室主任、副研究员。
　　② 刘延东：《深化高等教育合作，开创亚洲人文交流新局面》，《世界教育信息》2010 年第 12 期，第 11 页。
　　③ 王毅外长在美国战略与国际问题研究中心的演讲中提出，"一带一路"建设的三大支柱是互联互通、产能合作和人文交流。内容详见外交部网站，2016 年 2 月 26 日，http://www.fmprc.gov.cn/web/ziliao_674904/zyjh_674906/t1343410.shtml。

◇◇一 "一带一路"建设人文交流合作进展

(一) 教育合作

1. 逐步建立国内推进机制,教育对外开放格局基本形成

国家部委层级的教育专项行动持续推进,省部间教育合作推进平台基本搭建完成,国内推进机制逐步建立,教育对外开放格局基本形成。2016 年,教育部发布《推进共建"一带一路"教育行动》,提出建立"一带一路"教育共同体,重点实施"丝绸之路"留学、合作办学、师资培训、人才联合培养与教育援助计划,推进政策、渠道、语言、民心与学历的相通与互认,发挥教育在共建"一带一路"中的基础性和先导性作用。同年 7 月,教育部印发了《推进共建"一带一路"教育行动》,提出在教育互联互通、人才培养培训、共建丝路合作机制等三方面开展重点合作。截至 2018 年 6 月,教育部先后分批与甘肃、宁夏、福建、贵州、云南、海南、新疆、广西、内蒙古、吉林、黑龙江、陕西、青海等13 个省区及青岛市签署开展"一带一路"教育行动国际合作备忘录,目前基本实现"一带一路"建设主要节点省份签约全覆盖。

2. 多层次开展国际交流对话,教育治理的话语权有所增强

2014 年 3 月,习近平主席对联合国教科文组织进行历史性访问,这标志着我国与教科文组织关系进入历史最好时期。同时,我国还积极参与澜湄机制、上合组织、金砖国家等区域性合作机制,主导召开中国—东盟教育部长圆桌会议,组织举办中国—东盟教育交流周、上合组织成员国"教育无国界"教育周、中国—阿拉伯大学校长论坛等多边教育对话活动,推动建立"一带一路"沿线国家音乐教育联盟、中国—拉美教育交流平台、金砖国家大学联盟等多边教育合作机构。此外，我国还先后成功加入《亚太地区承认高等教育资历公约》及国际工程教育《华盛顿协议》等，未来将在高等教育标准及规则制定中发挥更加积极主动的作用。不断加强双边教育合作对话，目前已与俄、美、英、欧盟、法、印尼、南非、德国等建立 8 个高级别人文交流机制，与 188 个国家和地区建立教育合作交流关系，与"一带一路"沿线 24 个国家签署了学历学位互认协议，教育对外开放不断推进。同时，非政府间教育合作联盟组织大幅增加，教育联盟类组织不断涌现，空间覆盖范围不断扩大，且涉及学科领域不断增加，正逐步成为沿线地区高校等各类教育机构的重要交流平台。

3. 积极推动国际合作办学，助力提升我国文化软实力

近年来，我国通过开展中外合作办学及境外办学，为沿线国家提供了走近中国、了解中国的重要窗口，培养了一大批知华友华人员，同时也向世界贡献了中国教育方案和智慧，为提升我国文化软实力做出积极贡献。根据教育部统计，截至 2018 年 6 月，我国与"一带一路"沿线国家举办了 206 个中外合作办学机构和项目，设立 85 个境外办学项目，已推动形成如深圳北理莫斯科大学、浙江大学爱丁堡联合学院、厦门大学马来西亚分校等一批示范性高水平中外合作办学和境外办学项目。孔子学院布局持续扩大，截至 2017 年底，"一带一路"沿线有 53 国设立 140 所孔子学院和 136 个课堂，约占全球孔子学院和课堂总数的 1/4，其中大多数分布在中东欧、东南亚及中亚等地区。

4. 鼓励留学人员来华交流，教育国际影响力明显扩大

自共建"一带一路"倡议提出以来，我国持续加大政策支持力度，鼓励沿线国家留学生来华交流学习。我国设立"丝绸之路"中国政府奖学金，每年向沿线国家提供 1 万个奖学金新生名额。2014 年，我国设立了"中国政府来华留学卓越奖学金"，用于培养发展中国家青年精英和未

来领导者。2017 年 5 月，我国在"一带一路"国际合作高峰论坛上宣布启动"丝绸之路"中国政府奖学金项目，每年向沿线国家额外提供总数不少于 3,000 个奖学金新生名额。2017 年至 2018 学年教育部共向 149 所高校下达 3,057 个来华奖学金名额，在招生国别上向"一带一路"沿线国家倾斜。2017 年共有各类外国留学人员 48.92 万名，其中，来自"一带一路"沿线国家留学生达 31.72 万人，占总人数的 64.85%，增幅达 11.58%。

5. 加快特色急需人才培养，强化对"一带一路"建设支撑

"一带一路"国际合作急需一大批熟悉国际规则、精通沿线国家语言、了解当地风土人情，又掌握专业知识和技能的应用型及复合型人才。为此，我国在小语种人才培养、国别研究等方面采取了一系列举措，并通过教育对外援助培训沿线国家当地工人及提升沿线国家教育水平，一定程度上强化了对"一带一路"建设的人才支撑。2016 年共选拔 226 名国别区域研究人才赴 34 个国家，选派 908 名涉及 37 门非通用语种人才出国培训进修。2017 年，针对"一带一路"沿线国家，教育部又设立了 70 项国别和区域研究指向性课题，涉及沿线 46 个国家；此外，教育部还设立了"一带一路"沿线国家研究智库报告课题，系列报告覆盖 66 个沿线国家。我国已形成了"鲁班学堂职业技术创新人才培养""丝路 1 + 1 科研合作""友好使者培训计划"和"中非高校 20 + 20 合作计划"等四大教育援外品牌，极大地推动了我国与沿线国家教育共同发展。

（二）文化合作

1. 积极推动政策对接和行动计划制订

在政府层面，截至 2016 年底，我国已与"一带一路"沿线国家签订了 318 个政府间文化交流合作协定、执行计划及互设文化中心协定。2017 年，

文化部发布了《文化部"一带一路"文化发展行动计划（2016—2020年)》，行动计划提出与沿线国家文化合作的重点任务是健全"一带一路"文化交流合作机制、完善"一带一路"文化交流合作平台、打造"一带一路"文化交流品牌、推动"一带一路"文化产业繁荣发展、促进"一带一路"文化贸易合作，具体包括"一带一路"国际交流机制建设计划、"一带一路"国内合作机制建设计划等12项子计划。2017年，国家体育总局和国家旅游局联合印发了《"一带一路"体育旅游发展行动方案（2017—2020年)》，围绕8个行动领域安排了20项具体措施。在民间交流方面，2017年"一带一路"国际合作高峰论坛在京召开期间，中国民间组织国际交流促进会联合80多家中国民间组织，启动了《中国社会组织推动"一带一路"民心相通行动计划（2017—2020)》，提出积极推动沿线国家经济社会发展、不断加强与沿线国家人文与科学合作、致力维护沿线地区和平与安全、与沿线国家非政府组织开展交流与合作等行动目标。

2. 推动设立丝路文化合作联盟

文化部目前正在积极推动"一带一路"相关国家共同建立五大联盟，即"丝绸之路国际剧院联盟""丝绸之路国际图书馆联盟""丝绸之路国际博物馆联盟""丝绸之路国际美术馆联盟"和"丝绸之路国际艺术节联盟"。其中，"丝绸之路国际剧院联盟"已于2016年10月由中国对外文化集团公司牵头成立。"丝绸之路国际艺术节联盟"也于2015年10月由上海国际艺术节中心牵头成立。

3. 加强与沿线国家文化产业领域合作

在文化产业领域，文化部具体配套推出三个专项计划，即"丝绸之路文化产业带"建设计划、动漫游戏产业"一带一路"国际合作行动计划、"一带一路"文博产业繁荣计划。根据文化部制订的《动漫游戏产业"一带一路"国际合作行动计划》，我国发挥动漫游戏产业在"一带一路"文化产业国际合作中的先导作用。如推动我国与沙特阿拉伯联合制作了首部动画片《孔小西与哈基姆》。该片共 26 集，以中沙儿童友谊为主题，融入了中国美食、服饰、功夫等元素，2017 年 2 月 22 日在沙特首次上映。同时，我国还实施了"一带一路"文博产业繁荣计划，推进"互联网＋中华文明"及"文物带你看中国"项目，促进文物资源、新技术和创意人才等产业要素的国际流通。

4. 开展文化遗产修复合作

2016 年 1 月，国家文物局在习近平主席与沙特国王萨勒曼共同见证下，与沙特旅游与民族遗产总机构签署了《关于促进文化遗产领域交流与合作的谅解备忘录》。国家文物局与希腊、印度尼西亚政府主管部门签署开展博物馆、世界遗产、水下考古等领域的政府间合作文件。中国与哈萨克斯坦、吉尔吉斯斯坦联合申报世界文化遗产"丝绸之路：长安—天山廊道的路网"获得成功。实施柬埔寨吴哥古迹茶胶寺、乌兹别克斯坦花剌子模州希瓦古城等援外文化修复项目。向尼泊尔、缅甸提供文化遗产震后修复援助。加大与马来西亚、斯里兰卡、印度、摩洛哥、沙特等沿线国家联络力度，推动"海上丝绸之路"申遗工作。

5. 开展文化交流活动

截至 2016 年 6 月 30 日，中国与沿线国家先后举办 19 次"国家年"活动，设立 25 个海外中国文化中心，累计签署 41 个文化合作谅解备忘录，并先后在乌鲁木齐、泉州举行了"丝绸之路经济带国际研讨会"和"21 世纪海上丝绸之路国际研讨会"，举办"丝绸之路（敦煌）国际文化博览会""丝绸之路国际艺术节""海上丝绸之路国际艺术节"等活动。

（三）医疗卫生合作

1. 推动双多边宣言和备忘录签署

我国重视通过共建"一带一路"推动传染病防控、卫生体制和政策、卫生能力建设与人才合作以及传统医药领域合作。发表《中国—中东欧国家卫生合作与发展布拉格宣言》《第二届中国—中东欧国家卫生部长论坛苏州联合公报》《中国—东盟卫生合作与发展南宁宣言》。中国政府与世界卫生组织签署《关于"一带一路"卫生领域合作备忘录》，携手打造"健康丝绸之路"。在中美、中英、中俄、中法、中德、中印尼、中南非高级别人文交流机制和中以创新机制、中乌（克兰）政府间合作委员会、中阿（根廷）政府间常设委员会、中巴（西）高层协调与合作委员会11个总理级的双边合作机制下建立高层领导和部长级的卫生合作对话，获得主要西方大国对"一带一路"卫生合作的支持。在中国—东盟、中国—非洲国家、中国—中东欧、中国—阿拉伯国家、上海合作组织、亚太经合组织、金砖国家合作、澜沧江—湄公河等多边机制下建立了8个区域多边卫生部长对话平台，以及"健康丝绸之路论坛"，促进了中国与伙伴国家的卫生合作战略对话和政策交流。

2. 设立海外和国内面向"一带一路"沿线国家的医疗中心

推动与"一带一路"沿线国家在传统医药领域扩大交流合作，设立中捷（克）中医中心等16个中医药海外中心，与15个国家签署了中医药合作协议。在新疆唯吾尔自治区设立丝绸之路经济带医疗服务中心，为中亚等周边国家提供医疗服务。

3. 共同实施医疗卫生合作项目和派出海外医疗队

截至2016年底，我国已与中东欧、东盟、阿盟等地区或国家的卫生部、医学院等部门展开了医疗人才培养、公共卫生服务和传统医药等方面的合作，已签订国家级协议达23个，中非减贫惠民合作计划、中非公共卫生合作计划等合作项目达29个。中国参与国际医疗援助52年来，共派出援外医生23,000多名，医疗队的足迹遍布世界67个国家和地区。中国在51个国家派有52支医疗队，其中在非洲42个国家派有43支医疗队。中国国家救援队还是第一支参与尼泊尔地震救援的、经过联合国认证的国际重型救援队,体现了大国的担当。

(四)科技合作

1. 签署双边科技合作协定

截至 2016 年底,中国政府与"一带一路"沿线国家签署了 46 项政府间科技合作协定,涵盖农业、生命科学、信息技术、生态环保、新能源、航天、科技政策与创新管理等领域。2016 年,中科院与俄罗斯科学院、发展中国家科学院等发起举办了"一带一路"科技创新国际研讨会,发表了《北京宣言》,进一步明确了深化相关国家和地区科技合作的目标任务、重大举措、体制机制和政策保障。

2. 建立国内外科技研发中心

建立了"一带一路"智慧园区、联合实验室、国际技术转移中心、产业合作中心、新产品孵化中心等一系列科技中心共计 38 个,深化了双多边科技合作。2013 年以来,中科院与塔吉克斯坦、斯里兰卡等国家合作共建了 9 个境外科教机构,构建了长效持续科技合作的机制。建设中国—东盟海水养殖技术联合研究与推广中心、中国—南亚和中国—阿拉伯国家技术转移中心等一批合作实体,发挥科技对共建"一带一路"的提升和促进作用。

3. 发起设立面向"一带一路"沿线国家的科技合作项目

我国科研机构结合自身优势特点,以资源环境、经济发展、民生改善中的科技问题为重点,组织发起了若干国际科技合作计划和项目,着力解决全球和"一带一路"相关国家和地区所面临的重大科技挑战。例如,2016 年中科院发起了"数字一带一路"国际科学计划,通过获取空天地综合数据资源,构建共建共享的地球大数据平台,为应对"一带一路"相关国家和地区生态环境变化提供了科学的决策支持手段。

4. 强化科技人文交流机制

仅 2016 年我国就通过"杰出青年科学家来华工作计划"资助来自印度、巴基斯坦、孟加拉国、缅甸、蒙古、泰国、斯里兰卡、尼泊尔、埃及、叙利亚等国 100 多名科研人员在华开展科研工作。

（五）旅游合作

1. 推动发起建立旅游合作机制、联盟和倡议

建立了中国—东盟、中国—中东欧、中俄蒙等一系列双多边旅游合作机制，举办首次中国—东盟旅游部门会议、首届中国—南亚旅游部长会议等活动，为深化旅游"一带一路"工作提供机制保障。指导成立海上丝绸之路旅游推广联盟、陆上丝绸之路旅游推广联盟等，推动"一带一路"沿线国家、地区、省市在客源互送、线路共建、目的地共推等方面加强横向合作。2015 年举办丝绸之路旅游部长会议，通过《丝绸之路国家旅游部长会议西安倡议》。2016 年举办首届世界旅游发展大会，107个国家旅游部门提出"各国政府通过'一带一路'倡议等举措，加强互联互通，提升旅游便利化，推进并支持区域旅游合作"。

2. 共同举办旅游年活动

截至 2016 年底，我国与"一带一路"重点国家合作，先后举办中俄、中韩、中印、中美、中国—中东欧、中澳、中丹、中瑞、中哈、中国—东盟等 10 个旅游年，覆盖 34 个国家，在各旅游年框架下组织民众喜闻乐见的旅游推广交流活动，举办旅游周、旅游推广周、旅游月等各类推广宣传活动达 130 余次。

3. 积极与沿线国家相互提高签证便利水平

截至 2017 年 2 月，与我国互免普通护照签证的国家有 9 个，单方面允许中国公民免签入境国家和地区达到 16 个，单方面允许中国公民办理

落地签证国家和地区达 37 个。我国与俄罗斯、白俄罗斯等"一带一路"沿线国家在团队旅游免签政策安排方面取得积极进展。2013 年起，中国陆续在 18 个口岸城市实施对过境前往第三国（地区）并订妥联程机票的 51 国公民实行 72 小时过境免签政策。2016 年 1 月 30 日起，江浙沪 144 小时过境免签政策开始实施。

据国家旅游局预计，"十三五"时期，中国将为"一带一路"沿线国家输送 1.5 亿人次中国游客、2,000 亿美元游客旅游消费；同时中国还将吸引沿线国家 8,500 万人次游客来华旅游，拉动旅游消费约 1,100 亿美元。

（六）民间、青年和智库合作

截至 2016 年底，中国在"一带一路"的基础上与沿线国家民间组织开展了 63 次交流合作，其广度和深度都在逐年增加。文化传媒方面则受邀参加了包括"一带一路"发展战略中外媒体高峰论坛等 35 项重要会议；在公益环保和减贫开放方面，中国先后与沿线国家合作开展包括世界防治沙漠化"一带一路"共同行动高级别对话、青少年和平友好国际联盟、中国—东盟社会发展与减贫论坛等 26 项活动，合作体系全面丰富。

截至 2016 年底，中国同相关国家已互办包括中俄青年友好交流年、中德青少年交流年在内的青年交流年活动 8 次，推出了以非洲人才计划、"亚非杰出青年科学家来华工作计划"为代表的 9 项青年人才培养计划，为相关发展中国家培养青年人才；还举办了如"一带一路"创新创业国际高峰论坛这样的以创新创业为主题的论坛、会议，整合各国优势资源，积极开拓和推进中国与沿线国家在青年教育、就业等方面的合作。

在"一带一路"推进的过程中，智库承担着政策沟通、咨政建言、形成智慧合力的作用。"一带一路"倡议提出之后,一大批聚焦于"一带一路"研究的智库如雨后春笋般涌现,其中既有政府智库、企业或高校智库,也有民间独立智库,各具特色和优势。为整合不同领域的研究资源,搭建跨学科、多领域的研究平台,截至 2016 年底,中国先后成立了智库合作联盟、国际智库合作联盟、丝路国际智库网络、一带一路百人论坛、高校智库联盟、蓝迪国际智库等联盟性组织及机制 11 个,成果丰富。国内智库还积极加强与"一带一路"相关国家的智库间交流,就"一带一路"主题先后组织了中国伊朗智库对话、中国土耳其智库对话、中国哈萨克斯坦智库对话、中美智库对话等活动 29 次,获得重要国际影响。

◇◇二 "一带一路"人文交流存在的问题

"一带一路"倡议实施五年来,中国积极传承和弘扬丝绸之路友好合作精神,同相关国家广泛开展科技、教育、文化、卫生等领域的合作,双边多边合作机制和合作平台陆续建立,各类合作项目建设稳步推进,人文交流合作的规模不断扩大、内容不断丰富、形式不断创新,有效提升了沿线国家对中国的认同程度和增强了中国在各国的文化影响力,促进"一带一路"民心相通取得积极进展。尽管如此,受制于国际政治经济大环境、国家间宗教文化和政治体制差异以及我国自身能力不足等多方面因素,我国与"一带一路"沿线国家的人文交流的基础仍然十分薄弱,特别是相对于成效显著的基础设施互联互通和规模日益扩大的经贸合作而言进展依然比较缓慢,在很大程度上制约着"一带一路"民心相通和软环境的改善。

（一）总体进展滞后，与"一带一路"建设进程和区域重点不匹配

与我国对外经贸合作的整体格局相适应，我国目前对外人文交流合作的重点仍然集中在美日等发达国家，与"一带一路"沿线国家的人文交流近年来虽然有了长足发展，但总体上仍处于起步阶段，迄今为止的规模十分有限，而且现有的合作主要集中在俄蒙、中亚和东盟等周边国家和地区。例如，在跨国人才培养方面，沿线来华留学生规模不断扩大，但中国派出留学生大多去欧美国家，前往"一带一路"沿线国家的数量相对较少，2015年我国派出的非通用语种专业留学生仅939人，"进多出少"的问题突出。又如在孔子学院设立方面，截至2017年底，俄罗斯、泰国分别设有孔子学院17所、16所，两国占沿线国家及地区孔子学院总数的近1/4；与之形成鲜明对比的是，沿线地区西亚及中东19国中，11个国家共设20所孔子学院及9个孔子课堂，在沿线地区的占比分别为14.6%、6.9%，而斯里兰卡等沿线重点国家尚未设有孔子学院或孔子课堂。在卫生领域，目前合作的地域与项目分布主要集中在东南亚、中东欧、撒哈拉以南非洲等地，而对东北亚、中亚、南亚和西亚、北非等中国国际能源资源、基础设施、经贸合作最为活跃的地区卫生合作覆盖不够、落地项目和成果相对较少。在科技领域，目前合作的主流方向仍以欧美发达国家为主，"一带一路"沿线的科技合作规模小，其中中俄之间合作居于中等水平，而中国与中亚、南亚的合作非常少。有限的人文交流规模和巨大的地区差异，特别是人文交流与基础设施互联互通和经贸合作的重点区域、重大项目建设不匹配，对"一带一路"民心相通和经贸合作产生了明显的制约作用，也是造成一些项目在所在国家社会认可度低乃至"水土不服"的重要原因。

（二）现代意识不强，合作层次和方式有待深化

从目前我国与"一带一路"沿线国家人文交流的内容来看，整体上还停留在传统层面，人文交流的现代意识不强，思想性的东西尤其少，没有进入价值层面。从交流方式来看，迄今为止的人文交流仍然以语言推广、文化展示、人员互访和信息交流等传统方式为主，合作层次相对较低，更高层次上的人文产品输出和产业合作还十分有限，基于"互联网＋"的现代化交流手段也比较缺乏，造成人文交流的总体水平和质量不高，潜力还远没有挖掘出来。如在文化交流方面，"一带一路"倡议提出以来，中国与沿线国家共同举办的文化年、文化节、文化周、文化日、媒体年、旅游年、青年周以及大大小小的论坛、会议、研修、培训等活动不胜枚举，但这些活动很多只能止步于"增进了解"的层次，难以真正做到"深入人心"的程度，很多活动仍然停留在外事活动、礼尚往来的层面。又如在教育合作方面，我国"走出去"办学主体仍以高等院校为主，交流合作层次集中在本科教育，而基础教育、硕士及以上更高层次教育、职业教育等领域"走出去"步伐相对滞缓，对所在国当地教育及文化影响力较为有限。

（三）以政府为主导，民间交流相对不足

由于民间文化意识形态和经济发展水平等的差异，目前"一带一路"沿线国家、地区间的人文交流仍以正式的政府交往为主，民间外交、公共外交尚处于起步阶段，未形成整合和集聚效应。加之中亚国家尚处在转型时期，公民社会发展还不够成熟，民间青年组织少、规模小，而原有的青年组织在苏联解体后遇到了缺乏资金等困难，难以集合力量推动

民间交流的深化。印度、缅甸、孟加拉等南亚国家更受西方文化的影响，中国的民间文化交流与影响在该地区仍然十分有限。政府主导下的人文交流不仅力量有限、形式单一，而且在国内习惯了政府主导模式这一"先天不足"与在海外依照当地公序良俗运转不相适应的"后天失调"并存，有时会让西方国家给中国贴上强势输出自身文化和意识形态的标签。以孔子学院为例，在过去的五年中，关于孔子学院是中国政府宣传分支、违背学术与言论自由、从事间谍活动等负面舆论始终存在，突出的例子是 2014 年 6 月美国大学教授协会曾呼吁近 100 所大学取消和重新谈判与中国汉办的孔子学院合作协议以保证"学术自由"，如何有效应对和回应这些负面舆论，是当前孔子学院推广的主要难题之一。

（四）人文交流的国际化人才缺乏

语言是沟通的主要工具，是民心相通的重要载体。由于"一带一路"沿线 60 多个国家有 50 多种通用语和 200 多种民族语言，除汉语、英语、俄语、阿拉伯语、突厥语等几大语种外，还有为数众多的小语种，掌握这些小语种的人才极其匮乏。问题更为突出的是，随着近年来我国"走出去"企业越来越多，企业境外投资发展所需的国际化人才特别是既懂专业又懂外语（尤其是小语种）的专家型人才面临很大缺口。同时，"一带一路"沿线国家特别是中亚和南亚国家劳动人口数量多，但多以从事农牧业为主，加之人口受教育水平普遍较低的影响，高素质产业工人十分匮乏，难以满足中国外出企业对技术工人的需求。这种情况下，中国企业对驻在国有限的就业吸纳能力不仅造成中国企业难以深度融入当地社会、对当地经济社会的贡献有限，而且容易受到当地居民对企业投资的抵触和干扰。

（五）人文交流的支撑保障机制不健全

迄今为止的人文交流仍然存在着明显的短视化、项目化倾向。虽然我国与"一带一路"沿线多个国家签署了多项人文框架性协议，但后续运行中缺乏一些延续性政策和长远的机制性安排，这也是人文交流活动难以持续开展、影响力不够广泛和持久的一个重要原因。由于人文交流涉及的领域众多，在我国分属教育、文化、科技、卫生、旅游等多个部门管理，各部门在对外交流方面各自为政，难以形成人文交流的整体合力。与此同时，我国针对"一带一路"人文交流的投入仍显不足，尽管政府和学界对人文交流的战略价值普遍认同，但是具体实践和政策制订实施中却把注意力更多地放在对外基础设施和经贸投资上，使得人文交流缺乏长效的资金和政策保障。此外，教育、科技等方面的双向投资与合作也面临一些政策和管理机制障碍，文化产业规范不完善和法律法规不健全甚至与国际脱轨，导致我国文化产业很难进入国际市场，也阻碍了对外人文交流机制的建立。

（六）宗教文化差异和政治及安全形势对人文交流带来挑战

"一带一路"区域涉及东南亚、中亚、南亚、西亚、中东、北非等地，这些地域跨度大，在体制、宗教、文化、风俗、法律等多方面都存在较大差异，而且各国在日益复杂的地缘政治经济格局中都有各自的利益考量，从而为国家间互信体系建设带来诸多阻碍。但更为复杂的是，东南亚、西亚等地区和国家深陷地缘政治与大国博弈泥潭，我国"一带一路"实施也要面临大国角逐、恐怖主义、民族宗教冲突、区域紧张局势等问题，这让沿线国家民众对参与"一带一路"也持犹豫态度，在安全感匮乏的情况下，大多数民众缺乏积极参与彼此间的文化交流的积极性，这无疑增加了我国对外人文交流的难度。此外，中国的迅速崛起也让"一带一路"沿线各国对与中国合作充满顾忌，一些国家为了在大国博弈中自保而可能选择拒绝加入"一带一路"建设，这也给人文交流乃至"一带一路"的实施带来了巨大的挑战。

◇◇三 人文交流助力"一带一路"建设的基本思路

针对当前"一带一路"人文交流中存在的突出问题，未来要以命运共同体理念为引领，以倡导不同文化在平等基础上的交流互鉴为前提，不断丰富内涵、创新方式、优化布局、凝聚动力、夯实基础，务实推动"一带一路"人文交流合作迈上新台阶，为沿线国家间经贸合作创造良好环境，助力"一带一路"加快建设进程。

（一）规模扩张和质量提高并举，推动人文交流向宽领域深层次发展

规模有限和质量不高是"一带一路"人文交流总体滞后的基本表现。因此，立足"一带一路"民心相通的基本要求，走规模扩张和质量提高并举的道路，促进人文交流总体水平的提升，理应成为未来"一带一路"人文交流合作必须遵循的基本思路。着眼于人文交流规模的扩张，未来要顺应我国对外开放战略布局调整和在"一带一路"框架下致力于构建以我为主的全球分工与治理新格局的形势要求，加快对外人文交流战略布局的优化调整，凸显"一带一路"沿线在我国对外人文交流合作中的

重要地位，促进对外人文交流空间格局由以美日等发达国家为主向发达国家和"一带一路"发展中国家并重转变；与此同时，在"一带一路"建设规划和实践中，要站在长远发展民意和社会基础强化以及国际认同感提升的战略高度，树立人文交流现行的基本理念，提升人文交流的战略位势，并通过加大投入、完善机制、搭建平台等多种措施，努力拓展人文交流的领域和空间，丰富人文交流的内涵，加快人文交流的步伐。着眼于人文交流质量的提高，要切实摒弃人文交流的传统思维和短视化、项目化倾向，牢固树立现代意识和"精耕细作"意识，从思想和价值观层面深度挖掘"丝绸之路"历史和现代文化内涵，从命运共同体、发展共同体和不同文明包容互鉴的战略视角审视我国与沿线国家人文交流的契合点，选择符合共同价值取向和需求的重点领域、关键环节作为人文交流合作的重点，推进人文交流向高端化和深层次迈进；与此同时，要加强人文交流合作方式的创新，通过人文产品输出和产业合作、基于"互联网＋"的现代信息技术应用等手段，着力提升人文交流的渗透力和可参与度。

（二）人文交流与基础设施互联互通和经贸合作联动，优化人文交流合作战略布局

人文交流和经贸合作是互为因果、密不可分的关系。良好的人文环境是经贸合作的重要条件，经贸合作的发展是人文交流的重要动力。针对当前我国与"一带一路"沿线国家人文交流总体滞后于经贸合作的实际，未来要根据"一带一路"建设布局的要求对人文交流的格局进行优化调整。近期，要适应国家推动六大国际经济走廊建设的需求，着力加大与相关国家人文交流的投入，不断强化对当地经济发展和民生改善的关切，为经济走廊建设奠定良好的舆论氛围和民意基础。同时，要结合

已建和在建的境外产业合作园区和重大建设，及时跟进与有关国家和地区人文合作的协作配套，重点强化文化宣传、教育培训、人文基础设施建设等方面的合作。以友好城市建立为主要手段，超前性推动与"一带一路"陆上重要节点、海上战略支点的人文交流。从长远发展来看，要进一步强化对非洲、南亚等人文交流薄弱地区和南海周边国家的文化影响力，以民间外交为未来"一带一路"倡议的全面实施和领土主权争端的解决奠定基础。

（三）政府主导和民间参与相结合，凝聚人文交流的强大合力

进一步发挥政府在"一带一路"国家间战略对接、政策沟通、平台搭建和机制构建中的主导作用，同时要调动企业、学术机构、新闻媒体、民间社会团体和其他社会力量的积极性，融汇对外人文交流的合力，共同推动"一带一路"人文交流合作进程。要以经贸合作为依托，以国际产能合作为契机，引导生产性企业在"走出去"过程中承担更多的科技创新合作和社会责任，加快文化产业"走出去"步伐。加强高校、科研机构的学术往来，增强智库间的互动交流，与有关国家合作研究丝路沿线的历史遗存和文化传承，共同挖掘历史文化记忆，促进文化认同和相互理解。鼓励社会组织、各类文化团体及机构参与和承担人文交流项目，助推文化"走出去"。以民间组织推动城市间人文交流，让沿线百姓彼此了解，消除偏见和误解，推动区域间、市民间交流与合作。利用文教融合通道，引导和鼓励海外留学生、出境游客、华人华侨积极参与所在地的文化活动和公共事务，做中华文化的传播者、践行者。

（四）国内资源整合和国际援助协同，强化人文交流基础能力

我国和"一带一路"沿线多数国家同为发展中国家，经济社会发展基础薄弱、对外开放较晚，面临人文交流基础能力不足的共同问题。从国内来看，我国已位列全球第二大经济体，但社会发展严重滞后，文化、教育、科技、卫生等主要领域和发达国家都有着很大的差距，加之受地区、部门、行业分割的管理体制和统筹协调机制不完善的影响，在对外人文交流中存在着明显的各自为政、相互竞争和"碎片化"问题。从国外来看，多数国家经济发展水平远低于我国，人文领域发展水平与我国的差距明显，基础设施的瓶颈作用尤其突出，由此导致许多国家人文交流的意愿不足、人文交流的能力不足，部分国家甚至将人文交流和经济合作目标分置，不利于"一带一路"长远终极目标的实现。因此，从强化"一带一路"人文交流基础能力建设的角度出发，一方面，要加强国内人文要素水平提升和整合力度，提升我国自身的人文交流合作能力；另一方面，要发挥我国的比较优势，将人文援助作为我国国际援助的重要内容，并将援助重点向"一带一路"国家倾斜，促进沿线国家补齐人文交流合作能力"短板"。

◇◇四 加强人文交流的重点任务

中国所倡导的人文交流涵盖范围相当广泛，从当前"一带一路"沿线国家的基本国情、人文交流的现实基础和未来民心相通的战略需求来看，文化、教育、科技、卫生和旅游等仍应作为人文交流的重点予以推进。

（一）扩大文化交流，提高文化认同感和影响力

要高度重视文化交流的引领作用，努力讲好中国故事，展现"一带一路"的魅力风貌和历史文化底蕴，强化我国在沿线地区的话语权。在进一步强化文化会展、演出、节庆等传统交流方式的同时，要逐步将文化交流的重点向影视、演艺、出版和文化服务等文化产业合作方面转移，形成多元化的文化交流体系。发挥已有区域性文化交流平台的作用，建立和完善"一带一路"卫星频道、"网上'一带一路'"等新型媒体传播平台，构建多层次的文化交流平台。在尊重各国文化传统和文化多样性的基础上，共同保护和挖掘丝路文化遗产，塑造"一带一路"世界文化品牌。重视利用宗教文化的精神纽带作用，扩大民族地区对外宗教文化交流。总结国际友好城市合作经验，扩大国内城市特别是中西部城市与"一带一路"沿线城市建立友好城市的规模。

（二）加强教育合作，夯实人文和经贸合作的人才基础

发挥教育合作在文化传播和人才培养中的纽带作用。今后要继续强化孔子学院作为汉语语言推广重要品牌的效应，进一步扩大其在"一带一路"沿线的覆盖面，积极拓展其专业技术教育功能，并通过中外专家合作编写教材解决学院教材的"水土不服"问题，促进孔子学院本土化发展。利用"丝路大学联盟"的重要平台，鼓励和引导与沿线国家间高校合作共建。完善国内面向"一带一路"国家留学生的学科专业设置，加大海外人才培养基地建设，不断扩大与沿线国家间的"双向"师资和留学生特别是沿线国家急需专业的留学生规模，加强本科、硕士、博士生的联合培养，补齐学历教育短板。结合对外经贸合作特别是境外产业

园区建设的需要，加强职业教育合作，满足国内企业"走出去"的专业技能人才需求。积极开展中等教育合作，不断提高合作水平。重视发挥青年人群的作用，通过留学教育与就业的结合，打造对外教育文化合作的生力军。

（三）深化科技合作，为经贸合作提供核心支撑

发挥科技合作在"一带一路"建设实施中的核心支撑作用，根据沿线国家科技发展需求，不断加大科技合作投入。支持国内大学和科研机构与"一带一路"沿线国家建立联合实验室、科技创新中心和科技人才交流培训基地，推动建设多国共建共享的"一带一路"大型数据信息平台。设立和积极参与沿线区域国家科技合作项目，结合双边和多边科技研发中心和科技园区的创建，提升科技特别是高新技术合作的水平。

（四）重视卫生领域合作，主动承担国际义务

以改善沿线人民健康福祉、提高社会认同为宗旨，积极拓展医疗卫生领域合作的空间。切实推动进出口药物检测标准、规范与"一带一路"沿线国家对接，做好药品进出口和生物医药产业"走出去"的监管与服务，扩大传统中医药的影响力。强化与沿线国家在公共卫生领域信息共享、早期预警体系建设、传染病防护、突发灾难应对等方面的合作，提高合作处理突发公共卫生事件的能力。积极推动面向沿线发展中国家的卫生站援建，开展免费医疗服务和医疗卫生人员培训活动。促进国家间医疗卫生人员的常态化互访，加强医疗卫生经验和医药文化交流，开展重大疾病防治的合作研究与攻关。

（五）加快旅游合作步伐，促进沿线国家间人员往来

旅游与民心相通发展息息相关，不仅是促进人员交流增进彼此了解的最直接的方式，而且能够直接带动两国民众对彼此的关注。未来应进一步完善"丝路旅游联盟"，加强沿线旅游资源开发和产品开发、市场推介、信息共享，促进旅游产品多元化和区域旅游一体化发展。

◇◇五 "一带一路"人文交流对策建议

针对现有问题，结合深化人文交流的思路和重点任务，我国政府必须做好"一带一路"建设倡导者的角色担当，从战略引领、机制创新、平台搭建和人才培养等方面积极作为，为"一带一路"人文交流注入动力。

（一）加强国家层面上的战略引领

"一带一路"建设是一项长期复杂的系统工程，而人文交流是其中影响最为深远的因素，因此需要国家在战略层面上的足够重视和有力指导。从目前"一带一路"建设的实际进展来看，尽管国家高层、政府部门和学界对人文交流的重大战略意义有着高度共识，但在实际推进过程中的投入远远不足，也缺乏在战略层面上的统筹考虑，国家各相关部门和部分地方政府所制定实施的行业性、地区性人文交流规划或实施方案多是站在行业管理和地方发展角度，具有一定的局限性，难以对"一带一路"人文交流起到战略全局性的引导作用。因此，国家应从"一带一路"建

设的全局出发研究制定人文交流的中长期战略规划，落实好与"一带一路"沿线国家的政府间文化合作协定和年度执行计划，丰富现有机制框架下的人文合作内容，从而引领"一带一路"人文交流健康有序发展。

（二）完善人文交流促进机制

作为我国倡导下的全新战略构想，"一带一路"与现有国际区域合作的很多机制框架有着契合点。因此，"一带一路"人文交流应该力求与上合组织、欧亚联盟、中国—东盟机制、南盟、阿盟、海合会等地区机制对接，最大限度地消除分歧和矛盾，有效地共同应对各类不稳定因素、协商共建项目、实施机制创新。同时，要进一步完善与有关国家已签署的人文交流合作协定和"丝绸之路大学联盟""丝绸之路国际旅游联盟"等行业性合作机制，促进更多新的双边多边人文合作协定的签署。

完善"一带一路"人文交流政策支持体系。加大人文交流的财政资金投入，国家科技专项资金、丝路基金、国际援助项目资金向"一带一路"人文交流领域倾斜。加强对文化产业"走出去"的政策支持，对相关企业给予税收、投融资等方面的政策优惠。鼓励和引导国内知名大学在"一带一路"沿线国家合作办学或设立分校，适度放宽"一带一路"沿线国家企业在文化、教育、卫生等领域的投资准入限制，先期在有条件的地方开展试点。放宽专业人员前往"一带一路"沿线国家开展考察和学术交流政策性限制，为外籍专业人员来华访问提供便利。

（三）推动多层次开放性支撑平台建设

以 2017 年"北京'一带一路'高峰论坛"为契机，探索建立高层次国家级"一带一路"人文交流平台。发挥已有区域性文化交流平台的作用，依托新疆乌鲁木齐"中国—亚欧博览会"、宁夏银川"中—阿博览会"、陕西西安"欧亚经济论坛"、四川成都"中国西部国际博览会"、云南"中国—南亚博览会"以及各种发展论坛，打造"一带一路"人文交流长期合作平台，培育具有世界影响力的历史文化品牌。用好"博鳌亚洲论坛""中国—东盟博览会""厦门国际海洋周"等平台，打造海上丝绸之路国际论坛，扩大海上丝绸之路交流与宣传。支持国内大学和科研机构与"一带一路"沿线国家建立联合实验室、科技创新中心和科技人才交流培训基地，推动建设多国共建共享的"一带一路"大型数据信息平台。总结国际友好城市合作经验，扩大国内城市特别是中西部城市与"一带一路"沿线城市建立友好城市的规模。

（四）实施复合型人才培养工程

"一带一路"建设需要大量既懂得科学技术又熟悉当地风俗习惯、会当地语言的复合型人才。为此，要建立多元的科技人才引进与培养机制，实施复合型人才培养工程：一是设立"一带一路"科技人才引进专项基金或者从现有的千人计划中划出专门指标，用于引进"一带一路"战略实施中急需的高层次人才；二是与北大、清华等一批国内高水平大学合作成立"一带一路"科技人才培养、培训基地，共同培养所需要的专门人才；三是与"一带一路"沿线国家进行合作办学，成立"一带一路"网络远程大学，培养"一带一路"建设实施中急需的当地人才。

第十四章 基于城市可持续发展战略的"一带一路"重点领域合作研究

白 玮[①] 倪碧野[②] 关 婧[③]

◇◇一 落实"一带一路"倡议促进城市可持续发展

(一)可持续发展是"一带一路"沿线国家的共同目标

2015 年 9 月,联合国发布《2030 年可持续发展议程》提出了涉及社会、经济、环境、和平、正义和高效相关的 17 个发展目标,是世界上认同度最高、领域全面、号召力最强的行动纲领,为所有国家可持续发展提供了明确的指导方针和目标,是各国和人类社会共建幸福生活的愿景和蓝图。"一带一路"倡议以发展为导向,立足各国实际的发展需求,致力于亚欧非大陆及附近海洋互联互通,推动沿线各国发展战略对接、发掘区域市场潜力、促进投资和消费、创造需求和就业、增进文化交流与借鉴,具有开放、灵活、立足市场和渐进发展的特征。"一带一路"沿线

---

① 白玮,国家发改委城市和小城镇改革发展中心副研究员。
② 倪碧野,国家发改委城市和小城镇改革发展中心助理研究员。
③ 关婧,国家发改委城市和小城镇改革发展中心助理研究员。

大部分国家经济发展水平相对较低。其中六大经济走廊沿线 65 个国家，有 8 个最不发达国家、16 个非世界贸易组织（WTO）成员国、24 个人类发展指数低于世界平均水平的国家。实现经济、社会和环境的全方位可持续发展对于发展中国家及欠发达国家来说更具挑战。"一带一路"倡议与《2030 年可持续发展议程》理念相通，目标一致，相互对接有助于中国与沿线国家增进信任理解，助力"一带一路"倡议在新的国际发展治理体系中获得有力的支持和推进。

（二）城市是"一带一路"倡议落实的重要支撑和载体

城市是当前人类经济活动最活跃的区域，是集聚人口和经济要素的重要载体，据预测 2050 年全球约有 70% 的人口生活在城市，城市人口将增加 25 亿。城市处于全球可持续发展议程的最前端，是实现可持续发展目标的关键。《推动共建丝绸之路经济带和 21 世纪海上丝绸之路的愿景与行动》也明确指出，要以沿线中心城市为支撑，以重点经贸产业园区为合作平台，共同打造新亚欧大陆桥、中蒙俄、中国—中亚—西亚、中国—中南半岛等国际经济合作走廊。由此可见，了解沿线城市发展方向和需求，实现精准对接和合作，对于落实深化"一带一路"倡议，开展多领域合作和交流具有重要意义。"一带一路"沿线国家中，一半以上正经历着快速城镇化和工业化，中国在这两方面积累了丰富的实践经验和教训，可为其他国家和城市发展提供借鉴，同时"一带一路"倡议也为城市的发展提供了重要契机，为中心城市的发展和新兴城市的崛起带来新的机遇，增强这些城市辐射带动区域发展的能力。以城市为平台，以共促城市可持续发展为主题，深化城市间合作是落实"一带一路"倡议的重要途径。

（三）韧性城市是落实可持续发展的重要方式

联合国可持续发展目标共有 17 个分目标，其中第 11 项目标专门针对城市可持续发展，提出了建设包容、安全、有韧性的城市及人类住区。2016 年 10 月联合国人居三大会进一步将"韧性城市"作为《新城市议程》的创新内容。世界银行和宜可城等国际机构也提出了建设韧性城市的框架和思路。韧性城市已经成为城市可持续发展的创新途径。洛克菲勒基金会于 2013 年启动了全球 100 韧性城市项目（以下简称 100RC），建立了韧性城市建设的理论框架。韧性城市建设首先立足于城市所面临的急性冲击和慢性压力。急性冲击是指对城市造成危险的突发剧烈事件，如飓风、洪水、高温热浪、火灾、危险品事故、龙卷风、基础设施或建筑故障等。慢性压力是指长期以来或者日复一日动摇城市结构，影响城市可持续发展的因素，如缺乏负担得起的住房、失业率高、贫困、基础设施老化或不足、水或空气污染、海平面上升和海岸侵蚀、宏观经济形势萧条等。韧性城市的核心特点是充分认识城市可能面临的冲击和压力，以及潜在的负面影响，通过制定合理规划、建设和管理措施促进城市整体功能的可持续性，提高城市应对冲击和压力，并从中恢复更新和增长的能力。由于短期的急性冲击和长期的慢性压力均为影响城市可持续发展的因素，其范围涵盖城市可持续发展的所有方面，韧性城市建设根本目标也是促进城市可持续发展，因此韧性城市是对可持续发展的深入和细化，是实现城市可持续发展目标的创新途径。城市可持续发展战略反映出城市未来发展需求，通过分析相关国家和城市战略发展愿景和总体规划，寻求共建"一带一路"的合适切入点，为明确"一带一路"合作方向和重点提供依据和参考。

◇◇二　"一带一路"城市可持续发展战略研究

城市可持续发展战略是城市基于目前城市所面临的冲击和压力,以促进城市可持续发展为目标,制定出未来一定时期内城市发展方向、战略目标以及重点任务的统筹安排和部署。本文选取来自"一带一路"沿线东盟及东亚蒙古、南亚、西亚、独联体和中东欧5大地域的15个城市(见表14.1),通过梳理分析城市可持续发展战略内容,提出"一带一路"合作建议。15个城市均为洛克菲勒基金会资助的100RC试点城市,根据100RC要求试点城市采用统一的100RC韧性评估框架分析城市所面临的冲击和压力为对比分析提供了保障,用定量分析工具方法编制城市韧性发展战略,提高了分析结果和建议的科学性。

表 14.1　　　　　　　　　　所选城市名单

地域	国家和城市名称
东盟及东亚蒙古	新加坡、马来西亚(马六甲)、印度尼西亚(三宝垄)、缅甸(曼德勒)、泰国(曼谷)、越南(芹苴、大叻)
南亚	印度(斋普尔、苏拉特)
西亚	约旦(安曼)、黎巴嫩(比布鲁斯)、以色列(特拉维夫)、埃及(卢克索)
独联体	格鲁吉亚(第比利斯)
中东欧	塞尔维亚(贝尔格莱德)

（一）不同地域城市面临的冲击和压力

15 个城市面临的急性冲击主要有洪水、突发性公共卫生事件、恐怖袭击、台风和地震等。面临的慢性压力主要集中在快速城镇化带来的人口压力、交通拥堵、基础设施不足和老化、生态环境破坏、气候变化引起的海平面上升，以及经济环境不稳定不均衡、就业率下降等问题。不同区域国家和城市由于自然条件、经济发展情况和社会环境不同，面临的冲击和压力有所不同。

1. 东盟国家

选取 6 个东盟国家的 7 个城市，具体为：新加坡、马来西亚的马六甲、印度尼西亚的三宝垄、缅甸的曼德勒、泰国的曼谷、越南的芹苴和大叻。其中有三个"陆地"或"半岛"国家：越南、泰国、缅甸；三个"海洋"或"海岛"国家：马来西亚、新加坡、印度尼西亚。从经济发展和国民生活水平来看，既有准发达国家新加坡，也有发展迅速、GDP总量最大的印度尼西亚，既有中等收入国家马来西亚和泰国，也有偏低收入国家越南和缅甸，2017 年缅甸人均 GDP 仅 1,272 美元，在东盟国家中排名最后。

表 14.2　　　　　东南亚各国（地区）GDP 与人均 GDP 排名

总量排名	国家（或地区）	2017 年 GDP（单位：亿美元）	人口（单位：万人）	2017 年人均 GDP（单位：美元）	人均排名
1	印尼	10,109.40	26,197	3,859	5
2	泰国	4,378.07	6,910	6,336	4
3	菲律宾	3,211.89	10,628	3,022	6
4	马来西亚	3,098.58	3,208	9,660	3

续表

总量 排名	国家 (或地区)	2017 年 GDP (单位：亿美元)	人口 (单位：万人)	2017 年人均 GDP (单位：美元)	人均排名
5	新加坡	3,057.57	567	53,880	1
6	越南	2,159.63	9,365	2,306	8
7	缅甸	669.66	5,265	1,272	11
8	柬埔寨	222.52	1,601	1,390	10
9	老挝	171.52	668	2,568	7
10	文莱	119.63	43	27,893	2
11	东帝汶	17.83	127	1,404	9
附	东南亚各国合计	27,216.3	64,579	4,214	

从急性冲击来看，7 座城市提出最主要的冲击为洪水以及洪水引发的滑坡等次生灾害，水源性传染病和其他公共卫生事件，也是城市关注的重点，缅甸曼德勒还面临高强度地震的冲击。慢性压力方面，沿海城市均面临气候变化引发海平面上升和水资源紧缺问题；新加坡和马来西亚马六甲较关注空气质量降低对于居民健康的影响。快速城镇化的城市包括印尼三宝垄、泰国曼谷和越南芹苴，随着人口增长，基础设施和公共服务能力难以满足人口需求，同时存在交通拥堵问题、交通连通性及运输服务能力不强的问题；泰国曼谷由于政治动荡和金融危机造成经济发展环境脆弱、贫富差距日益加剧。

2. 西亚国家

选取 4 个西亚国家的 4 个城市：约旦的安曼、黎巴嫩的比布鲁斯、以色列的特拉维夫和埃及的卢克索。

西亚国家最主要的急性冲击是政治动乱、恐怖袭击及地区冲突导致难民大量涌入，约旦安曼、黎巴嫩比布鲁斯、埃及卢克索还存在洪水、干旱及风暴等极端天气事件的冲击。慢性压力方面主要是地区环境动荡导致经济环境不稳定和就业率下降，如约旦安曼年轻人失业率高，社会、经济、政治和文化权利被剥夺，成为极端激进团体招募的目标，加剧动荡局势；埃及卢克索存在经济不景气和就业率下降的问题；基础设施落后且老化问题在西亚国家非常突出，特别是面对难民的大量涌入，城市基础设施压力不断增大，如埃及卢克索存在排水系统不完善和电力供给不足等问题，落后的基础设施也难以满足游客需求。比布鲁斯还面临气候变化、海岸线变化的风险，以及生态环境破坏的压力。

3. 南亚国家

南亚国家选取了印度两个城市斋普尔和苏拉特，斋普尔是印度著名的旅游胜地，作为拉贾斯坦邦首府，它既是印度北方重镇，印度教、耆那教中心，也是珠宝贸易中心。斋普尔位于新德里西南 250 公里处，人口 62 万，面积 1.1 万平方公里。随着经济发展，斋普尔人口高速增长，人口密度不断增大，但是由于缺乏城市规划，基础设施和公共服务均不能应对高速增长的人口需求，交通系统超负荷，公共卫生系统不完善，医疗制度不健全等问题凸显，其最大的冲击来自传染病。

苏拉特是印度古吉拉特邦下辖县，地处古邦东南部，位于州首府甘地纳加尔以南 284 公里，艾哈迈达巴德以南 265 公里，孟买以北 289 公里，是一座港口城市。苏拉特是世界上有名的钻石加工地、印度的丝绸之城，也是信息技术产业的集中地。苏拉特拥有 297 万互联网用户，约占印度总人口的 65%，2016 年苏拉特入选印度首批 20 个智能城市之一，IBM 及 HCL 等跨国公司在此落户，同时聚集了许多中小 IT 公司。苏拉特面临的冲击主要来自自然灾害和突发公共卫生事件，其慢性压力与斋普尔也非常类似，集中体现在热带地区病媒传播的疾病、交通拥堵、公共卫生系统的不完善、污染等生态环境问题。

　　4. 独联体：格鲁吉亚（第比利斯）

　　第比利斯（Tbilisi）是格鲁吉亚首都和政治、经济、文化及教育中心，同时也是格鲁吉亚最大的城市。它位于格鲁吉亚中东部库拉河畔，大高加索与小高加索之间，地处外高加索的战略要冲，一直以来是连接欧洲与亚洲的十字路口，是高加索地区的重要交通枢纽。

　　第比利斯面积 348 平方公里，117 万人口，是格鲁吉亚人口密度最高的城市，全国约 31% 的人口生活在第比利斯。第比利斯是格鲁吉亚工业中心，以机械制造和金属加工工业为主，是电力机车的主要产地，还生产飞机、金属切削机床、农机、电机、精密仪器等设备。轻工业方面，食品加工（葡萄酒、油脂、乳品、卷烟等）比较发达，丝纺织和制鞋业实力较强。但其存在经济发展不均衡、劳动者的技能与职位不匹配、失业率高等问题。第比利斯也是洪水、滑坡等自然灾害高发城市，由于缺乏全面的预防措施和灾后重建计划，应对自然灾害的能力较弱。

　　5. 中东欧：塞尔维亚（贝尔格莱德）

　　贝尔格莱德（Belgrade）是塞尔维亚共和国首都，也是塞尔维亚的经济、文化、教育和科技中心。地处巴尔干半岛核心位置，处在西方世界和东方世界的十字路口，是欧洲和近东的重要联络点，被称为"巴尔干之钥"，具有重要战略意义。

　　贝尔格莱德是原南斯拉夫地区最大的城市，市区面积为 359.96 平方公里，占塞尔维亚总面积的 3.6%。贝尔格莱德集聚了约 21%（不包括科索沃自治省）的塞尔维亚人口，创造了 30% 的 GDP，提供了整个国家 30% 的就业岗位。20 世纪 90 年代，由于塞尔维亚遭受国际经济制裁，造成历史上最严重的恶性通货膨胀，货币急剧贬值，对贝尔格莱德经济造成严重伤害。进入 21 世纪以来，贝尔格莱德经济得到迅速发展。目前其面临的最大冲击是季节性的洪涝灾害和战争动乱，慢性压力是人口压力，集中反映在各项物资和基础设施短缺，尤其是应对突发灾害的水利设施有待进一步完善。

(二)"一带一路"城市可持续发展战略重点任务

根据各自面临的冲击和压力，15个城市通过开展韧性城市战略编制研究工作，确定了一系列战略重点，具体包括以下内容。

1. 应对洪水等自然灾害侵袭

"一带一路"综合自然风险评估报告显示，"一带一路"沿线国家和地区基本都面临着严峻的自然灾害风险挑战，其综合自然灾害死亡人口、影响人口、GDP损失率年期望值均明显高于全球。本次选取的15座城市，除以色列的特拉维夫外，均将自然灾害特别是洪水及滑坡等次生灾害确定为其最主要的急性冲击之一。各个国家针对自然灾害冲击确定的重点任务略有不同，但水利基础设施的完善是基础。城市注重自然灾害风险防范预案方面的研究，如"苏拉特振兴计划"中提到开展城市灾害风险评估和城市健康和气候变化的研究，建立卫生和气候变化信息系统、监测卫生保健情景和气候变化趋势，建立气候变化与公共卫生技能发展中心，开展培训和能力建设工作；同时为了提升社区应对灾害和突发事件等问题，苏拉特还提出开展社会凝聚力存在问题和提升的研究，评估、制定公共开放空间的策略，建立文化资源、社区资源和恢复中心，修复重建文物和文化地标等。三宝垄提出开发灾害和疾病管理技术，加强利益相关方在灾害和疾病管理方面的能力，加强减少灾害风险的协调机制。

2. 完善以交通为主的基础设施建设

基础设施特别是交通基础设施不完善是大多数"一带一路"沿线国家普遍存在的问题。随着城镇化水平的不断提高和城市人口的持续增加，交通等基础设施已经成为城市发展的最大瓶颈，15座城市中有一半以上存在交通网络连通性差和交通拥堵等问题。为应对交通拥堵，三宝垄提出鼓励人们从使用私人车辆向公共交通转变，同时加快改善公共交通的协调和制度管理力度，将交通规划融入到城市设计中，提高运输服务的连通性和服务能力。斋普尔计划扩建地铁系统，增加公共交通承载力，缓解交通堵塞压力。苏拉特提出增强公共交通服务能力、改善道路基础设施和交通管理方式三大任务。越南芹苴重视城市整体基础设施的升级，在注重改善交通运输服务的同时保障城市电力及水资源的供应。

3. 促进经济繁荣提升就业率

15 座城市中除新加坡为较发达国家外，其他城市均来自发展中或最不发达国家（缅甸），因此经济发展是各国及城市关心的主要议题。为了促进经济繁荣和提升就业，城市主要提出了三大战略任务：一是支持创新型企业。苏拉特促进和支持创新企业利用新通信、信息技术，推动和支持中小微企业发展，提供商业咨询、培训和融资渠道，促进和支持女企业家和初创企业创业，建立孵化中心，开展多元化商业模式和技术研发。比布鲁斯推动创新型企业发展，提高人民生活质量。三宝垄发展环境友好型和社会导向型的创新企业，促进创业，提高贸易和服务的竞争力。二是通过文化遗产保护，全面促进经济增长。黎巴嫩的比布鲁斯重视保护当地历史文化，以历史财富为基础，同时珍惜和保护当地特色和传统企业，促进和保护地方特色以及经济多样性。塞尔维亚的贝尔格莱德努力加强与其欧洲和斯拉夫盟友的联系，利用其在艺术、音乐和娱乐活动上的知名度实现文化复兴。曼谷和卢克索通过文化保护，积极发展旅游业。三是增强职业培训，积极促进就业。加强多方利益相关者（学界、商界、团体、政府）的伙伴关系，创造就业机会，同时弘扬追求高等教育学历的价值观，改进非正规教育，为当前的就业市场准备劳动力。第比利斯开展新的职业培训项目，同时设立贷款项目，出资支持中小企业发展。安曼尤其重视年轻人的就业和创业机会，每年组织就业博览会以弥合教育和就业之间的鸿沟；通过扩大青年就业项目，使移民和青年难民能够更多参与；计划通过期货基金为 16 岁至 24 岁的年轻人提供商业培训和创业补助，并提出激励措施以鼓励创办初创企业和孵化器。

4. 改善大气和水环境等污染问题

无论经济发展水平高低，环境污染都是城市普遍面临的问题。针对环境问题，新加坡采取污染—途径—受体模型的全系统方法，制定并实施新的排水标准以降低水污染风险。曼谷提出建设环境友好型城市。三宝垄加强社区参与，应对核心资源挑战，包括提高基础水管理绩效、推动供水创新、推广环保行为三个远景目标。苏拉特打算引用废水处理、循环利用和雨水蓄积循环利用等技术，结合建设数字基础设施监测水资源供给情况和海绵城市工程（城市设计、景观、改善渗透性、促进地下水补给等）等手段，提高水污染治理能力。黎巴嫩的比布鲁斯也提出建立数字基础设施，构筑城市可持续蓝绿网格，同时努力控制城市扩张，限制人为污染，保护自然栖息地，并采取措施鼓励当地可持续的资源利用做法。曼德勒则通过保护当地农业发展，增强生态复原能力。

5. 增强社会凝聚力

新加坡采取多管齐下的方式鼓励融合并加强社会联络，拉近市民之间距离，以应对人口结构多样化。约旦安曼提出弘扬包容、团结的价值观。黎巴嫩的比布鲁斯积极改善公民与地方当局之间的沟通与接触，鼓励公民参与，改善社区之间的联系，并建立强大的社会网络和包容与和平的社会氛围，从而增强社会凝聚力。

6. 缓解政治、战争动乱和难民冲击

特拉维夫制定广泛的反恐措施和公民支持网络，成立难民援助组织，为日益增长的难民社区提供社会、教育和卫生支持，翻译各种概述安全程序和指明紧急食物和医疗服务位置的指示，帮助外国工人和难民更好融入。

◇◇三　推动"一带一路"城市可持续发展合作的建议

基于"一带一路"互联互通的五个一级指标，即"政策沟通、设施联通、贸易畅通、资金融通、民心相通"，遵循"共商、共建、共享"原则，结合以上对面临问题和可持续发展战略内容的梳理，提出以下几方面合作建议。

（一）建立城市间合作平台，促进可持续发展

当前，中国城市发展正面临着外部条件的改变，特别是在快速城镇化时期，亟待转型寻求更加可持续的发展路径。随着城市可持续发展力度加大，还会涌现出更多新需求，成为带动经济增长的持久动力。"一带一路"国家很多城市也正经历着快速城镇化，如曼谷、三宝垄、斋普尔、芹苴等，在韧性城市和可持续发展领域都寻求创新和合作，新科技、新技术、新型城市管理方法的交流、沟通和合作，有利于促进城市可持续发展水平快速提升，最终带动形成区域一体化的均衡发展。"一带一路"框架下的可持续城市发展议题将是未来城市间合作的重要内容。建议积极搭建"一带一路"可持续城市发展合作平台，吸收城市政府、国际组织、智库、企业等机构参与"一带一路"可持续城市发展核心议题的讨论和合作。开展国内外城镇化和城市发展实践经验和成果交流；带动城市间、企业间、机构间合作交流，推进具体合作项目落地；建立"一带一路"城市可持续城市智力资源和专家库，汇聚城镇化和城市可持续发展的咨询机构、智库和专家，为"一带一路"沿线城市可持续发展提供

有益思路和指导。

（二）发挥我国技术优势，推进城市公共服务设施建设联通

  基础设施互联互通是"一带一路"沿线国家合作建设的重点内容，推动沿线各国基础建设的互联互通，加强基础设施建设领域的合作，可以为"一带一路"沿线国家发展创造良好的外部发展条件，加快城镇化进程，促进新一轮经济繁荣。首先，继续发挥我国在区域道路交通建设方面的技术优势，重点关注道路基础设施的关键通道和重要节点，打通缺失路段，确保路段通畅，提高沿线城市的道路通达水平。在区域与城市之间形成设施联通、资源畅通的有机体，增强区域交通的可达性和便利性。加强区域内大中小城市与周边小城镇的联系，打造城镇协作区，从而促进区域的整体发展。其次，推进城市公共服务设施建设联通。深入了解沿线国家基础设施规划及项目实施部署，了解沿线城市对基础设施建设技术标准和要求，与沿线城市加强沟通和对接，积极推进河流保护开发利用、城市垃圾污水等废弃物管理研究、电力设施和通信设施建设等方面的政策沟通、技术分享和工程技术合作。发挥我国智慧城市建设经验，共同合作建设城市大数据中心，用智能智慧化的手段解决城市设施问题，提升城市公共服务能力。水资源作为基础性的自然资源和战略性的经济资源，对经济社会建设产生着根本性的影响。针对目前城市存在的供水节水、江河治理、水电开发、水环境保护、水资源管理、跨界水合作等方面有不同程度的合作领域。依托当前已经建立的双边水利合作交流机制，深化水利技术标准国际化方面开展工作，加强中国水利标准和规范的推广。基于我国丰富的水利工程设计建设经验，鼓励我国水利相关企业为城市特别是东南亚地区水资源开发利用程度低的区域，提供系统性水利规划、具体项目工程咨询、技术支持和工程项目建设等

方面的合作。

（三）重视考量历史宗教文化差异性，避免合作风险

历史、宗教和文化的多样性决定了"一带一路"沿线国家社会文化背景的高度复杂性和敏感性。同时由于经济发展结构的不平衡激化了全球发展的深层次矛盾，导致了部分地区冲突日益增多。本文选取的15座城市中也不乏遭受政局不稳、恐怖袭击、战争动乱的城市。在开展合作中，既要坚持"和平合作、开放包容、互学互鉴、互利共赢"的"丝路精神"，也要深度考量辨析历史宗教文化的多元性和差异性，避免合作风险。

有数据表明，"一带一路"沿线国家的总人口中，有宗教信仰的人口大约占总人口的80%，这在理解"一带一路"国家的文化特点、社会风尚、意识形态、教育模式与人才培育机制、政治集团分布与合作模式的时候，具有极大的社会意义。加强对于"一带一路"国家宗教和文化问题的重视，形成相应的宗教信仰与社会价值观国别数据库和数据中心，通过加强跨国研究与跨国研讨，加强对"一带一路"沿线一系列宗教关联问题的理解与把握，培育一批相关研究专家与专门人才，联络一批来自"一带一路"国家的相应专家与专业人才，加强我们对这一问题的把握力与发言权。同时，充分认识到只有不同文明的包容互鉴，才是推动人类发展和进步的基石，从而制定相应的策略。最后，对外合作团队要积极了解和充分尊重当地的传统文化和宗教信仰，真诚地同各方沟通协作，加强民心相通。

（四）加强应急救援领域的交流与合作，增强城市气候适应性

在全球气候变化日益显著、区域灾害风险日益增加的背景下，"一带一路"框架下的救灾领域合作不可或缺。本文选取的 15 座城市，大部分均面临区域大型自然灾害的冲击，特别是东南亚板块和南亚板块，季节性降水引发的防洪问题十分突出，亟待建立区域层面的交流合作机制。2017 年，李克强总理在第 20 次中国—东盟领导人会议上的讲话中提到，在稳步加强双方政治安全合作领域，中国愿派专家为东盟国家开展网络应急响应实地培训。我国也十分重视应急减灾工作，2018 年我国正式成立应急管理部，为统筹开展应急管理合作、增强防范化解重特大安全风险提供了很好的合作平台。今后可在应急管理部的统筹安排下，与"一带一路"沿线国家增进互相理解和信任，开展整体和专项的应急管理合作，深化整治安全合作，不断增强应急救援领域的经验交流与合作。逐步建立应急救援领域的合作机制，促进国家间、城市间相互支持、密切配合、同心同力，为有效减轻各类灾害事故损失，促进各国的繁荣富强和人民的安居乐业作出积极贡献。

（五）全面增强产业合作，促进城市经济增长活力

1. 开展科技创新合作，带动产业转型升级

根据沿线城市产业转型升级发展需求，相关企业和投融资机构可与城市签订科技创新合作协定，涵盖生物医药、农业、信息技术、生态环保等领域。鼓励我国国内企业与城市设立联合实验室、技术转移中心等合作平台，增强科技创新合作，促进科技项目落地。同时鼓励国外科学家、创业人员来华开展科研和科技创新工作，发挥科技创新对产业转型

升级和对"一带一路"倡议的提升和促进作用。

2. 开展多元文化交流，促进旅游等服务产业发展

比布鲁斯、卢克索、曼谷和贝尔格莱德等城市提出了加强文化遗产保护，促进传统文化复兴，增强旅游服务业发展的思路。依托"丝绸之路旅游年"和旅游推广联盟等平台，加强与相关国家和城市的旅游合作，深入分析当地城市文化遗产价值，投资旅游资源开发项目，开展旅游服务相关的餐饮、住宿等旅游服务项目，促进当地旅游品牌提升，增强旅游服务业发展服务能力。

3. 开展教育培训合作，为产业发展提供人才支撑

提升就业尤其是青年就业是城市可持续发展的重要任务。我国企业在沿线城市开展产业项目合作时，结合城市职业教育培训的需求，发挥企业培训的积极作用，设置职业教育培训项目和环节，提升城市青年人就业技能，为当地城市产业发展提供人才支撑。搭建"一带一路"职业教育合作平台，制订国外城市与国内城市、高校的合作培养计划，允许国外城市派送有职业技能提升意愿的产业工人和职业学校学生来华开展专业培训，实行专业学习和技能实训相结合的培养模式，为产业发展提供人才支撑。

第十五章 推动"一带一路"智慧城市发展与合作

郑明媚① 冯 波② 张劲文③ 赵蕃蕃④

梅 正⑤ 王 媛⑥ 梁泽华⑦

"一带一路"倡议是我国在新的历史条件下实行全方位对外开放的重大举措，推行互利共赢的重要平台。首届"一带一路"国际合作高峰论坛开幕式上，习近平主席就指出，"要坚持创新驱动发展，加强在数字经济、人工智能、纳米技术、量子计算机等前沿领域的合作，推动大数据、云计算、智慧城市建设，连接成 21 世纪的数字丝绸之路"，突出强调了智慧城市建设在推动"一带一路"沿线国家共同发展中的重要作用。经过夯基垒台、立柱架梁的 5 年，"一带一路"共建形式更为多元，参与主体更为广泛，智慧城市建设为"一带一路"政策沟通、贸易畅通、设施联通、资金融通、民心相通走深走实提供了有力促进，所释放的红利势必进一步惠及沿线各国人民。

---

① 郑明媚，中国城市和小城镇改革发展中心智慧低碳发展部主任、副研究员。
② 冯波，中国城市和小城镇改革发展中心智慧低碳发展部副主任、副研究员。
③ 张劲文，中国城市和小城镇改革发展中心智慧低碳发展部。
④ 赵蕃蕃，中国城市和小城镇改革发展中心智慧低碳发展部。
⑤ 梅正，中国城市和小城镇改革发展中心智慧低碳发展部。
⑥ 王媛，中国城市和小城镇改革发展中心智慧低碳发展部。
⑦ 梁泽华，中国城市和小城镇改革发展中心智慧低碳发展部。

◇◇一 智慧城市对共建"一带一路"的重大意义

在全球范围内,智慧城市被认为是城市信息化的高级阶段,而建设智慧城市已经成为当今世界不可逆转的历史潮流。智慧城市建设对于共建"一带一路"意义重大,相关领域的中国领军企业带动了共享单车、移动支付等新模式、新业态、新设施的普及,在推动中国经济社会发展上做出了突出贡献,也有力促进了新加坡、印度等"一带一路"沿线国家"智慧城市"发展战略的实施。

(一) 有利于促进"一带一路"沿线国家经济繁荣发展

"一带一路"沿线国家大多数为中等收入水平的发展中国家,加快经济发展是各国发展最迫切的任务。智慧城市建设有助于沿线国家和地区经济增长潜力和红利的充分释放,一方面极大地带动包括物联网、云计算、人工智能、下一代互联网以及新一代信息技术在内的新兴产业发展,另一方面对医疗、交通、物流、金融、通信、教育、能源、环保等传统领域的发展也具有有力带动作用,对扩大内需、调整结构、转变经济发展方式的促进作用同样显而易见。不仅如此,通过智慧城市建设这一重要枢纽,"一带一路"沿线各国经济生产要素将实现更有效率的自由流动,在此过程中,跨国界、产业链横向纵向的资源优化配置和协同效应将会大量涌现,推动各国产业部门特别是电子商务、信息通信等数字经济领域在"一带一路"框架下深度合作,加速沿线贸易流通,为沿线区域经济繁荣和持续增长提供强劲动能。

（二）有利于提升"一带一路"沿线国家信息化能力

当前"一带一路"沿线国家的信息化发展水平呈现明显不均衡不充分的特征，东亚、东南亚、中东欧国家已具有较好基础，中亚、南亚、非洲国家的信息化发展水平仍很滞后。信息化是实施"一带一路"建设的基础性工程和不可或缺的驱动要素。近年来，"一带一路"沿线国家在积极制订和加快推进信息化发展计划，目前中亚、南亚、非洲部分国家网络基础设施还比较落后，缅甸、老挝、印度、孟加拉国的移动宽带普及率尚未达到 10%，这些国家亟须大力推进光纤到户工程。① 此外，在全球信息化时代，沿线各国还高度重视推进跨境光缆等通信干线网络的建设，加强国际通信互联互通。建设智慧城市，通过建设光纤网络、互联网、移动通信网、云计算平台、数据中心等新一代信息基础设施，加快信息化应用推广，提高国民信息素养和数字技能，不仅有利于补齐"一带一路"沿线国家信息化基础设施建设短板，缩小信息基础鸿沟，还有利于提高各国信息化应用水平，加速相关国家在数据信息服务、互联网业务和国际通信业务领域的互联互通。

（三）有利于加快"一带一路"沿线国家科技创新

习近平主席提出，要将"一带一路"建成和平之路、繁荣之路、开放之路、创新之路、文明之路。其中，创新之路的意义在于坚持创新驱动发展，倡导绿色、低碳、循环、可持续的生产生活方式。"一带一路"沿线各国充分意识到创新对于本国发展的重要意义，都在努力不断提升

---

① 张晓、张建光：《信息化助力"一带一路"战略实施》，《信息化建设》2017 年第 6 期。

自身创新水平。通过智慧城市的推进建设，将有效释放各国大量应用型技术创新需求，拉动企业加快研发创新投入，促进企业和高校院所之间加快产、学、研合作，从而达到资源互补，实现强强联合。此外，通过技术引入手段，以行业为单位建立起创新协同机制，将极大地加快提升一国或不同国家之间的优势互补、协同创新水平。

（四）有利于增进"一带一路"沿线国家民生福祉

习近平主席强调指出："民心相通是'一带一路'建设的重要内容，也是'一带一路'建设的人文基础。"民心相通是"一带一路"建设的社会根基和民意保障，而改善民生则是做好民心相通的关键。智慧城市建设，充分利用物联网、云计算、移动互联网等新一代信息技术的集成应用，建立起智能监控和管理系统，加大节能环保技术推广，促进民生领域的智慧应用服务，为居民提供一个安全、舒适、便捷、高效的现代化、智慧化生活环境，极大地提高了沿线各国城市的宜居性和民生幸福指数。智慧城市建设还为沿线各国搭建政府部门、城市、企业、民间机构间的交流合作平台，通过信息化社交网络以及举办以智慧城市为主题的研讨会、论坛、博览会、智库对话等交流活动，促进沿线不同文明的人民之间沟通互鉴和成果分享，营造共同发展的良好环境。

◇◇二　"一带一路"智慧城市建设的进展与成效

智慧城市代表了城市发展的最新理念，是借助互联网、物联网、大数据等信息技术和人工智能以及未来的区块链等技术，在不同规模的城市空间内开展公共服务和市场化社会服务，实现城市治理智慧化的过程。智慧城市的建设者们通过对发展理念、发展模式、技术应用等开展一系列有益的探索，逐步解决城市居民面临的各种问题，城市的智慧化进程不断推进，市民的生活环境不断改善，人民的幸福感正在逐渐提升。

麦肯锡研究院 2018 年在《智慧城市：数字技术打造宜居家园》报告中指出，通过新型技术开发的应用可提升城市居民生活质量以及城市运行管理效率。在 500 万人口的大都市中，这些技术应用可每年拯救 30%—300 条生命，可使犯罪率降低 30%—40%，可缩短应急响应时间 20%—35%，可降低疾病负担 8%—15%，平均通勤时间缩短 15%—20%，温室气体排放减少 10%—15% 等。根据德勤公司 2018 年发布的统计数据，目前全球已启动或正在建设的智慧城市有 1,000 多个。

（一）中国智慧城市建设的显著成效

自 2008 年智慧城市理念孕育而生以来，中国积极投入推进智慧城市建设。到目前为止，全球有约 1,000 个城市正在建设智慧城市，其中 500 多个在中国，另外国内几乎所有的城市都希望建设智慧城市，全国 100% 的省级城市、90% 的地级和 70% 的县级城市在推进新型智慧城市建设①；京津冀、长三角、珠三角地区已着手推进智慧城市群建设；江苏、浙江、海南等多个省份开展整体布局；智慧园区、智慧社区、智慧小镇也不断涌现，呈现出大、中、小城市齐头并进的发展态势。

此外，国家、地方政府、企业等多元主体均积极参与智慧城市建设。第一，国家相关部委建立起智慧城市部际协同机制，2016 年中国国家层面成立的新型智慧城市建设部际协调工作组，建立了跨部门统筹的协同工作机制，对重大问题实施共商、共议、共策的措施，解决了政策制定

---

① 据全国各地政府工作报告和"十三五"规划统计。

中"政出多门、相互冲突"的问题。截至 2016 年底，完成了对 220 个地级及以上城市的评价，对建设中出现的思路不清、盲目建设、市民感受不足等问题予以及时纠偏，凝聚了共识，让新型智慧城市建设有据可依、有章可循。第二，地方政府着重推动基础设施建设，以云计算、移动互联网新应用推动基础设施升级换代，建立地方大数据中心和时空信息云平台。第三，企业积极探索实践包括 PPP 在内的资本合作模式，三大电信运营商、华为、中兴等企业全国布局，窄带物联网、区块链技术、信用领域企业纷纷参与。

总体来看，经过十几年的发展历程，中国的智慧城市建设已取得了积极进展，拥有 500 个以上的智慧城市，是全球最大的智慧城市实施国；数字经济在其带动下已成为经济增长的核心动力，占 GDP 比重超过 30%；信息惠民和城市治理水平得到快速提升。截至目前，国家外网纵向实现全覆盖，省、地市、区县通网率分别为 100%、100%、96.1%，横向上政务外网已连接 148 个中央部门和机构，承载全国 54 项重要业务应用[1]；全国建成 125 个大型、超大型数据中心，云计算关键领域取得重大突破，部分指标达国际领先水平[2]；培育出了一大批具有世界影响力和竞争力的杰出企业和机构，如阿里巴巴、百度、腾讯、华为等。

专栏 1　企业新技术应用提升城市供给能力
场景 1：华为、电信参与深圳智慧水务项目：智能抄表——华为、电信同深圳水务集团合作开展 NB-LoT 智慧水务商用项目。在小区部署了约 1,200 只智能水表，通过电信的网络和部署在"天翼云 3.0"上的深圳水务业务平台全面升级管理系统，使水务管理进入智慧水务时代。

---

① 汪玉凯：《2018 智慧中国年会》，公开发言内容整理，11 月 28—29 日。
② 中国城市网，http://www.zgcsb.org.cn/keji/kxjs/2018 - 08 - 21/69874.html。

续表

场景2：中兴通讯建设政务数据交换平台：居民电子证照业务办理——利用区块链解决身份认证和信用问题。中兴通讯在政务数据交换平台中引入区块链技术，实现政务数据实时归集、可信共享，确保数据不可被随意更改。在江苏某市居民电子证照业务办理中，平台已覆盖40个政府部门点对点可信网络，提供1,600个政务事项支撑，通过区块链发布可信任的证照信息，实现原始发布部门数字签名的不可篡改和数据可信，对每条信息进行单独加密，防止信息泄露。

　　可以预见，智慧城市建设将成为中国加快国家治理现代化与经济转型升级的强劲引擎，发挥重要而有力的支撑带动作用，突出体现在三个方面：第一，城市运营管理越来越高效。在城市信息基础设施支撑下，新型智慧城市应用体系不断拓展，城市相关大数据、云服务、物联网等信息技术应用于多规合一平台，成为促进空间信息数据共享共建、消除部门壁垒、强化政府职能的重要手段。各地方城市积极地进行智慧政务的实践探索，取得了一系列进展，如合肥市已经建成市级政务信息资源交换共享平台，汇集了50家单位、161个业务系统、15.5亿条数据信息；完成市级平台与省级平台对接工作，实现了省级统一身份认证、统一支付功能调用，确保省、市平台之间政务服务事项的实时下发和市级全过程办件信息的实时上报，极大地提升政府管理效率。第二，中国经济发展不断增添新动能。新型智慧城市的生态圈为数字经济发展提供良好的基础，投资、建设、运营、创业、服务等不同主体在提升服务能力、扩大规模和创新应用时，不断培育出新的增长点，从智慧打车、智慧旅游、智慧教育等到智能家居、智慧金融、虚拟现实等助推数字经济的全面发展。2017年中国数字经济总量达27.2万亿元，同比增长超过20.3%，占GDP比重32.9%，对GDP的贡献接近甚至超越了某些发达国

家水平①，其中，随着信息技术发展和移动互联网的成熟应用，"互联网+"在中国各行各业产生了革命性的影响，移动互联技术的快速发展推动共享经济新动能，据《中国共享经济发展年度报告 2018》显示，2017年中国共享经济市场交易额约为 49,205 亿元人民币，共享经济平台企业员工数约 716 万人，占当年城镇新增就业人数的 9.7%。截至 2017 年底，全球 224 家独角兽企业中有 60 家中国企业，其中具有典型共享经济属性的中国企业 31 家，占中国独角兽企业总数的 51.7%②，表明中国成为全球共享经济创新者和引领者。第三，中国城市的国际合作水平与竞争力进一步提升。中国已与欧盟、东盟、拉美、美国、英国、日本、韩国、印度等多地的企业和机构建立了友好合作关系。自 2015 年起，法国展望与创新基金会与中国城市中心每年共同举办中欧绿色和智慧城市峰会；2016—2017 年第八次、第九次中英经济财金对话中，智慧城市合作被纳入政策成果文件；2018 年 8 月，中国国家发展改革委与韩国国土交通部签署了《关于加强智慧城市合作的谅解备忘录》，共同推动智慧城市务实合作；2018 年 11 月，中国总理李克强在第 21 次中国—东盟领导人会议上提出"愿与东盟研究商签中国—东盟智慧城市合作文件"，推动中国—东盟智慧城市网络建设，得到了与会国家的积极响应。

（二）"一带一路"沿线其他国家智慧城市建设进展

当前，55 个"一带一路"沿线国家的 ISI 平均指数仅为 0.5599，部分国家仍然处于信息化发展的初级阶段，其自身社会经济发展水平限制了智慧城市的发展，比如老挝、不丹、阿富汗等国家，其中老挝的互联

---

① 中国互联网协会：《中国互联网发展报告 2018》，电子工业出版社 2018 年版。
② 国家发展改革委员会：《中国共享经济发展年度报告 2018》，人民出版社 2018 年版。

网普及率仅为 35.9%，远低于世界平均水平的 55.1%；每百人手机拥有量仅为 53.1，远低于东盟的平均水平。但是，得益于区域合作的不断扩大和深化，沿线国家数字生活、在线政府实现较快增长，年均增幅达到 12.47% 和 15.59%，是发展中国家建设信息社会的重要推手①。总的来看，"一带一路"沿线发展智慧城市的国家可以划分为三个类型：一是具有国家级智慧化发展战略的国家；二是仅开展少量智慧城市试点的国家；三是尚处于基础信息化建设的国家。

通过国家级战略规划发展智慧城市，是"一带一路"沿线国家中的一个典型模式。其中，新加坡 2006 年首次提出"智慧国 2015"计划，该计划提出了创新、整合和国际化三大原则，目标是创建新型商业模式和解决方案上的创新能力，提升跨地区和跨行业的资源整合能力，改善政务治理和社会民生等问题。在此基础上，新加坡进一步提出"智慧 2025 战略"②，其核心是 3C 战略——连接（Connect）、收集（Collect）和理解（Comprehend）。通过利用先进的技术，实现万物互联并收集这些数据，利用算法把数据转化成可供决策的有效信息，从而提高政府、企业、市民的工作效率与生活便利，实现了真正的"智慧化"的生活方式，并在全球 ISI 指数排名第 7。另外，孟加拉则是通过不断完善"国家 ICT 战略"和"数字孟加拉 2021"③，建设数字化政府，深化各行业信息技术升级，培育中高端人才，实现全民链接，从而实现更加精准的政务治理，民生服务，促进社会公平等目标。

此外大部分国家尚处于信息化初级发展阶段，但已认识到建设智慧

① 2017 全球、中国信息社会发展报告，国家信息中心，http：//www. sic. gov. cn/News/566/8728. htm。

② 新加坡智慧国官网，https：//www. smartnation. sg/why-Smart-Nation/transforming-singapore。

③ 中华人民共和国商务部，http：//www. mofcom. gov. cn/article/i/dxfw/cj/201708/20170802 632470. shtml。

城市对于促进社会治理、经济发展、民生福利等方面的重要作用，积极开展某些特定领域的智慧城市试点。比如，拉脱维亚首都里加实施"智慧城市能源行动计划2014—2020"，全市交通系统实现一卡通行，计划将电汽交通设施的占比提高到56%以上，并在乘具及候车站处提供公共的WiFi①，里加还大力建设智慧能源系统，对全市的电力、水资源、暖气和相关数据进行智慧化管理，为市民提供真正绿色智慧化的资源服务；泰国的普吉则是通过智慧城市建设，围绕其独特的旅游特色，实现"可持续发展的智能普吉岛"，重点发展智能经济、智能旅游、智能健康、智能安全、智能环境、智能教育、智能治理等项目②。可以看到，这些智慧城市的试点城市，往往从城市的切身需求出发，利用先进的理念和技术，解决城市的"痛点"问题，提升总体治理水平，增强居民生活的便利度。

◇◇三　"一带一路"智慧城市国际合作面临的机遇与挑战

（一）合作机遇

1. 全球智慧城市建设浪潮为"一带一路"沿线国家推进智慧城市建设与合作创造了难得的历史机遇

近年来，在人工智能、物联网、云计算、大数据、5G通信等诸多新一代信息科技的推动下，全球掀起了智慧城市建设热潮。智慧城市通过运用物联网、云计算、大数据、空间地理信息集成等新一代信息技术，促进城

---

① 拉脱维亚里加市能源局，http：//www. rea. riga. lv/files/Riga_Smart_City_On_The_Way_Salzburg. pdf。

② 东盟邮报，https：//theaseanpost. com/article/smart-city-spotlight-phuket。

市规划、建设、管理和服务智慧化，对提高经济增长、转变城市发展方式、提升城市建设质量带来巨大影响，得到越来越多国家的高度关注和广泛参与。全球智慧城市的前沿探索和先进国家的成功实践，产生了巨大的经验和技术溢出效应，将有力带动"一带一路"沿线发展中国家发挥后发优势、实现跨越式发展，同时，通过智慧城市相关领域合作，加速人、物、技术、资金的流动，推动沿线国家加快优势互补协同发展。

2. "数字丝绸之路"建设为"一带一路"智慧城市国际合作搭建起坚实桥梁

2017年5月14日，习近平主席在首届"一带一路"国际合作高峰论坛上提出，"我们要坚持创新驱动发展，加强在数字经济、人工智能、纳米技术、量子计算机等前沿领域的合作，推动大数据、云计算、智慧城市建设，连接成21世纪的数字丝绸之路"。"数字丝绸之路"成为"一带一路"建设的重要组成部分，将致力于全面提升各国在商贸、通信、金融、科技、文化等各领域合作的便捷性，加快各国共建、共享信息科学，发展数字经济，成为建设落实"一带一路"倡议的信息桥梁和网络载体。"数字丝绸之路"的推进建设将拉动沿线节点城市信息化基础设施与平台制度建设，促进区域信息化支撑能力整体提升，为沿线各国开展智慧城市建设和加强国际合作打下坚实基础。

3. 沿线国家信息基础设施升级拓展旺盛需求催生了智慧城市合作的广阔市场空间

信息基础设施是一个国家经济社会发展的助推器和重要载体，受到了世界各国的高度重视。中国信息基础设施建设走在世界前列，截至2018年第二季度，中国固定宽带家庭普及率达到82.0%，已超过欧盟国家75%的平均水平，移动用户近13亿，建成全球规模最大的4G网络，高速信息通信网络的普及，极大促进了中国经济和社会发展，也使得信息基础设施领域产能获得了快速提升，具备整体"走出去"的能力和完善的产业链发展保障，在技术和市场培育方面较西方发达国家已具备一定优势。与此同时，沿线国家如中亚、西亚等国通信普及率依然相对较低，缅甸、老挝、印度、孟加拉国的移动宽带普及率尚未达到10%，网络升级拓展需求旺盛，为中国加快信息基础设施产能输出和拓展智慧城市建设国际合作开创了广阔的市场空间。

4. 各国加快产业转型升级为智慧城市新兴经济导入和培植提供了有利契机

"一带一路"沿线国家中如巴基斯坦、哈萨克斯坦、柬埔寨、老挝、越南等都是农业主导型国家，还有一部分国家工业发展初具规模，但大多仍处于工业化初期阶段，如中亚地区国家工业基础相对薄弱，工业比重约为33%；阿富汗、印度工业占GDP的比重约为25%；中东各国工业占比约为38%，这些国家工业大多为传统制造业，对能源、矿产等资源型行业依赖较大。当前，这些沿线国家和地区对加快农业经济的转型、工业信息化升级的需求迫切，对技术创新需求旺盛，新技术、新产品、新业态的培育蕴含巨大市场机会。通过推进与沿线国家和地区的智慧城市合作，必将推动越来越多的中国互联网企业走出国门，迎来了良好的发展机遇，同时也为沿线国家加快推动互联网、大数据、物联网等新一代信息技术与当地传统产业的融合、优化产业结构、推动产业转型创造了有利条件。

（二）面临的困难与挑战

经过近年来的初步探索，"一带一路"智慧城市发展与合作取得积极成效，但在推进智慧城市国际合作中也面临一系列现实困难与挑战。

1. 沿线各国基础设施支撑条件参差不齐

"一带一路"沿线国家国情各不相同，其基础设施建设的完备度亦参差不齐。根据 1960 年至 2016 年的数据分析结果，"一带一路"沿线区域在基础设施发展方面，中东欧处于全面领先地位，西亚北非地区和中亚及蒙古地区分别在教育基础设施和能源基础设施方面较为突出，而东南亚整体基础设施发展水平虽与中东欧等国家仍然有较大差距，但其在交通、通信、教育、能源四个方面均呈现最强的追赶势头①。基础设施建设的不完备在相当程度上限制了智慧城市国际合作的广度与深度。

2. 部分国家的智慧城市建设意愿不强

智慧城市建设需求是社会发展到一定程度时产生的城市原生需求，"一带一路"沿线国家由于社会发展阶段各不相同，社会意识形态差异化明显，导致其对智慧城市的建设需求和内容差异巨大，一些尚未发展到产生智慧城市建设原生需求的沿线国家和地区，尚无建设智慧城市的现实基础和迫切需求。除此之外，智慧城市建设中的信息安全问题也是降低"一带一路"沿线国家开展智慧城市国际合作意愿的重要因素，因为智慧城市合作需要在一定程度上进行数据开放共享。从国家层面来说，部分沿线国家对其他国家开放数据共享持保留态度；从市民层面来说，出于对个人隐私的保护，许多市民对需要获取其个人信息或位置的智慧应用高度谨慎与敏感。

3. 智慧城市建设资金缺口和投资风险大

"一带一路"沿线部分较落后地区和国家的基础薄弱，投融资能力有限，巨大的资金缺口已成为"信息高速公路"建设途中最大的"拦路虎"。根据亚洲开发银行的有关测算，2016 年至 2020 年，除中国外的亚太地区国家仅在基础设施方面的年度投资需求，每年约为 5,000 亿美元，但公私部门所能提供的资金总额每年仅为 2,000 亿美元，其间就产生了 3,000 亿美元资金缺口，约占所涉地区 GDP 的 5%。按这一比例推算可

---

① 李雪梅：《"一带一路"基础设施发展指数与中国对外直接投资影响研究》，2018 年。

知，"一带一路"沿线全部基础设施投资缺口每年将超过 6,000 亿美元，而且期限错配明显。不仅如此，投资"一带一路"国家的汇率风险也很大，由于很多"一带一路"沿线国家当地货币不能自由兑换、资本管制严重，货币波动较大，汇率风险很大。①

4. 智慧城市合作过于重项目而轻机制

目前中国与"一带一路"沿线国家智慧城市合作形式，多以零散项目为主，缺少国家层面的统筹安排和开放的、可持续的运营机制性作为支撑。我国虽在"一带一路"倡议和多个相关文件以及双边合作备忘录中对智慧城市合作进行了规划，但是尚未建立健全常态化的"一带一路"智慧城市建设沟通、协调、组织与执行机制，不利于国际合作有序高效推进，此外在对外合作方面，智慧城市建设往往以企业为主体，以当地企业与中国企业之间或当地政府与中国企业之间的双边合作方式来开展，企业"走出去"缺乏协调保障，也不利于合作的安全与可持续。如何顺应市场规律，构建多边合作机制，从国家层面总体统筹"一带一路"智慧城市国际合作，精准配置合作资源，构建开放共享的合作环境，是未来加快推进智慧城市国际合作的迫切需求。

5. 智慧城市合作缺少协调一致的国际标准

智慧城市目前尚无一致的国际标准，因此各国根据自身资源条件、发展水平、自身需求的差异选择不同的智慧城市建设内容，并制定千差万别的建设标准，这直接构成了地区和国家之间智慧城市合作的壁垒。尽管《标准联通"一带一路"行动计划（2015—2017）》取得了显著的成效，但尚未在智慧城市方面形成中国与沿线国家的标准互认机制②，到

---

① 张漫游：《"一带一路"资金缺口大　金融机构发债迎难而上》，http：//finance. sina. com. cn/roll/2018－04－14/doc－ifzcyxmu2135726. shtml，2018 年 4 月 14 日。

② 《国家标准委贯彻〈标准联通"一带一路"行动计划（2015—2017）〉成效显著》，《中国质量与标准导报》2017 年第 6 期，第 11—12 页。

目前为止我国智慧城市建设的相关标准尚未与东盟、海湾、中亚等区域实现对接与互认。国际上智慧城市建设缺乏协调一致的标准，使得"一带一路"智慧城市合作缺少了必要的合作对话平台，也不利于全面深化与沿线国家和地区在智慧城市方面的双多边务实合作，限制了我国智慧城市相关产业、产品、技术、工程"走出去"。

◇四 加快推进"一带一路"智慧城市国际合作的对策建议

开展"一带一路"智慧城市国际合作是促进沿线国家和地区信息资源汇聚共享、新业态涌现发展的基础，也是沿线国家和地区推动务实经济合作的重要支撑。通过构建智慧城市国际合作机制，搭建智慧城市合作网络，建立智慧城市结对关系，推动智慧城市示范项目，开展智慧城市多层次交流等，全方面推动中国与"一带一路"沿线国家和地区开展智慧城市国际合作，致力于推动中国与"一带一路"沿线国家和地区实现共同发展目标，即建立智慧、绿色、创新、可持续的发展模式。

(一) 构建"一带一路"智慧城市国际合作机制，明确合作重点

"一带一路"沿线国家和地区城市发展程度、信息化基础差异显著，智慧城市国际合作需求各不相同，需要深入了解各自诉求和核心关切，准确把握发展现状，对其智慧城市发展形势进行研判。梳理"一带一路"沿线国家和地区现有智慧城市国际合作的政策共同点，寻求智慧城市发展合作的利益契合点和最大公约数。根据不同国家发展水平、科技实力、优势领域、合作基础、发展问题和合作目的等，对特定国家采取行之有

效的分类施策方式，加强对沿线国家智慧城市发展现状研究和细分领域评估，发挥特色优势，明确合作领域，选择合作意愿较强、合作基础较好、合作潜力较大的重点领域。

进一步加强智慧城市国际合作顶层设计和战略引领，与沿线国家共同建立政策框架、工作机制和实施计划。依托高层交往、国家间沟通机制、重大交流平台等，加强智慧城市发展的顶层设计和战略沟通，完善"一带一路"智慧城市建设的统一协调，建立健全常态化的沟通、协调、组织与执行机制，寻找合作的切入点、着力点，发挥国家间合作机制的助推作用。

加强与沿线国家智慧城市建设标准对接与互利合作，促进沿线各国智慧城市建设标准互认。共同构建智慧城市建设标准对接合作沟通机制，支持行业组织、产业联盟、研究机构、企业等，开展智慧城市建设标准交流与合作。围绕电力、交通等基础设施领域和高端装备制造、新一代信息技术、新能源等新兴产业领域，支持中国行业内领先企业与沿线国家和区域开展标准对接合作。开展沿线国家和地区智慧城市法律法规、重点领域建设标准等方面的研究，为持续深化与沿线国家和地区在智慧城市标准方面的合作与交流奠定基础。

（二）推动"一带一路"智慧城市合作网络，促进资源共享共用

构建中国与"一带一路"沿线国家和地区的智慧城市合作网络，充分发挥各自优势，整合资源，构筑一体化的合作生态，发挥国家间合作机制的助推作用，促进战略性项目顺利实施，共同推动区域的整体发展。积极参与2018年东盟国家发起的东盟智慧城市网络倡议，发挥我国的先进技术与实践经验优势，支持东盟智慧城市网络建设，在政策研究、标准制定、技术创新、市场共享、人才培训等领域加强合作。

积极支持智慧城市合作网络，加强产能合作，共筑产业发展新格局。大力发展"一带一路"智慧产业集群，优化我国与沿线国家间的资源、资金、技术等要素配置，形成紧密的产业上下游联系，构建更加高效的产业链分工体系和跨国生产网络。加强前沿领域合作，如人工智能、纳米技术、量子计算机等，推动物联网、云计算、数字经济等产业形成新的增长空间，为国内经济结构调整和转型发展提供强劲动力。

通过数字基础设施建设，加快推进"一带一路"智慧城市合作网络，整合"一带一路"沿线国家的优势资源，实现优势互补和利益共享。要注重与沿线国家和地区在智慧基础设施建设规划上的对接，构建覆盖"一带一路"沿线各国、适应"一带一路"目标要求的智慧基础设施网络。推动区域通信网络一体化，为"一带一路"智慧城市信息传输提供载体和支撑。为扩大与沿线国家和地区的信息交流与合作提供载体和通道。把"一带一路"实体项目接入互联网，构建支撑智慧"一带一路"的分布式传输网络、大数据平台。

（三）聚焦"一带一路"节点城市，推动建立城市间的结对合作关系

"一带一路"建设成功的关键在于发挥沿线节点城市的辐射带动作用，以推动沿线国家和地区激发释放合作潜能。鼓励中国与"一带一路"沿线国家和地区的节点城市之间建立结对关系。依托友好城市、友好省州的成功经验，研究城市经济社会发展情况，找准结合点，制定交往策略，有的放矢开展互利合作。如重庆、福州、西安、敦煌等城市，在区位、贸易、人文等领域，具有各自优势。海南已建立"一带一路"地方联动机制、"一带一路"海洋发展合作示范区，是推动建设21世纪海上丝绸之路的支点。

推动建立多元化的节点城市合作模式。鼓励节点城市增强交流合作，

包括政府、私营部门、民间社会、国际组织、技术和学术群体等利益相关方共同交流分享技术实践，促进智慧城市合作。如重庆与新加坡的智慧城市国际合作，可借鉴天津生态城、苏州工业园的合作模式，通过在两地规划建设园区，整合各自优秀技术能力，及时跟进产业发展项目，夯实地方经济基础。

依托节点城市之间的合作示范，智慧城市影响力、辐射面可扩大至其所在城市群，推动构建世界智慧城市群的交流合作。中国沿长江经济带智慧城市群、粤港澳智慧城市群在推动区域发展中扮演重要角色，其城市间的合作共享机制、经验以及面临的难题，可以与世界其他智慧城市群，如英国伦敦—曼彻斯特—利物浦城市群建立合作交流。

专栏2　进一步加强中俄之间的智慧城市结对合作

俄罗斯与中国具有长期友好的经济社会合作基础，同时俄罗斯在电信通讯、电子政务等领域已取得一些较好的发展成果，俄罗斯建设部根据"数字经济"计划的概念制订的区域计划制定指南包括如何构建城市基础设施数字化区域和城市项目的解释，以及按行业划分的技术机制，使智慧发展有效地融入城市生活的过程。

基于充分考量中俄双方城市的合作情况，建议进一步推动建立中俄节点城市合作计划。建议俄罗斯莫斯科、圣彼得堡、叶卡捷琳堡、斯科尔斯沃分别与中国北京、青岛、西安、雄安新区等建立智慧城市合作伙伴机制，双方共同推动城市政府、机构、企业间的合作交流。

结合各自城市当前的发展定位、拥有的优势资源、面临的主要问题及未来的发展方向，结对城市可以考虑在以下智慧城市专项领域深化合作：

莫斯科与北京可重点探讨智能交通、城市管理、创新创业之间的合作；圣彼得堡和青岛市可以在工业4.0、智能制造等领域开展合作；叶卡捷琳堡与西安市在智慧园区、医疗教育领域开展合作；斯科尔斯沃市与雄安新区可重点开展清洁能源、绿色低碳发展领域的合作。

（四）开展"一带一路"智慧城市示范项目，提升城市发展质量

针对"一带一路"沿线国家不同的发展阶段，制定不同的智慧城市合作模式，寻找智慧产业园、智慧新城等适宜的合作载体，推动移动支付、电子商务等示范项目建设。推动境外园区向着更加多元化、智慧化的方向发展，有效输出中国智慧产业的潜能，扩大产品的市场占有率和竞争力，以及有效规避海外风险，推动我国企业在扩展海外发展空间过程中实现转型升级，助推东道国的经济发展。

大力发展跨境电商，共建数字贸易生态圈，加快与更多的"一带一路"沿线国家深入对接全球电子贸易平台建设，推动全方位、多领域的跨境电商合作，进一步优化跨境电商的发展环境，加强国内重点区域跨境电商综合试验区建设，完善跨境电商产业链，形成跨境电商产业集群效应。

支持中国企业"走出去"，进一步发挥龙头骨干企业的引领带动作用，大企业作为"走出去"的主体力量，要更多地参与到"一带一路"沿线国家电子信息产业的合作中，从单一的设备制造商转变为通信运营商。目前以华为、中兴、烽火通信、亨通光电等为代表的企业在沿线国家开展深度合作并取得显著收益，在这一过程中，加大政策支持力度，构建合作机制，深化国际并购。"走出去"的企业也要进一步熟悉遵循东道国的政策、法律、社会和风土人情，积极履行社会责任，重视东道国社会对企业在环保、民生、公益等方面的要求。整合各方优势力量，加强国际协同创新，共同推进信息基础设施、物联网、人工智能等领域新产品、新业态、新服务、新模式的应用落地。

（五）推进"一带一路"沿线国家开展多层次交流，营造有利合作环境

依托已有的双边和多边合作机制，增加中国与"一带一路"沿线国家和地区的交流渠道，完善交流平台建设，搭建更多合作桥梁与纽带，增进中国与沿线国家和地区的友好往来，提高中国智慧城市国际影响力，推动沿线国家更广范围、更深层次、更高水平的国际合作。与多边机制、国际组织以及非营利基金会开展互利合作。拓宽民间交流渠道，充分发挥行业商协会、华人社团等民间组织的作用，增加与沿线国家的民间交流渠道。鼓励和支持建立国际合作联盟，鼓励国内有优势的单位联合相关科技力量，发起设立"一带一路"智慧城市联盟或其他民间合作组织，形成各界参与、广泛联系、人才荟萃、互动紧密的基础性常态化合作交流平台。

建立人才交流培训机制，提升中国与"一带一路"沿线国家和地区的智库机构合作，加强创新研发能力，不断丰富人文合作内涵。共建科技人才培养基地，提升智力资源合作，联合培养创新型网络人才，有针对性地培养一批懂智慧城市业务，同时深谙"一带一路"国家投资环境、贸易规则、社会文化等领域背景和政策的高水平人才队伍，人员培训交流之后继续发挥增进互知互信、促进双边合作的作用。围绕智慧城市专项领域，加强与沿线国家智库交流合作，聚集各国多方高端智力资源，建设国际性智库平台，共同开展合作研究、学术交流等工作。不断完善人文交流机制，丰富人文合作内涵，人文交流与民间交往带动两国在创新创意、智库、媒体和培训等领域的务实合作不断深化。

联络组织各国有关机构，举办多层次的展览论坛交流，有效宣传"一带一路"共商共建共享的基本理念，加强伙伴关系，建立战略对接和实现利益共赢。依托各类国际博览会、论坛等活动，搭建"一带一路"

智慧城市交流与展示平台，促进各方沟通交流、分享观点，展示各国智慧城市新成果、新技术、新应用，推动"一带一路"智慧城市合作。继续搭建好现有的活动平台，发挥好中国智慧城市国际博览会和中国智慧城市创新大会等大型活动的作用，设立"一带一路"专区，通过展会平台，链接更多全球创新资源，构建合作共赢新生态，以展览展示、会议交流来促进沿线国家科研机构、大学、企业、孵化器、创投公司等各类主体共同创新创业，聚集和整合"一带一路"优势资源，促进区域智慧城市创新合作。

第十六章 "一带一路"与中国 海外园区发展

林 拓① 冯 奎②

"一带一路"倡议下的海外产业园，即境外经济贸易合作区，是指在中华人民共和国境内（不含香港、澳门和台湾地区）注册、具有独立法人资格的中资控股企业，通过在境外设立的中资控股的独立法人机构，投资建设的基础设施完备、主导产业明确、公共服务功能健全、具有集聚和辐射效应的产业园区。2018 年是"一带一路"倡议提出的第五年，从倡议到行动，得到国际社会的广泛响应。海外园区作为"一带一路"经贸合作的重要载体，已成为推动中国企业"走出去"和转型升级不可缺少的一部分，海外项目的稳步发展，离不开海外园区的建设。

◇◇一 推进境外产业园区建设意义重大

境外产业园区建设对于加快"一带一路"沿线发展中国家的工业化进程，提升东道国经济发展水平，改善民生有重要意义。

---

① 林拓，华东师范大学中国行政区划研究院院长、教授。
② 冯奎，中国城市和小城镇改革发展中心学术委秘书长、研究员。

（一）推动对外直接投资模式升级

新一轮国际产业转移已由单纯的资本输出转向以资本为核心带动国际产能合作，中国以境外产业园区为依托，促进技术、标准、融资等相关配套服务整体输出。透过现象看本质，海外产业园区建设在本质上是产业集群形式的对外直接投资（OFDI）。与一般企业单独投资相比，境外产业园区的优势在于进驻园区的企业可以享受到"集群效益"，如基础设施和配套资源的共享、综合交易成本的降低、技术溢出的创新环境等。建立境外产业园区可以促使企业形成海外产业链优势，通过抱团式海外投资，帮助其获取与东道国政府谈判的更大优势，争取更加优惠的政策，使企业"集中、有序、理性地走出去"，进而降低国际化运营成本和风险。中国与"一带一路"沿线国家合作建设产业园区，既有经济互补、产业互补和形成产业规模经济的意义，也有积极推动东道国的产业集群建设，加快东道国经济社会发展，促进国际产能合作及双边关系发展的重要功能。

（二）产业园区是东道国工业化进程的重要引擎

在"一带一路"沿线的国家中，有相当一部分国家还较为落后，发展水平不高，工业化进程较为缓慢。随着经济全球化深入推进，"一带一路"沿线国家开放的大门也不断敞开，相关国家借助全球要素加快工业化进程的愿望不断增强。世界银行的数据表明，"一带一路"沿线国家中，有接近一半属中等偏下收入国家，迫切需要加快发展实现经济起飞；9个国家的工业增加值占 GDP 的比重不超过 20%，总体工业化水平仍有待提升。加快相关国家工业化进程仍然是一项较为迫切的任务。

通过共建产业园区，可以把我国的工业生产能力与当地的资源和市场优势相结合，推动要素和产业集聚，加快构建东道国产业体系。推动境外园区建设，既契合沿线国家实现工业化的需要，也可以优化我国的产业布局，使境内和境外产业发展更加均衡。

(三) 产业园区有利于充分发挥双方比较优势

经过 40 年的改革开放，我国已经逐步成长为"世界工厂"。但随着发展水平的提升，我国开发区也面临着产业结构调整和转型升级的挑战。从比较优势来看，我国有相当一部分企业积累了较为雄厚的资本和丰富的管理经验，并通过加大研发投入培育技术优势。"一带一路"沿线国家的国情各不相同，有的国家有大量富余劳动力，具备发展劳动密集型产业的良好条件；有的国家有丰富的自然资源，在矿产开发和资源深加工方面具备优势；有的国家有广阔的消费市场，有强大的产品消纳能力。通过将我国和沿线国家的优势资源相结合，将有利于发挥比较优势，实现互利共赢。

鼓励"一带一路"境外产业园区积极探索与国内园区的合作模式，通过异地建园、合作共建、管理输出等方式，有效连接国内产能、技术、人才和管理优势与东道国的劳动力、资源和市场优势，能够为双方发挥比较优势创造更大空间。

(四) 产业园区是展示推广中国经验的重要窗口

当前全球经济的发展面临着西方主要国家政策不确定的风险，在逆全球化倾向抬头的背景下，全球贸易更趋艰难。面对国际经济形势的不确定性，中国积极推动"一带一路"倡议的落实，体现了中国支持全球化和开放经济的态度。建设人类命运共同体，中国发展经验如何与世界分享？借助"一带一路"倡议，海外园区或将成为中国向世界贡献中国智慧、中国方案的重要途径。园区"走出去"应该成为中国全方位开放战略的重要组成部分，是中国开放与发展经验在世界范围内的传播。作为中国经济稳步发展的主要经验之一，特区、开发区（含各类园区）已成为中国"软实力"的重要方面，也是帮助企业"走出去"的重要载体，未来也必将成为人类命运共同建设的一个重要内容。改革开放以来，中国园区经验既根植于改革开放以来对特区理念的探索和总结，又来源于一个又一个经开区、高新区、保税区、自贸区的具体实践，从当时的4个经济特区发展到14个沿海城市，从开发区、国家级新区、浦东新区再到雄安新区。改革开放40年来，中国园区建设由点及线，再由线到面的开发方式，对于广大发展中国家来说，可谓是它们促进经济发展和加强国际交流的重要且可借鉴的经验。

改革开放40年来，我国在通过园区发展吸引外资、促进产业发展、推动科技进步和成果转化等方面，取得了举世瞩目的成就。园区发展的成就，既得到了我国发展水平和发展质量提升的印证，也得到了国际社会的广泛认可。在我国的国际交往中，特别是在高层领导互访和重大国际会议中，"中国园区模式"经常被提及。近年来，一些国家还派员到我国学习园区建设经验，或邀请国内专家对本国政府的工作人员开展园区建设的相关培训。产业园区已经成为展示中国经济发展的重要窗口。

◇◇二 海外园区建设模式借鉴

选择合适的开发建设模式，推进海外园区建设，是其成败的关键。我国在"一带一路"沿线建设的海外园区，应该对其实施分类分级指导，特别是对具有不同战略意义和不同部门的合作园区实施不同的建设模式。为此，需要借鉴国内外海外园区建设经验，结合不同产业类型和不同的战略重要性，探索我国"一带一路"海外园区建设模式。根据园区主导建设力量，可将国内外海外园区建设模式分为 3 类，并分别讨论其在"一带一路"海外园区建设中的借鉴意义。

（一）政府高层推动建设模式

政府高层推动建设模式的典型代表是新加坡苏州工业园区。该园区是遵照邓小平同志和时任新加坡内阁资政李光耀的重要指示于 1994 年启动的，并且得到多位时任国家领导人的大力支持，是新加坡与我国首个政府间合作项目。该园区目前被誉为中新政府间合作的旗舰项目、中国国际合作示范区，属于我国发展速度最快、最具国际竞争力的开发区之一。我国在"一带一路"沿线建设的海外园区大多也属于政府高层推动下建立的，如赞比亚中国经济贸易合作区、白俄罗斯明斯克中白工业园。尽管这些园区更容易获取政府支持，但如果缺乏盈利模式和强大的运营团队将难以保证其可持续发展。政府高层推动建立的海外园区可能对推动两国合作具有战略或示范意义，然而也会出现合作意愿达成容易而落地执行难，建成容易收效小等问题。

如果事前缺乏详细论证，事后风险防控措施不力，加上"一带一路"部分国家政局不稳、政府政策不连贯，将会加剧这类园区建设的风险。类似海外园区不乏失败的案例，如启动于 2007 年的莫斯科中国贸易城，投资 3 亿美元，预计 2010 年投入使用，然而至今没有建成。另外，目前存在一种趋向，有些地方和企业千方百计游说，让国家领导人"站台"的项目越来越多。因此，国家需要加强海外园区战略规划，重点项目务必由高层推动转向整体规划推进，国家资源必须优先重点投向对中国具有地缘战略意义和资源保障战略意义的海外园区。

（二）园区开发公司为主导的建设模式

中埃苏伊士经贸合作区启动于 1998 年，是中国和埃及两国领导人共同推进的项目，但早期中方企业主要作为咨询机构参与。2008 年，拥有丰富园区开发建设经验的天津泰达投资控股有限公司（持股 75%）与天津开发区苏伊士国际合作有限公司（持股 5%）和埃及埃中合营公司（持股 5%）合资组建了埃及泰达投资公司，并由其作为合作区项目开发、建设、招商和管理的实施主体。目前入驻 68 家企业，初步形成了石油装备制造、高低压电器制造、纺织服装、新型建材和农用机械制造等五大产业园区，被誉为中埃经贸合作的"样板"，为中国企业开展对埃贸易投资合作提供了重要平台。

目前，清华科技园的开发公司启迪控股股份有限公司也开始在巴基斯坦、马来西亚、埃及等"一带一路"沿线国家探索共同建设科技园。由具有丰富开发建设经验的国内园区开发公司主导不仅有助于复制国内园区建设的成功案例，而且在一定程度上有助于实现国内园区与海外园区的互动发展。然而，我国已建或在建海外园区多缺乏有工业园区运营经验的开发商主导建设，应该鼓励中国园区开发公司以各种形式参与经营。

（三）民营企业主导建设模式

目前在"一带一路"沿线建设的海外园区多属于民营企业建设型。民营企业推动建设的海外园区类型多元、运作机制较为灵活，有单个企业推动、多个企业推动或与所在国企业联合推动等类型。如 2012 年广东省华坚集团投资 32 亿元人民币，在埃塞俄比亚建立华坚国际轻工业园，将华坚集团制鞋产业部分生产制造环节转移至该园区，已为当地提供了近 4,000 个就业岗位。类似的园区还有由中国温州市金盛贸易有限公司投资创建的乌兹别克斯坦鹏盛工业园。契合当地产业需求，目前该园区已入驻瓷砖、制革、制鞋、手机、水龙头阀门、宠物食品和肠衣制品等 9 家企业，产生了良好效益。

巴基斯坦海尔—鲁巴经济区是海尔集团与巴基斯坦鲁巴集团，在巴基斯坦海尔工业园基础上，以 55∶45 的股份比例合资扩建而成，形成了"单个大企业＋东道国企业"建设型模式。这种开发模式需要单个的企业具有较强的经济实力和竞争能力。例如，红豆集团联合我国其他三家民营企业，与柬埔寨国际投资开发集团合资，形成"企业抱团＋东道国企业"模式，参与建设了柬埔寨西哈努克港经济特区。山东帝豪国际投资有限公司则采取"一区多园"模式建设中欧商贸物流园，在匈牙利首都布达佩斯建立了商品交易展示中心，在匈牙利切佩尔港和德国不莱梅建立了物流园。

民营企业根据自身发展需要和优势，特别是结合沿线国家的资源禀赋、市场需求，主导或参与海外园区建设，有助于探索出不同的成功模式。然而，在大多数情况下，民营企业建设型海外园区更容易遇到各类"水土不服"的现象。"一带一路"部分沿线国家市场制度参差不齐，法律法规不健全，以及政府的管控能力、治安能力、应急管理处置能力严重不足，加大了这些园区建设的难度。因此，一方面园区开发企业应主动对接东道国重点区域发展战略，另一方面我国政府应该与东道国政府携手在投资保护、园区建设权责等方面加强合作协调。同时，无论是园区开发商还是入园企业均亟须树立企业社会责任，坚持合作共赢，切实尊重和主动融入当地社会，为当地社会经济发展作出应有贡献。

◇◇三 我国在"一带一路"沿线海外园区建设现状

企业开展境外经济贸易合作区建设，应根据境外投资有关规定，在境内完成国家对外投资备案或核准手续，取得商务主管部门颁发的《企业境外投资证书》，并在境外依据东道国法律完成相关登记注册手续，成立合作区建区企业。建区企业通过购买或租赁的方式获得土地，完成完备土地法律手续。建区企业应对园区建设运营、产业定位制订清晰的规划，完成园区所需的水、电、路等基础设施建设，并制定清晰的针对入区企业的服务指南，吸引企业入区开展投资生产。

（一）我国海外园区建设兴起

20 世纪 90 年代，我国企业开始探索海外园区建设经验，如 1999 年海尔集团在美国南卡罗来纳州卡姆登市（Camden）兴建了工业园；2001 年我国企业在巴基斯坦兴建拉合尔工业园；2004 年在阿联酋的迪拜兴建了名为"龙市场"的贸易中心；2004 年在美国南卡罗来纳州设立了天津美国商贸工业园。为解决我国与相关国家不断上升的贸易逆差问题，2005 年底商务部开始相继出台多项政策措施，鼓励企业建立海外园区，"抱团走出去"。2006 年，商务部出台《境外中国经济贸易合作区的基本要求和申办程序》，正式启动了鼓励扶持企业建设境外经济贸易合作区的工作。2008 年，国务院颁发《关于同意推进境外经济贸易合作区建设意见》，标志着通过海外园区建设促进中国企业"走出去"上升为国家战

略。随后，商务部先后颁发了《境外经济贸易合作区确认考核暂行办法》
和《境外经济贸易合作区确认考核和年度考核管理办法》。

(二) 我国在"一带一路"沿线国家海外园区的分布与类型

近年来，面对全球经济疲软、国际市场需求持续低迷的环境，在国
家政策鼓励下，"一带一路"沿线国家成为我国海外园区建设的重要区
域。国家商务部发布的统计数据显示，截至 2018 年 9 月，我国企业在 46
个国家在建初具规模的 113 家合作区累计投资 366.3 亿美元，入区企业
4,663 家，上缴东道国税费 30.8 亿美元。其中，在 24 个"一带一路"沿
线国家在建的 82 家合作区累计投资 304.5 亿美元，入区企业 4,098 家，
上缴东道国税费 21.9 亿美元；通过确认考核的 20 家合作区累计投资
201.3 亿美元，入区企业 873 家，上缴东道国税费 21.2 亿美元。其中，
已有 20 家合作区通过商务部确认考核，这些园区主要集中在吉尔吉斯斯
坦、乌兹别克斯坦、俄罗斯、巴基斯坦和匈牙利等"丝绸之路经济带"
沿线国家，以及柬埔寨、泰国、越南和老挝等"21 世纪海上丝绸之路"
沿线国家。

表 16.1 　　　　　　　通过确认考核的境外经贸合作区名录

	合作区名称	境内实施企业名称
1	柬埔寨西哈努克港经济特区	江苏太湖柬埔寨国际经济合作区投资有限公司
2	泰国泰中罗勇工业园	华立产业集团有限公司
3	越南龙江工业园	前江投资管理有限责任公司
4	巴基斯坦海尔—鲁巴经济区	海尔集团电器产业有限公司
5	赞比亚中国经济贸易合作区	中国有色矿业集团有限公司
6	埃及苏伊士经贸合作区	中非泰达投资股份有限公司

	合作区名称	境内实施企业名称
7	尼日利亚莱基自由贸易区（中尼经贸合作区）	中非莱基投资有限公司
8	俄罗斯乌苏里斯克经贸合作区	康吉国际投资有限公司
9	俄罗斯中俄托木斯克木材工贸合作区	中航林业有限公司
10	埃塞俄比亚东方工业园	江苏永元投资有限公司
11	中俄（滨海边疆区）农业产业合作区	黑龙江东宁华信经济贸易有限责任公司
12	俄罗斯龙跃林业经贸合作区	黑龙江省牡丹江龙跃经贸有限公司
13	匈牙利中欧商贸物流园	山东帝豪国际投资有限公司
14	吉尔吉斯斯坦亚洲之星农业产业合作区	河南贵友实业集团有限公司
15	老挝万象赛色塔综合开发区	云南省海外投资有限公司
16	乌兹别克斯坦"鹏盛"工业园	温州市金盛贸易有限公司
17	中匈宝思德经贸合作区	烟台新益投资有限公司
18	中国·印尼经贸合作区	广西农垦集团有限责任公司
19	中国印尼综合产业园区青山园区	上海鼎信投资（集团）有限公司
20	中国·印度尼西亚聚龙农业产业合作区	天津聚龙集团

　　我国在"一带一路"沿线建立的海外园区主要集中在制造业、能矿资源和农产品加工领域。制造业海外园区，如白俄罗斯明斯克中白工业园和印度（浦那）中国三一重工产业园，多建立在工业基础和产业配套良好城市区域；劳动密集型加工园区，如巴基斯坦（旁遮普）中国成衣工业区和孟加拉达卡服装和家电产业园区，则主要依托劳动力资源丰富的区域建立；能源资源加工产业合作区，如巴基斯坦瓜达尔能源化工园区和中哈阿克套能源资源深加工园区，则建立在口岸和能矿资源富集区；而农业产业合作区，如华信中俄现代农业产业合作区，则依托自然条件和农业基础优越的区域建立。目前，我国在"一带一路"沿线建设的海外园区正在开始向更加多元化和高级化的方向发展，出现了包括商贸物流园区、科技合作园等诸多形式。商贸物流海外园区有波兰（罗兹）中

欧国际物流产业合作园、白俄罗斯明斯克商贸物流园和哈萨克斯坦（阿拉木图）中国商贸物流园；而依托科教文化中心建立的高新技术产业合作区有莫斯科（杜布纳）高新技术产业合作园区和圣彼得堡信息技术园区等。

◇◇四 境外产业园区建设面临的挑战

虽然"一带一路"倡议受到了大多数沿线国家的欢迎和支持，但在推动产业园区建设时，仍面临着多方面挑战。

（一）多种外部风险带来园区建设投资不确定性

"一带一路"沿线各国的发展水平、商业规则、社会制度、宗教文化、法律体系各不相同，有些国家处于敏感地带，内外矛盾交加，政局动荡，战争不断，这些因素都将对"一带一路"的推进产生影响，使得该战略的实施充满挑战与风险。

在这样的现状下，需要我们对沿线国家的政治、经济、文化等各个方面的现状进行综合考察与分析，深入了解中国企业在"一带一路"建设中"走出去"所面临的风险并重视防范，未雨绸缪，进行有效规避。

当下已经出现和未来可能出现的风险有：各国文化差异显著；中国品牌在国外的认知度低；国外公众对中国品牌的偏好度低；中国政治体制与意识形态不被西方认可而导致一些国外媒体及公众对中国企业的负面认识；企业甚少与国外媒体的有效沟通机制和主动沟通意识；没有与国外媒体打交道的经验与技巧；缺乏专门从事相关工作的专业人才；不善与外籍员工沟通；可用于指导实践的相关理论体系严重匮乏；在海外

进行危机管理风险更大、经验不足。进一步研究表明，最突出的三个方面风险可归纳总结为：地缘政治经济风险、商业游戏规则风险、文化差异风险。

（二）合作机制不健全，制约园区规划的建设进程

由于"一带一路"沿线国家的政治体制、发展水平、发展模式各不相同，目前尚没有在境外产业园区建设中形成普遍适用的合作机制。在园区建设前期，双方需要就如何选址进行沟通，并就土地征用、环境保护、基础设施建设等问题达成共识。在规划建设阶段，需要遵循当地法律法规，考虑园区建设的外部环境，形成合理方案。在招商引资过程中，需要深入了解东道国在劳工、企业注册、市场准入、合同执行以及税收等方面的法律法规，为国内企业争取一定的优惠政策。总体而言，境外园区建设较国内可能更为复杂，目前，合作机制尚不完善，部分国家的园区建设进程受到一定制约。下一步，要切实推动"一带一路"沿线园区加快发展，仍需要不断探索并逐步完善与不同类型国家的合作机制。

（三）政治环境复杂，加大园区发展的不确定性

一方面，欧美大国在相关地区的博弈带来一定的地缘政治风险。"一带一路"从东南亚经中东延伸到北非，是大国博弈的焦点，地缘政治风险较为突出。如两伊战争、海湾战争、"伊斯兰国"问题、叙利亚问题，背后都有大国博弈的身影。地缘政治风险对产业园区的规划建设、招商引资以及稳定运行都会带来挑战。另一方面，部分国家政权更迭可能带来一定风险。近年来，受民粹主义思潮影响，部分国家的不同阶层和族群之间对立情绪严重，选举造成的政权更迭可能导致政局不稳。这在部

分东南亚、南亚国家表现得较为突出,相关国家政局不稳定、政权更迭时有发生,导致其缺乏明确的长期发展规划,给产业发展与国际投资带来较大不确定性。考虑到产业园区发展对各方合作的要求比基础设施建设更高,园区受到政权更迭的影响不容忽视。

中国企业海外人才不足、海外园区建设运营过程中经常遭遇"水土不服",忽视环境保护、当地法律导致诉讼的情况经常发生,对中国企业海外形象造成伤害。

(四)安全形势严峻影响市场主体参与积极性

"一带一路"沿线的很多区域存在武装冲突的风险,部分国家"三股势力"活跃。在"一带一路"沿线,部分国家局势仍不稳定,甚至仍有一些地方存在军事冲突。随着地缘政治关系的变化,局部军事冲突也可能对周边国家的稳定产生影响。在安全领域的问题中,恐怖主义、分离主义和极端主义是危害最大的。"三股势力"的威胁主要体现在两方面:一是直接对园区重大项目构成威胁,增加运营成本和安保支出。据称,部分海外投资企业 10% 以上的成本用于安保。二是对投资者构成心理威慑,影响投资者的信心。此外,欧亚大陆是矛盾冲突的多发区,国家间的历史恩怨多,部分国家之间还存在领土、领海争端。这些矛盾在一定程度上会给"一带一路"项目的落地带来困难。

(五)经济金融风险给企业投资回报带来挑战

经济金融风险主要体现在 4 个方面:一是经济政策风险。部分国家经济政策频繁变动对产业园区建设势必造成影响。尤其是在市场准入、投资审批等方面的政策变化可能对在沿线国家投资产生重大影响。二是汇率波动风险。近年来主要经济体货币政策陆续出现转向。尤其是美联储进入加息周期可能对一些新兴经济体汇率产生冲击。汇率波动可能对在相关国家的产业投资回报产生较大影响，生产经营风险也随之上升。三是项目融资风险。"一带一路"沿线国家主要是发展水平较低的新兴市场国家，这些国家原本就缺乏充足的投资资金，加上私人部门与境外主体出资有限。资金来源的不确定性已成为"一带一路"倡议发展的阻碍，单一的投融资模式也难以满足项目建设的需要。

（六）缺乏系统性的园区规划。

目前中国海外园区仍然以劳动密集型、资源密集型产业为主，而发达国家的海外工业园区注重引进资本和技术密集型产业，涉及制造业、科技型产业，运输、保险、金融等生产性服务业，生活等配套服务功能齐全。而且由于海外工业园区建设大多是民营企业为主，由于经验不足，工业园区建设缺乏科学的整体规划和管理。而某些地方政府把企业"走出去"变成政治任务，盲目鼓励企业创建海外园区，忽视了海外园区建设的必要性和可行性分析。虽然很多海外园区初期都有明确的主导产业定位，但招商过程中都逐渐形成集加工制造、商贸、物流、服务于一体的多功能区域，导致区域内园区功能重叠，缺乏自身特色和行业优势。

（七）建设投资回报周期长，盈利模式不清晰

境外园区一般而言是企业开发行为，政策性投入力度小，前期基础设施建设投资金额巨大，由于固定资产在境外，无法获得国内商业银行的信贷支持，园区建设资金多以企业自筹为主，企业融资困难成为发展的主要瓶颈。

国内园区开发采用土地开发费和财税捆绑形成的资金循环模式，这种模式在境外不能复制，而通常海外园区投资周期建设费用庞大、建设周期长达数年，需要经过 10—20 年才能有微薄回报，存在投资与收益未成正比等现象。埃及苏伊士经贸合作区总投资额高达 8,000 万美元，而 2016 年 10 月的报道显示其年均利润仅为 41.8 万美元。

◇◇五 完善境外产业园区建设的政策建议

推动境外园区建设要把握双边产业的互补性，采用科学的园区建设模式，把园区打造成有活力、可持续的合作典范。

（一）遵循"互利共赢、循序渐进"的思路

要按照"共商、共建、共享"的原则，遵循互利共赢的思路，既考虑国内企业开展产能合作的需要，又充分考虑东道国的发展诉求。在推动产业发展时，照顾相关国家的基本国情、发展规划与战略目标、产业发展与区域布局，通过促进相关国家要素集聚和产业集聚，真正服务于相关国家的工业化进程。在选择合作对象时，综合考虑双边战略伙伴关系、政治互信与贸易投资发展情况，以及相关国家的地缘政治关系、政治局势、经济与产业发展、基础设施、市场需求的现状和前景，优先选择与我国经贸往来密切、双边关系良好的国家拓展业务。在重点合作领域选择上，要充分考虑东道国的要素禀赋和产业基础，选择东道国具有比较优势、区位优势和市场优势的行业切入。

（二）秉承"多边合作、开放包容"的理念

在我国积极参与全球治理的大框架下，要秉承"多边合作、开放包容"的理念，与不同的国际组织、来自不同国家和不同领域的企业开展合作。一方面，可以利用现有多边合作平台，推进与相关国家的合作。在我国与"一带一路"沿线国家交往中，力争把产业园区建设纳入APEC、中国—东盟自贸区、金砖国家合作机制等多边合作框架之中。另一方面，在开展海外业务时，可以更多地与其他国家的企业合作，共担风险，共享收益。可以与来自东道国以及其他国家的跨国公司合作开展业务，既把风险分散到不同企业，又利用来自不同国家企业的影响力把风险控制在最小。还能发挥其他企业在资源获取、市场营销、资金融通等方面的优势，实现共同发展。

（三）形成"多种要素，共同支撑"的格局

要充分发挥国内企业在人才、资金、科技等方面的优势，强化市场拓展能力，形成"多种要素，共同支撑"的格局。一是要加快培育一批国际化人才。国内企业要建立国际化人才培养机制，在人才选拔、人才引进、人才培训、人才使用、人才评价等方面形成完善的机制。通过内部选拔和外部招聘两种方式，建立公司的国际化人才队伍。二是要合理运用多种金融工具。在拓展海外业务时，要合理运用期货、现货等多种交易工具，以金融业务促进海外投资和贸易发展，发挥协同效应，发挥好各种金融工具的融资功能和避险功能。三是充分发挥科技在海外业务中的支撑作用。要充分发挥国内企业的技术优势，在相关国家申请和积累专利。同时结合海外业务的特点，加强相关领域的研发工作。

（四）实施"多元主体，抱团出海"的战略

要充分发挥我国在园区规划、建设、运营等领域经验丰富、企业实力强、产业链条完整的优势，实施"多元主体，抱团出海"的战略，推动企业之间紧密配合，形成有机整体，实现"1＋1＞2"的协同效应。一方面，要推动产业链上下游企业抱团。上游原材料供应、中游生产与建设、下游分销企业要抱团形成全产业链相互配合的团队，在东道国形成产业集群效应。避免单个企业独立嵌入国外产业链的特定环节导致缺乏上下游配套的情况出现。另一方面，要与海外投资生态圈中的企业抱团。要跨越制造业单一环节，在上中下游有机结合的同时，与金融、会计、法律、咨询等行业之间有机整合，形成生态圈。通过建立"金融＋产业＋服务"模式，破解海外园区发展面临的各种困难与风险。

（五）强化"安全经营，防范风险"的意识

要努力规避政治、安全、经济、金融等各方面风险，提升境外企业、国际业务领域的风险识别、风险预警、风险应对能力。一是要把控宏观风险。按照业务开展的需要进行国别研究，对相关国家的宏观风险进行全面分析。重点研究经济基本面、债务、汇率、法律制度、选举等方面的风险。二是做好前期调研。派出具有国际视野、海外经验丰富的精干团队，对相关国家的合同签订、人员雇佣、投资许可、工程施工、税收缴纳等方面的情况进行全面调研。三是做好市场分析。对影响项目投资回报和经济收益的各种经济、金融因素进行梳理，研判其变动趋势及对项目推进的影响。四是防范安全风险。把安全风险摆在重要的位置，切实加强安全保障能力，针对可能出现的安全事故制订应急预案。

第十七章　国际组织项目推进模式及其在"一带一路"建设中的借鉴

邱爱军①　王　瑾②

在全球化的今天，要构建人类命运共同体，为"一带一路"建设贡献中国方案，就需要研究国际化的话语体系、国际化的运营模式、国际化的合作机制。为此，本文拟就相关国际组织的组织架构、筹资方式、运营模式和实践案例进行比较分析，并在此基础上，就如何借鉴国际组织经验推进"一带一路"城市合作提出政策建议。

◇◇一　国际组织的界定

（一）国际组织的定义

国际组织最狭义的定义是政府间国际组织，《外交与国际法辞典》依据维也纳条约法公约第 2 款的规定，将国际组织定义为"一种政府间组织"；随着民间力量的增强，非政府国际合作被纳入其中，根据《国际关系政治词典》，国际组织是"超越国家边界的正式安排，通过这种安排建

---

① 邱爱军，中国城市和小城镇改革发展中心副主任、研究员。
② 王瑾，西安城市发展集团。

立起制度化的机构，促进了成员间在安全、经济、社会或相关领域的合作"。这样，国际组织就不只是政府间组织，还包括非政府间国际组织。联合国经济与社会理事会决议也进一步明确"任何国际组织，凡不是经由政府间协议创立的，都认为是为此种安排而成立的非政府间国际组织"。非政府间国际组织通常具有民间性、自愿性、专业性、广泛性的特征。

中国学者将国际合作更多地界定为"各种机构"，认为"国际组织是跨越国界的一种多国机构，一般来说，凡两个以上的国家或其政府、人民、民间团体基于特定的目的，以一定协议形式而设立的各种机构均可称为国际组织"①；"国际组织是指两个以上的政府、政党、团体和个人基于特定目的，以一定的协议形式而设立的各种机构"②。

《国际组织年鉴》对国际组织的定义是"由两个以上的国家组成的一种国家联盟或国家联合体，该联盟是由其成员国政府通过符合国际法的协议而成立，并且具有常设体系或一套机构。其宗旨是依靠成员国间的合作来谋求符合共同利益的目标"③。

综上所述，本文将国际组织的概念界定为从事跨国性国际发展合作活动的国际合作机构。

（二）国际组织的类型

国际组织有各种各样的名称："组织"，如世界贸易组织；"联盟"，如东南亚国家联盟；"基金会"，如联合国儿童基金会；"委员会"，如国

---

① 梁西：《现代国际组织》，武汉大学出版社 1984 年版。
② 宋新宁、陈岳：《国际政治学概论》，中国人民大学出版社 2000 年版。
③ Union of International Association, *Yearbook of International Organizations*, 30ᵗʰ Edition, Leiden, Netherlands: Brill. 1993 - 1994, pp. 1690 - 1692.

际奥林匹克委员会；"共同体"，如欧洲共同体；"理事会"，如联合国经济与社会理事会；"协会"，如拉丁美洲一体化协会；"论坛"，如世界经济论坛；"集团"，如 20 国集团；"联合会"，如世界工会联合会；"国际"，如社会党国际；"机构"，如国际原子能机构；"大会"如世界穆斯林大会等。

从国际组织设立的目的或者功能来看，有的是为了协调国际合作问题，有的是为了研究国际合作问题，有的是为了对某项国际性问题提供具体的解决方案，如应对贫困问题等。近年来，随着全球化的推进，国际合作事务日益增多，跨国性机构[①]和跨国性活动也日益增多。国际合作机构可以是联合国机构，如联合国儿童基金会；可以是区域间国际合作机构，如亚洲开发银行；可以是民间联盟类的国际合作机构，如倡导地方可持续发展国际理事会 ICLEI[②]（International Council for Local Environmental Initiatives，又称地方可持续发展协会 Local Governments for Sustainability）；也可以是某个个人发起的国际合作机构，如世界经济论坛 WEF（World Economic Forum）；还可以是某国政府下属的国际合作机构，如中国国家国际发展合作署 CIDCA（China International Development Cooperation Agency）[③]，英国海外发展署 DID（Department for International Development），德国国际合作机构 GIZ（Deutsche Gesellschaft für Internationale

---

① 2017 年修正的《中华人民共和国境外非政府组织境内活动管理法》规定境外非政府组织，是指在境外合法成立的基金会、社会团体、智库机构等非营利、非政府的社会组织。

② ICLEI 是一个致力于促进地方可持续发展的非政府国际组织，拥有超过 1,500 座城镇或地方政府作为会员城市，涵盖全球 25% 的城镇人口。

③ CIDCA 隶属于中国国务院，负责拟订对外援助战略方针、规划、政策，统筹协调援外重大问题并提出建议，推进援外方式改革，编制对外援助方案和计划，确定对外援助项目并监督评估实施情况等。援外的具体执行工作仍由相关部门按分工承担。

Zusammenarbeit）①，加拿大国际开发署 CIDA（Canadian International Development Agency）②，新加坡宜居城市中心 CLC（Center for Livable Cities）③ 等。

（三）国际组织的数量

据《国际组织年鉴》统计，20 世纪初，全球仅有 200 余个国际组织，20 世纪 50 年代，发展到 1,000 多个，截至 2018 年，全球已有多达 7 万多个国际组织④。近年来，各个国家先后涌现出了许多在两个以上国家开展国际合作项目，规模大小不一的组织和机构，很多都未纳入《国际组织年鉴》统计范围。国际组织在促进全球国家合作中积累了丰富的国际合作经验，特别是与"一带一路"沿线国家有着这样那样的合作或联系，为此，我们从这些国际组织中挑选出与城市发展相关的国际组织，梳理总结这些组织的运作机制，以期对推进"一带一路"建设中的城市国际合作有所借鉴。

---

①　GIZ 隶属于德国经济合作与发展部，是一个在全世界范围内致力于可持续发展的国际合作机构，为全球的政策、经济、生态和社会发展提供前瞻性的解决方案。GIZ 也承接德国政府其他部门、其他国家政府和国际组织如欧盟、世界银行及亚洲开发银行的委托开展国际合作，此外，也承接私营企业的委托开展国际合作。

②　CIDA 隶属于加拿大外交部，负责为发展中国家的发展提供官方协助，该机构与各国的政府机构、非政府组织以及社区进行广泛的合作，内容涉及社会发展、经济发展、环境可持续发展、政府治理等领域。

③　CLC 是由新加坡国家发展部和环境及水资源部联合成立的机构，负责研究城市宜居和城市可持续发展，并对外推介新加坡在城市发展、规划和管理，以及环境可持续发展方面的经验。

④　百度百科 https：//baike. baidu. com/item/国际组织；https：//uia. org/s/or/en/1100037828，2019 年 2 月 18 日。

◇◇二　国际组织运作机制比较分析

国际合作涉及两个以上国家，相互了解和理解对方的需求是合作的前提，物质资源和社会资源是合作的基础，合作态度和合作方式是合作成功的保证。因此，不成功的国际合作会面临"拿着钱，找不到项目"的挑战，而成功的国际合作则不仅会受到项目实施地的欢迎，其项目影响还会延伸扩展到更大范围，甚至催生新的项目。

（一）联合国儿童基金会：政府联动，政策推动

政府性国际组织中联合国是最为重要的。联合国 UN（United Nations）是第二次世界大战后由主权国家组成的国际组织。联合国大会 UNGA（United Nations General Assembly，简称联大）是联合国的主要审议、监督和审查机关，由全体会员国组成。联合国系统包括联合国自身以及被称为方案、基金和专门机构的多个附属组织。本文以联合国儿童基金会 UNICEF（United Nations International Children's Emergency Fund，简称儿基会）为例。

1. 成员政府代表参与的决策机制

联合国是全球最大的非营利机构，会员国 193 个。截至 2017 年，儿基会在 190 个国家和地区开展工作，并在 126 个国家设立了办事处，部分办事处负责两个以上国家的儿基会项目①。2017 年，儿基会在 102 个国家实施了 337 次紧急救助，为 4,500 万人口提供了安全饮用水供给；为

---

① https://www.unicef.org/where-we-work，2019 年 2 月 18 日。

400 万营养严重不良的儿童进行了治疗等①。

联合国儿童基金会的领导机构是执行局，执行局共有 36 个国家成员，由联合国经济和社会理事会按地区分配原则和主要捐助国、受援国代表性原则选举产生②。执行局负责指导和监测儿基会所有工作，包括制定政策、审批计划及决定行政和财务方针及预算。执行董事会任期通常为 3 年。儿基会执行局每年举行 3 次会议，核准国别方案，审议执行主任年度报告、战略计划实施报告、合作及伙伴关系全球战略、财务预算及年度认捐等③。

2. 政府与市场双管齐下的筹资模式

目前，联合国作为全球国家政府的组织，其附属机构的经费以联合国成员缴纳联合国会费为主，但企业和私人捐赠资助的比例也在逐步上升。联合国儿童基金会的资金来源分为三大类：一是成员国家政府资助，通常以会费的形式体现；二是私营部门包括个人的捐助，通常通过联合国儿童基金会国家委员会④或其他形式募集，包括小微捐赠、贺卡和礼品销售、企业合作伙伴专项捐助等；三是 UN 系统其他机构、政府间机构和非政府机构的资助。从预算结构来看，联合国附属机构的经费又分为常规预算和其他预算两类。常规预算，来自联合国收取的成员国会费；其他预算，主要来自会员国捐款和筹款，即所谓预算外资金。预算不包括紧急救援筹资金额。

随着各国经济的发展，总体上看儿基会的预算总规模有所增长，同

① https：//www. unicef. org/publications/files/UNICEF_Annual_Report_2017. pdf，2019 年 2 月 18 日。

② https：//www. fmprc. gov. cn/web/gjhdq_676201/gjhdqzz_681964/lhg_681966/jbqk_681968/t311635. shtml，2019 年 2 月 18 日。

③ https：//www. unicef. org/about/execboard/，2019 年 2 月 18 日。

④ 联合国儿童基金会目前在 37 个国家（中国未设立）设立了国家委员会，与儿基会在筹资方面密切合作。

时其他预算占比上升比例较大。儿基会年度报告显示，2005 年筹资额为 27.47 亿美元①，2017 年增长到 65.77 亿美元②。

3. 中央政府承诺的周期战略

联合国系统项目每 5 年为一个周期，每个周期联合国都要与所在国政府签署所在国的联合国发展援助框架，如《2016—2020 年联合国对华发展援助框架》（UNDAF，简称对华援助框架）。UNDAF 是联合国与中国合作的基础，既是中国政府和联合国系统对本周期项目提供支持的郑重承诺，也为联合国驻华系统及其中国合作伙伴确定了战略指引和工作的重点领域：减少贫困与促进公平发展；改善生态环境与推动可持续发展；加强对全球事务的参与③。其中第三个重点领域的目标就是提升中国参与国际合作的效果，使中国和世界均从国际合作中受益④。在对华援助框架的基础上，联合国驻华系统各机构制定国际合作的国别方案文件。2016 年 5 月发布的《中国政府—联合国儿童基金会 2016—2020 年国别合作方案行动计划》就是本周期儿基会在中国的 5 年计划。

4. 政府参与，结果导向的运作模式

联合国儿童基金会的使命是帮助世界各地的儿童实现他们生存、发展、受保护和参与的基本权利⑤。儿基会每年出版的《世界儿童状况报告》监测反映全球儿童和妇女的生存发展状况。儿基会项目坚持结果导向，注重实效，实行全过程评估。以 2001 年至 2005 年周期"家庭与社区支持"项目为例，儿基会项目大多采取结果导向的政策推进模式。具

---

① https：//www. unicef. org/publications/files/pub_ar2005_en. pdf，2019 年 2 月 18 日。

② https：//www. unicef. org/publications/files/UNICEF_Annual_Report_2017. pdf，2019 年 2 月 18。

③ United Nations Development Assistance Framework（UNDAF）for the People's Republic of China 2016 – 2020.

④ 联合国驻华系统与中国政府联合发布《2016—2020 年联合国对华发展援助框架》，https：//news. un. org/zh/story/2016/01/249912，2019 年 2 月 18 日。

⑤ 儿基会定义的儿童为 18 周岁以下的人口。

体特征如下：

以《儿童权利公约》为指导。儿基会将参与式《儿童权利公约》贯穿于项目全过程，对项目主要利益相关方均开展《儿童权利公约》的参与式培训，特别是对项目试点政府官员要开展《儿童权利公约》的培训。

部委机构牵头协调执行。儿基会项目采取纵向运行模式，所有项目的第一合作伙伴都是相关部委。比如"家庭与社区支持"涉及综合改革，牵头单位是原国务院体改办；卫生类项目牵头单位是卫生部；教育类项目牵头单位是教育部。

全过程经验分享及能力建设。儿基会和商务部（儿基会协调单位）每年都要组织儿基会项目年度项目主任会，一方面分享每个专题的项目成果，另一方面实施对项目主任的理念培训和方法培训。又如每年都举办性别视角的培训，采取不同的方式，保持参与人的热情；比如在编制周期国别方案前培训问题树分析法、结果导向分析法。

政策影响逐步推进法。儿基会项目资金相对比较少，但成效突出，原因在于儿基会将项目资金作为"种子钱"，通过项目试点延伸项目干预，逐步推进对政策的影响。比如就"家庭与社区支持"项目全过程都贯穿了社会工作职业化政策推进。一是从试点社区儿童公共服务机制入手探索工作人员的专业能力要求，引进美国社区信息转介机制、新西兰家庭圆桌会议机制、美国大手拉小手志愿服务机制等；二是调研试点项目服务人员，增加社会工作现状研究子课题，聘请中国社会工作协会主席王思斌教授等；三是组织社会工作国际研讨会，邀请中国香港、美国、英国等地专家分享国外社会工作职业化经验；四是邀请民政部社会福利司领导参会，并提交社会工作职业化政策建议，间接推动了中国社会工作职业化相关文件的出台。

5. 儿基会与"一带一路"建设

1979 年，中国开始与联合国儿童基金会发展合作关系。自 1980 年以来，中国一直是联合国儿童基金会执行局成员。迄今为止，联合国儿童基金会共在中国开展了 160 多个项目①。

2017 年 5 月 14 日，"一带一路"国际合作高峰论坛期间，商务部钟山部长代表中国政府与联合国儿童基金会时任执行主任雷克签署了《关于在"一带一路"倡议下加强合作的谅解备忘录》。期望中方与儿基会围绕"一带一路"倡议加强合作，促进沿线国家妇女儿童的发展，帮助其他发展中国家落实联合国 2030 年可持续发展议程②。

2018 年 6 月，联合国儿童基金会现任执行主任亨利埃塔·福尔在"'一带一路'倡议和 2030 年可持续发展议程"高级别研讨会上指出③：在中国实施共建"一带一路"倡议的过程中，联合国儿童基金会可以成为中国政府的重要合作伙伴。儿基会在 190 个国家及地区开展项目，拥有丰富的项目实地经验，与各国政府和其他联合国机构建立了强有力的合作关系，在促进各年龄阶段儿童健康成长与发展方面，拥有雄厚的专业力量。联合国儿童基金会具有项目设计和实施方面的专业经验，以及完备的项目资金监测评估体系，愿就此为中国提供相关支持。

（二）宜可城 ICLEI：用城市实验，讲好国际"故事"

联合国系统作为全球最重要的国际组织对促进全球合作无疑起到了无可替代的作用。然而，因资金和人力的限制，联合国系统机构难以涵

---

① 联合国儿童基金会，外交部，2019 年 1 月，https：//www.fmprc.gov.cn/web/gjhdq_676201/gjhdqzz_681964/lhg_681966/jbqk_681968/t311635.shtml，2019 年 2 月 18 日。

② 《商务部代表中国政府与有关国际组织签署"一带一路"合作谅解备忘录》，2017 年 5 月 14 日，http：//www.gov.cn/xinwen/2017-05/14/content_5193701.htm，2019 年 2 月 18 日。

③ 《联合国儿童基金会执行主任亨利埃塔·福尔在"'一带一路'倡议和 2030 年可持续发展议程"高级别研讨会上的发言》，搜狐网，2018 年 6 月 16 日，http：//www.sohu.com/a/236184659_614554，2019 年 2 月 18 日。

盖所有国际事务。构建"人类命运共同体"不仅需要联合国，需要各国政府通力合作，也需要国际非政府组织（International Non-Government Organization，简称 INGO）的支持。事实上，随着全球化进程的加快，国际非政府组织不仅规模越来越大，而且越来越活跃。20 世纪初期，INGO 只有 100 多家，到 21 世纪初期，INGO 已达到 40,000 多家①。到 2010 年，已有 3,420 个 INGO 获得了联合国的咨商地位②。这些国际非政府组织不仅直接掌握着资金，还拥有较高素质的庞大的人力资源和遍布全球的信息网络，我们仅以聚焦城市可持续发展的 ICLEI 为例。

1990 年 9 月，在联合国环境署的支持下，在美国纽约的联合国总部，由来自 43 个国家的 200 个地方政府发起成立了非营利机构"国际地方环境倡议理事会（International Council for Local Environmental Initiatives，简称 ICLEI）"，2003 年更名为"倡导地方可持续发展国际理事会"（Local Governments for Sustainability，英文简称沿用 ICLEI），2018 年中文改译为"地方可持续发展协会"，中文简称宜可城。目前有 1,500 多个会员，活动涉及 3,500 多个城市③。

1. 聚焦主题，深耕专业，挖掘经验

ICLEI 致力于推进全球城市和地方的可持续发展，在 1992 年里约地球峰会上作为全球唯一被授权作为观察员的地方政府网络。ICLEI 通过 5 个相互连接的发展路径提供城市问题解决方案，促进城市转型。ICLEI 的 5 个城市发展路径包括：低排放发展、循环发展、韧性发展、自然为基础的发展、公平且以人为本的发展。以服务会员城市为核心，通过开展案

---

① 邱伟、刘力：《透视日益走近中国的国际非政府组织》，《学习月刊》2005 年第 5 期，第 46—47 页。

② 马芳芳等：《国际非政府组织与联合国联系机制研究》，中国社会组织平台，http：//www. chinanpo. gov. cn/700101/92592/newswjindex. html，2019 年 2 月 18 日。

③ https：//iclei. org/en/featured_activities. html，2019 年 2 月 18 日。

例研究和组织促进城市可持续发展的研讨论坛等活动，促进城市可持续发展。ICLEI 与城市的合作主要通过总结案例，推广最佳实践，积极协助会员城市在大型国际合作平台上展示自己。1992 年，ICLEI 提出 21 世纪地方议程（Local Agenda 21），致力于推广参与性的可持续发展规划，是全世界首个以此为主题的全球性活动；1996 年，ICLEI 开展"城市气候保护行动"（Cities for Climate Protection，简称 CCP），是全球第一个及最大的地方政府反对温室气体排放的推广活动，后更名为"绿色示范型城市"（Green Climate Cities）；2006 年，ICLEI 会员开拓了地方最佳实践，实验了先导性工具生态预算。[①]

2. 会员网络大，知名城市会员多，支持体系强

ICLEI 是全球最大的城市和地方政府合作网络之一。ICLEI 拥有超过 1,500 个城市或地方政府会员，覆盖全球四分之一的城市人口[②]。世界知名城市包括纽约、芝加哥、洛杉矶、多伦多、伦敦、柏林、哥本哈根、首尔、东京、曼谷、悉尼、约翰内斯堡、圣保罗、里约热内卢、墨西哥城等都是其会员单位[③]。其全球秘书处位于德国波恩，负责指导机构发展、协调各地区办公室的工作，维护其与国际机构的合作关系。此外，ICLEI 在全球 12 个地区设有秘书处或办公室。

3. 服务会员，项目申请，技术服务的筹资模式

会员费收入：作为一个非政府国际组织，ICLEI 没有固定的政府捐助，缺乏联合国系统的稳定性，但 ICLEI 有 1,500 多个会员单位，所有会员均缴纳会员费，但因城市所在区域、人口规模和人均 GDP 的不同而缴

---

① https：//baike. baidu. com/item/ICLEI - 倡导地区可持续发展国际理事会/18298964？fr = aladdin，2019 年 2 月 18 日。

② NGO 名录：宜可城—地方可持续发展协会，中国发展简报，http：//www. chinadevelopmentbrief. org. cn/org7084/，2019 年 2 月 18 日。

③ https：//iclei. org/en/About_ICLEI_2. html，2019 年 2 月 18 日。

纳不同的年费。办公室费用一般由所在城市赞助设立。如在韩国首尔市政府支持下，ICLEI 于 2012 年在韩国首尔市建立 ICLEI 东亚秘书处。

申请项目经费：活动经费主要通过申请项目获得，来源包括：地方政府、国家政府、欧盟、多边银行、基金会等。

技术服务收费：包括提供培训、组织活动、提供研究报告、案例分析等。例如，2016 年，贵阳市成为 ICLEI 在中国的第一个正式会员城市，此后，ICLEI 与生态文明贵阳国际论坛合作，组织召开了绿色循环经济论坛，开展案例交流分享，应用 ICLEI 积累的城市低碳、循环、绿色经济等经验，促进贵阳与 ICLEI 其他会员城市在低碳城市规划、绿色出行、生态旅游等领域的交流合作，推动了贵阳在低碳、绿色、循环经济等领域的国际化。

4. 创新理念，自下而上，实验推动的运作模式

除常规的研究、交流、研讨外，ICLEI 的典型项目是创新性城市实验活动。开展城市实验活动，可以将可持续发展理念、低碳出行方式等创新理念在城市社区践行，将政策和理念的宣传在社区活动中实现"植入式"宣传，让社区人成为主动宣传者，从而实现自下而上的理念创新。ICLEI 在韩国开展的"无车月"活动是一个非常成功的案例。

2013 年 10 月，ICLEI 与韩国水原市合作举办了第一届"无车月"活动，倡导居民一个月拒绝汽车出行，尝试采取汽车以外其他更为低碳的绿色出行方式。实验活动的范围是水原市 Haenggung-dong 社区（简称 H 社区），该社区是联合国教科文组织的世界文化遗产水原华城所在的片区。但是，由于受到教科文组织指导方针的限制和约束，在韩国经济社会的快速发展的过程中，H 社区未能实现与其他区域同步发展，出现了社区人口流失、经济发展滞后、低收入家庭较多的社区特征。随着经济的发展，水原市居民对城市更新的要求日渐强烈。

由于"无车月"活动实施难度较大以及可能降低居民生活的便利性，

项目在征询初期遭到了居民的反对和质疑。但是水原市政府用实际行动改变了社区居民的态度，通过投资道路基建、翻新商店住宅外立面、拓宽人行道等措施，提升行人和骑行者的体验。据统计，水原市政府为"无车月"活动共投入 1,050 万美元，其中三分之二用于基建。这种长期的投入，一方面为社区居民增添了信心，另一方面也直接推动了"无车月"活动的顺利实施①。

活动期间，汽车被清出社区，街道焕然一新。人们使用自行车、新型平衡车、脚踏车等绿色方式出行。这种出行模式导致汽车减少，活动空间变大，植物增多，街道变得更安全，商店客流量增加，居民更愿意走出家门享受舒适的公共空间。一个月的活动让居民亲身体会到了绿色出行的舒适度，也看到了低碳生活的可能性。活动结束后，政府对街道的改造依然保留，居民也延续了"无车月"带来的低碳生活方式，继续开展"无车日"活动，并限制社区街道机动车行驶速度。绿色出行方式不仅降低了碳排放，提高了步行出行率，拉近了居民之间的距离，也提升了社区商业价值，地产价值随之升值。

水原市的"无车月"活动，不仅影响和改变了居民的生活方式，也提升了水原市的城市整体价值。通过 ICLEI 在其会员网络以及相关国际合作平台对水原市开创性实验创新活动经验的推介，水原市也成了生态出行的国际学习中心。韩国、中国、德国、南非等国家的城市管理者纷纷到水原学习生态出行的经验，探索如何在本国落地实施。事实上，2015 年 10 月，在水原 H 社区成功实验的基础上，南非约翰内斯堡的一个社区也举行了"无车月"活动，参与者多达 15,000 余人②。

---

① 冯婧：《禁止开车的社区：一场生态出行戏剧与三次元的改变》，澎湃，2015 年 8 月 14 日，https：//www.thepaper.cn/newsDetail_forward_1368762，2019 年 2 月 18 日。
② 澎湃，韩国那个禁止开车的社区，现在怎么样了？中国公路网，2015 年 12 月 13 日，ht-tp：//www.chinahighway.com/news/2015/982342.php，2019 年 2 月 18 日。

5. ICLEI 与"一带一路"建设

一方面，ICLEI 在全球设有 12 个秘书处或办公室，包括欧洲秘书处、非洲秘书处、墨西哥中美和加勒比地区秘书处、南美秘书处、南亚秘书处、东亚秘书处、东南亚秘书处、大洋洲秘书处、加拿大办公室、美国办公室、日本办公室、韩国办公室等，其业务覆盖区域与"一带一路"沿线国家的契合度较高，对这些国家的一些城市有较为深入的了解；另一方面，ICLEI 还在台湾高雄设置了一个能力建设中心，即高雄环境可持续发展能力建设中心。ICLEI 已在 1,500 多个会员城市有丰富的实战经验，同时还可以依托高雄环境可持续发展能力建设中心，推动"一带一路"沿线城市的可持续发展。

（三）搭建全球思想交锋的平台：世界经济论坛

世界经济论坛（World Economic Forum）是以研究和探讨世界经济领域存在的问题、促进国际经济合作与交流为宗旨的非官方国际性机构，也是致力于推动公私合作的非官方、中立的国际组织，总部设在瑞士日内瓦。其前身是"欧洲管理论坛"，于 1971 年由现任论坛主席、日内瓦大学教授克劳斯·施瓦布创建。世界经济论坛旨在通过召集全球优秀商界领袖、政府首脑、政策制定者、专家学者、国际组织代表、青年领袖、技术创新者等，搭建不同利益相关方之间的沟通桥梁，共同研究和探讨世界经济领域存在的问题，促进公私部门国际经济合作与交流。

1. 汇聚精英，思想引领的组织架构

世界经济论坛的领导团队由基金董事会和管理委员会组成。基金董事会成员由来自企业、政府、学术机构和民间社会组织的二十余名杰出人物担任。管理委员会负责执行，确保所有活动符合世界经济论坛的使命。世界经济论坛通过战略合作伙伴、准战略合作伙伴、行业合作伙伴、地区合作伙伴、机构会员、论坛会员、技术先锋等会员形式开展与机构和企业的合作，并构成其强大的会员网络。在此基础上，论坛还设立了专家网络、全球未来理事会、全球杰出青年、全球青年领袖、技术先锋、文化领袖、青年科学家等七大社区，促进交流沟通。

2. 量身定制式筹资模式

个性化年费收入：世界经济论坛虽然是一个非营利机构，但因其服务产品符合市场需求，其筹资模式较为独特。论坛有众多会员，比如论坛的机构会员就有1,000家，但与其他会员制机构不同，世界经济论坛的会员年费并不统一，而是量身定制。例如，论坛主要资金来源是企业会员费，论坛会根据企业的不同需求，为其量身定制多样化的参与方案，从战略合作伙伴到普通会员，会员费从6万瑞士法郎到60万瑞士法郎不等①。

研究报告收入：在定期会议的基础上，为了更好地提供智力支持，世界经济论坛的研究团队也通过出版物等形式为利益相关方提供竞争力、性别平等、信息技术、包容性增长与经济发展等四大领域的前沿数据和成果报告，研究报告销售或定制可以收取一定费用。

项目合作费收入：城市申请举办世界经济论坛区域会议，如阿联酋的全球议程峰会、中国大连和天津的新领军者年会，举办地城市提供会议支持经费。此外，论坛还接受企业或私人的捐赠及赞助等。

总体上看，世界经济论坛聚焦论坛，强化品牌服务，创造了不菲的收入。据统计，2015年论坛收入达2.05亿瑞士法郎②。

---

① Hope, Katie. Ten Things you didn't know about Davos. BBC. Jan. 21, 2019, https://www.bbc.com/news/business-46895332, 2019年2月18日。

② 苏宁：《世界经济论坛：引领全球议题的平台型智库》，2015年5月4日，光明网，http://epaper.gmw.cn/gmrb/html/2016-05/04/nw.D110000gmrb_20160504_2-16.htm, 2019年2月18日。

3. 思想交流平台商业化运营模式

国际合作的务实推进需要深度的思想交流，而深度交流需要借助有效的交流平台。世界经济论坛就是全球最具代表性的交流平台搭建型非政府国际组织，其平台对全球经济社会走向具有一定的引领作用。论坛虽然是一个非营利性的国际组织，且其主要产品是服务，但论坛却采取了完全商业化的运营模式，为"互联网＋"时代知识服务产品商业化运营提供了参照。

汇聚行业精英企业代表。论坛的会员企业一般都是其所属行业或国家中的顶尖企业，行业跨越建筑、航空、科技、旅游、食品、工程和金融服务等多个领域。这些会员企业对本行业或所在区域行业的未来发展至关重要，世界经济论坛对全球发展趋势的判断通过会员企业会影响辐射到多个国家、地区和行业。

聚焦冬季达沃斯。每年年初，世界经济论坛在瑞士达沃斯小镇举办年会，又称冬季达沃斯。冬季达沃斯会议持续约一周时间，每年都要确定一个主题，在此基础上安排200多场分论坛讨论。截至2019年共举办了48届年会。冬季达沃斯论坛每年都能邀请到多个国家的首脑、央行行长、上千位企业总裁、上百名全球知名人物，共同商讨全球经济热点，探讨和制定全球、区域和行业议程。基于此，达沃斯已成为讨论全球问题的权威平台，为参会的会员企业、政府代表、学术界代表等提供了高端交流平台，进而间接促进了国际经济合作与交流。

推出精细化产品。除了冬季达沃斯论坛，世界经济论坛每年还推出新领军者年会、全球议程峰会、行业战略会议、区域和国家战略会议等活动。同时，世界经济论坛还通过项目合作、专题研究和虚拟网络平台交流的形式促进行业和会员伙伴深入交流。经过多年的发展，世界经济论坛已形成了会议加研究、实体加虚拟，跨越多个行业和领域的多层次互动交流网络，成为全球最有影响力的非官方交流平台之一，对全球经济产生了相当的影响力。

4. 世界经济论坛与"一带一路"建设

1979 年以来，中国一直与世界经济论坛保持着良好的合作关系。中国领导人先后多次出席年会并发表讲话。1992 年以来，中国国家领导人先后赴瑞士参加冬季达沃斯论坛。1993 年起，中国多次派代表团参加世界经济论坛举办的地区经济峰会。2005 年，世界经济论坛主席克劳斯·施瓦布提出了"中国夏季达沃斯"的设想①。2006 年 6 月，世界经济论坛北京代表处成立，是世界经济论坛在瑞士境外设立的首家代表机构②。2007 年开始，世界经济论坛每年在中国举办全球新领军者年会（即"夏季达沃斯"），为全球成长型公司创造与成熟企业共同讨论、分享经验的平台。

2017 年 1 月 17 日，国家主席习近平出席世界经济论坛 2017 年年会开幕式，并发表了题为《共担时代责任，共促全球发展》的主旨演讲，指出"一带一路"就是要"共商合作大计、共建合作平台、共享合作成果，为解决当前世界和区域经济面临的问题寻找方案，为实现联动式发展注入新能量，让'一带一路'建设更好造福各国人民"。同期，"一带一路"达沃斯论坛创立，每年冬季达沃斯期间在瑞士同期举行。2017 年 5 月，"一带一路"国际合作高峰论坛上，中国政府与世界经济论坛签署了"一带一路"合作备忘录。2018 年 1 月冬季达沃斯期间，在主题为"'一带一路'倡议的影响力"的分论坛上，俄罗斯直接投资基金总裁德米特里耶夫直言，"一带一路"是在分化的世界中，通过全球化实现增长

---

① 龚相娟、靳博：《夏季达沃斯与天津的"十年之约"》，人民网，2018 年 9 月 18 日，http://finance.people.com.cn/n1/2018/0918/c1004 - 30299028.html，2019 年 2 月 18 日。

② 聂晓阳、田栋栋：《邂逅中国 携手中国——达沃斯见证改革开放 40 年》，新华网，2019 年 1 月 20 日，https://news.sina.com.cn/o/2019 - 01 - 20/doc-ihqfskcn8706918.shtml，2019 年 2 月 18 日。

包容性的最好例证①；2019 年 9 月，天津夏季达沃斯新设了"一带一路"分论坛，为国际社会了解"一带一路"开辟了新渠道，提供了新平台。

（四）经验输出型：新加坡宜居城市中心

新加坡宜居城市中心（以下简称宜居城市中心，Center for Livable Cities，英文简称 CLC）由新加坡国家发展部和环境及水源部于 2008 年联合成立，隶属国家发展部。宜居城市中心对内面向新加坡国内政府、商业和学术界等利益相关方，总结研究新加坡宜居城市建设经验；对外面向国际合作伙伴，分享新加坡在城市规划、规划管理和环境可持续发展方面的经验，共同应对城市可持续发展的各种挑战，寻求最佳解决方案。

1. 政府支持型组织架构和筹资模式

作为国家发展部直属机构，宜居城市中心人力资源库非常丰富，包括政、商、学术界的多位资深人士，为其工作开展提供了强大的保障和有力的支持。宜居城市中心内设包括高级顾问、顾问委员会、利益相关方指导机构、研究专家、专家委员会、运营团队等机构，委员会及专家团队涵盖新加坡政、商、学界知名人士，为机构发展提供顶层设计和智力支持②。

作为国家发展部直属机构，宜居城市中心以政府分支机构的名义开展活动，因此主要的运营资金和部分开展活动的资金都来自政府支持以及淡马锡基金。

2. 聚焦精品培训课程、品牌论坛

国际组织和机构通常依托其研究力量，整理优秀案例和最佳实践，

---

① 达沃斯论坛："一带一路"是实现共赢共享发展的生动实践，https：//baijiahao.baidu.com/s？id=1590656988753346276&wfr=spider&for=pc，2019 年 2 月 18 日。

② https：//www.clc.gov.sg/home，2019 年 2 月 18 日。

以能力建设的形式为会员城市或者城市网络内的单位提供智力支持，输出先进的理念，对辐射的城市网络产生积极影响。新加坡宜居城市中心能力建设即是典型案例。

宜居城市中心每两年召开"世界城市峰会"，并配套举办"世界城市峰会市长论坛""李光耀世界城市奖评选"等具有全球影响力的大型活动，邀请来自世界各地市长和城市管理者参加，为与会者提供知识分享平台，同时借由活动维护并拓展宜居城市中心的城市关系网络。2017 年，宜居城市中心在中国苏州举办了世界城市峰会市长论坛和青年领袖研讨会，来自 54 个城市的 60 名市长和城市高级管理人员出席①。2018 年召开的第六届世界城市峰会（背靠背举办的新加坡国际水周和清洁环境峰会、第九届市长论坛、李光耀世界城市奖论坛、东盟智慧城市网络启动会议等活动）就吸引了超过 22,000 人参会②。

此外，宜居城市中心也通过与联合国人居署、世界银行、各国政府部门等机构开展能力建设合作，不断扩大对城市的影响。截至 2017 年，培训学员已涵盖来自 69 个国家的 3,824 名政府官员和城市管理者③。

3. 实践经验积累输出型运营模式

宜居城市中心开展的业务主要包括以下四类：研究、培训、知识平台和咨询。运营团队根据业务方向分别开展对外合作。

结果导向型研究。研究主要包括两个方向，一是总结新加坡 1965 年成立后实现城市转型的经验，二是探讨如何更好地应用城市发展经验，

---

① Building Partnerships, Enhancing Capabilities: Annual Report 2017 - 2018, Center for Liveable Cities. 2018. https: //www. clc. gov. sg/docs/default-source/about/annual-report/ar - 2017 - 2018. pdf, 2019 年 2 月 18 日。

② 同上。

③ Shaping Knowledge, Building Networks: Annual Report 2016 - 2017. Center for Liveable Cities. 2017. https: //www. clc. gov. sg/docs/default-source/about/annual-report/ar - 2016 - 2017. pdf, 2019 年 2 月 18 日。

解决当前和未来可能面临的城市发展挑战。研究成果包括关注新加坡城市发展关键领域的《城市体系研究》，以及在宜居城市中心全球合作网络之内开展的具有前沿性的案例研究。

实践案例式教学。宜居城市中心成立的目的之一是要建立一个领先的城市大学，因此培训是支柱，开展的专题培训活动包括面向新加坡公务人员和各国城市管理者的"城市政府管理领导人培训"。宜居城市中心基于其丰富的资源和深厚的研究基础，面向国内及国际政府官员和城市管理者提供城市管理相关主题的能力建设课程。能力建设活动基于新加坡宜居城市框架，通过分享和探讨新加坡在城市规划、可持续发展、绿色低碳方面的经验，帮助城市市长、管理者和规划师提升能力。宜居城市中心面向国内和国际城市管理者开发的课程体系包括：城市治理领袖项目、城市管理领袖项目、淡马锡国际城市治理领袖项目、新加坡—联合国人居署国际城市治理领袖联合培养项目等。

知识分享型传播。知识分享平台搭建是宜居城市中心与合作伙伴分享成果的有效途径，特别是通过大型活动进行的推广。宜居城市中心举办的活动包括"世界城市峰会""世界城市峰会市长论坛""李光耀世界城市奖"等具有全球影响力的大型活动。此外，"CLC 系列讲座"和城市发展主题出版物也是其重要的推广途径和平台。

国际咨询式服务。宜居城市中心利用其知识储备和专业力量，在总结、培训和推广的基础上，也为需要的城市提供城市和基础设施规划、城市治理等咨询服务，已与印度、斯里兰卡、马来西亚等国家的城市开展了合作。

4. 宜居城市中心与"一带一路"建设

新加坡具有独特的语言优势，大多数人以英语为母语，同时可以讲汉语，这大大降低了新加坡与中国开展国际合作的沟通成本。2013 年，新加坡宜居城市中心应中国国家发展和改革委的要求，为配合中国城镇化发展战略需要，为中国量身定制了淡马锡基金会城市管理领袖培训课程。同年 4 月，国家发展和改革委员会、住房和城乡建设部、财政部、国土资源部、中国国家开发银行共同组织来自中央、省和城市政府的政策制定者和城市管理者共计 87 名代表参加培训课程①。

2017 年 5 月，中国国家发展和改革委员会主任何立峰和新加坡国家发展部长兼财政部第二部长黄循财签署了《"一带一路"谅解备忘录》。中新两国政府同意共同探讨如何实现"一带一路"倡议与两国的国家发展目标对接，包括加强协调、贸易互联互通、资金融通、民心相通以及中新（重庆）战略性互联互通示范项目等领域的合作②。中新合作备忘录被纳入"一带一路"国际合作高峰论坛成果清单③。2018 年 1 月，在冬季达沃斯主题为"'一带一路'倡议的影响力"的分论坛上，新加坡总理公署部长陈振声认为，本次达沃斯年会讨论分化的世界，共建"一带一路"很可能是最好的应对方案④。

◇◇三 "一带一路"城市国际合作面临的挑战

据外交部信息，截至 2019 年 2 月，已经有 150 多个国家和国际组织

---

① Connecting Past and Future: Annual Report 2013 - 2014. Center for Liveable Cities. 2014. https://www.clc.gov.sg/docs/default-source/about/annual-report/ar - 2013 - 2014. pdf, 2019 年 2 月 18 日。

② 林子恒：《新加坡同中国签署一带一路谅解备忘录》，联合早报，2017 年 5 月 15 日，http://beltandroad.zaobao.com/beltandroad/news/story20170515 - 760172, 2019 年 2 月 18 日。

③ 同上。

④ 沈忠浩、聂晓阳、田栋栋：《达沃斯论坛："一带一路"是实现共赢共享发展的生动实践》，新华网，2018 年 1 月 26 日，http://www.xinhuanet.com/2018 - 01/26/c_1122323455. htm, 2019 年 2 月 18 日。

同中方签署了共建"一带一路"合作文件①。然而,签署合作文件只是合作的起步。

(一) 基础设施互联互通进展迅速,对沿线城市了解理解不足

2011 年 3 月 19 日,从中国重庆到德国杜伊斯堡的"渝新欧"集装箱货运班列发车,标志着中国和欧洲之间的铁路货运新模式——"中欧班列"正式开通。根据中国铁路总公司统计数据,截至 2018 年底,中欧班列累计开行超过 12,000 列,我国境内开行城市 56 个,通达欧洲 15 个国家的 49 个城市。2018 年,中欧班列共开行 6,300 列,同比增长 72%,其中返程班列开行 2,690 列,同比增长 110%②。但是,媒体报道有关中欧班列开通的信息较多,对中欧班列国外通达城市的情况介绍却不多,而我国城市如何与沿线城市开展深度合作的信息就更少,亟须深入分析研究。

(二) "一带一路"城市结对数量多,对国际组织利用不足

"一带一路"倡议提出 5 年来,各地纷纷出台相应的政策措施,不但支持企业"走出去"投资,而且支持与沿线城市结对合作。例如,截至 2018 年 6 月,安徽与俄罗斯伏尔加河沿岸所有 14 个联邦主体建立直接交往关系,双方各类互访团组累计 300 余批次,举办人文活动近 100 场;截至 2018 年 12 月,福建与泰国孔敬府、马来西亚沙捞越州、越南广宁

---

① 《中方:从未在共建"一带一路"中施加"不可接受的条件"》,中国新闻网,2019 年 2 月 12 日,http://www.chinanews.com/gn/2019/02 – 12/8752155.shtml,2019 年 2 月 18 日。

② 《2018 年中欧班列开行发运数据及分析总结》,物通国际物流网,2019 年 1 月 9 日,http://inter.chinawutong.com/news/120459.html,2019 年 2 月 18 日。

省等正式结为省级友城，省、市、县三级国际友城超过 100 对①。但是，目前的交流活动政府主导特征较为明显，且多以促进贸易往来和招商引资为主，对当地企业、民众的利益诉求了解不足，对如何利用非政府国际组织促进沿线城市开展国际合作研究探索不足。

（三）"一带一路"国际组织签约多，资金支持保障机制不足

2017 年 5 月，首届"一带一路"国际合作高峰论坛期间，全球有 70 多个国际组织派代表参会，其中签署"一带一路"合作备忘录的国际组织多达 29 家。一年多来，越来越多的国际组织对"一带一路"建设表现出热切参与的期望，签约国际组织已在依靠既有资源和机制开展促进"一带一路"合作的活动。但是，要将国际组织的全球网络优势、沿线项目实践经验优势和项目运营优势充分发挥出来，还需要有实质性的资金支持保障机制。中国国家国际发展合作署成立不到一年，对外援助战略方针、规划、政策的制定还有待完善，亟须相关国际组织的支持。

（四）企业"走出去"数量多，"讲好中国故事"人力不足

随着"一带一路"倡议的推进，我国对"一带一路"沿线国家的投资合作稳步推进。据商务部信息，截至 2018 年上半年，我国企业共在 46 个国家建设初具规模的境外经贸合作区 113 家，累计投资 348.7 亿美元，入区企业 4,542 家，为当地创造就业岗位 28.7 万个，截至 2018 年 6 月末，我国在外各类劳务人员 99.6 万人。2018 年上半年，在 24 个"一带

---

① 国家发改委：《一带一路华东篇：突出先发优势，谋求创新发展》，2019 年 2 月 21 日，http：//www.chinanews.com/gn/2019/02-21/8760727.shtml，2019 年 2 月 18 日。

一路"沿线国家在建境外经贸合作区82家，新增投资25.9亿美元，占我国境外经贸合作区新增总投资的87%①。在"一带一路"国际合作中，说到"讲好中国故事"，我们首先想到的是宣传部门、使团使馆、专家学者，事实上，这些数量巨大、常年在"一带一路"沿线国家工作的一线人员才是"中国故事"的重要"宣讲者"，如何发挥在外企业员工的作用，还有待探索。

◇◇四　借鉴国际组织经验，推进
"一带一路"建设的政策建议

习近平主席明确指出，共建"一带一路"不仅是促进全球经济合作的重要手段，也是完善全球发展模式和全球治理模式的重要方式。习近平主席还多次强调，"一带一路"建设一定要坚持"共商、共建、共享"的原则。对国际组织运作模式的分析显示，国际组织在"一带一路"沿线国家有庞大的合作网络、成熟的运行机制、丰富的项目经验、高素质的专业队伍。为此，对如何借鉴国际组织经验推进"一带一路"建设提出如下建议：

（一）依托基础设施互联互通城市，建立"一带一路"城市合作机制

发挥国际组织分支机构多（如 UNICEF）、会员城市多（如 ICLEI）、

---

① 商务部：《合作司负责人谈上半年我国对外投资合作情况》，中国日报，2018年7月20日，https://caijing.chinadaily.com.cn/a/201807/20/WS5b8cd7f9a310030f813eae36.html，2019年2月18日。

行业覆盖广（如 WEF）的优势，联合城市发展相关的国际组织，建立
"一带一路"可持续城市联盟。以联盟为平台，以基础设施互联互通城市
为基础，收集整理"一带一路"沿线城市的基本信息和城市可持续发展
实践案例，形成"一带一路"城市资源库，并与在线城市共享；以联盟
为平台，建立"一带一路"沿线国家城市问题研究机构的研究成果交流
机制，在成果交流的基础上开展合作研究，加强对沿线国家城市的认识
与理解；以联盟为平台，组织"一带一路"可持续城市论坛，共商"一
带一路"建设大计，使"无车月""儿童主任"等先进理念和做法得到
广泛传播，并在交流的基础上，开展需求评估与项目对接，使"一带一
路"城市合作务实落地。

（二）借助国际组织资源，孵化一批国际化的非营利机构

国际组织既有全球视野，又有规范成熟的运作机制、经验丰富的工
作团队，还有覆盖沿线国家的实施项目，由此，国际组织无疑是非营利
机构创新创业的最佳"导师"。例如，联合国儿童基金会和救助儿童基金
会（香港）等国际组织培育的云南瑞丽妇女儿童中心，已在缅甸木姐市
（瑞丽市友好城市）为木姐市赛木小学开设营养早餐，为 105 码孤儿院开
设"1 个鸡蛋的营养膳食计划"[1]；受联合国工业发展组织长期支持的甘
肃自然资源能源研究所，已在巴基斯坦推广移动便携式太阳能灯，为基
础设施条件差的贫困地区提供照明解决方案，受到广泛关注和好评[2]。建
议通过国际公开招标，邀请具有丰富国际合作项目运营经验的国际组织

---

[1] 《瑞丽市妇女儿童发展中心关爱缅甸儿童》，云南网，2016 年 12 月 23 日，http://
news. 163. com/16/1223/07/C8V1EQ27000187VG. html，2019 年 2 月 18 日。

[2] 《甘肃自然能源研究所：可再生能源未来可期》，中国兰州网，2018 年 6 月 21 日，ht-
tp：//www. sohu. com/a/237031401_137123，2019 年 2 月 18 日。

遴选部分初创 NGO 开展"园区式"孵化，也可以从发起《中国社会组织推动"一带一路"民心相通行动计划（2017—2020）》的 80 多家中国民间组织中，筛选一批 NGO 进行孵化。孵化后的 NGO 有望成为未来"一带一路"沿线"民心相通"的高效推动者。

（三）依托国家国际发展合作署，设立"一带一路"城市合作创新基金

若要依托国际组织推动"一带一路"城市合作，就需要有较为稳定的资金支持。前述关于国际组织的分析显示，儿基会有固定的会员国家缴纳会费的支持，ICLEI 有 1,500 多个会员城市缴纳年费，世界经济论坛有商业化运营的高额企业会员年费，宜居城市中心有新加坡国家发展部的固定拨款。2017 年"一带一路"国际合作高峰论坛成果清单明确指出：中国政府将向南南合作援助基金增资 10 亿美元，用于发起中国—联合国 2030 年可持续发展议程合作倡议。向有关国际组织提供 10 亿美元，共同推动落实一批惠及沿线国家的国际合作项目。为此，建议在中国国家国际发展合作署的指导下，设立"一带一路"城市合作创新基金。一方面可以针对"一带一路"国际合作高峰论坛期间提出的热点议题设立具体项目，项目可以全球开放，供各类国际组织申请，优胜劣汰；另一方面，可以借鉴联合国系统项目实习生计划，让青年人从"干中学"，基金可以资助有志于"一带一路"建设的青年到国际组织工作，特别是到国际组织在"一带一路"国家的项目中工作学习。培养一批会讲外语、会用外语、会以国际化的方式实施项目的青年才俊，未来，这些青年将成为"一带一路"园区、项目中的骨干，将会有效推动"一带一路"倡议在沿线城市的务实落地。

（四）借助国际组织力量，开展参与式"一带一路"能力建设

"共商、共建、共享"的"人类命运共同体"一方面要通过基础设施互联互通来共享，另一方面要通过相互的了解和理解达成共识。"共商、共建、共享"不应只停留在官员、专家、学者的宣讲中，而是要落实到每个具体的项目中，要落实到能力建设中。能力建设要从一般的培训向以政策研究为基础的实践案例式培训转变。一是要借鉴新加坡宜居城市中心经验，遴选专业化机构与国际组织共同开发"一带一路"参与式培训课程；二是要借鉴世界银行"知识分享"项目经验，与国际组织专家共同将"中国故事"进行国际化表述；三是要借鉴英国国际发展部社会发展"培训者培训"项目经验，选拔具有国际化视野和国际合作基础的"培训者"参加培训，并制作成图文并茂的小册子；四是经过培训的"培训者"前往"一带一路"项目所在城市实施培训或宣传。不仅要让"共商、共建、共享"的思想成为一线近百万中国公民的共识，也要让项目在建国家的公民体验到"共商、共建、共享"的思想。

第十八章　国际智库对"一带一路"的评价与启发

刘　悦① 徐秀军② 徐奇渊③ 张力康④ 张博一⑤

◇◇一　国际智库对"一带一路"评估的总体情况

（一）国际关注度持续上升

自 2013 年习近平主席提出"一带一路"倡议以来，世界各国对"一带一路"倡议的关注度持续上升。美国的卡内基和平基金会在 2015 年发布的"一带一路"相关报告仅有 10 篇，2016 年为 29 篇，2017 年骤升至 91 篇，截至 2018 年 12 月，该智库已经发布的与"一带一路"相关的报告达 94 篇。总体可见，美国智库对"一带一路"的关注度明显上升，相关报告文章的发布数量也显著增多。

德国作为欧洲经济的"顶梁柱"，是中国在欧洲最重要的合作伙伴之

---

① 刘悦，中国城市和小城镇改革发展中心国际合作部主任、副研究员。
② 徐秀军，中国社科院世界经济与政治研究所国际政治经济学研究室主任。
③ 徐奇渊，中国社科院世界经济与政治研究所经济发展研究室主任。
④ 张力康，中国城市和小城镇改革发展中心国际合作部助理研究员。
⑤ 张博一，中国城市和小城镇改革发展中心国际合作部项目官员。

一。德国智库墨卡托中国经济研究所自 2013 年成立以来，关于"一带一路"倡议的报告总计多达 95 篇，其中，90% 以上的相关报告是 2017 年以后发布的。德国智库国际政策与安全研究所关于"一带一路"倡议的研究报告从 2014 年的仅 4 篇，增长到 2018 年的 30 篇。自"一带一路"倡议提出以来，该智库发布相关报告累计达 77 篇，由此可见德国战略界对"一带一路"倡议越来越重视。法国国际关系研究所自"一带一路"倡议提出以来，共发布了 60 余篇与"一带一路"倡议相关的报告，而其中 80% 的发布时间集中在 2017 年以后，可见对"一带一路"倡议的关注度在逐渐上升。

作为"一带一路"建设最重要的目标区域之一，中亚地区各国智库对"一带一路"倡议的关注更是迅速提高。巴基斯坦智库对"一带一路"倡议高度信任，伊斯兰堡政策研究所也多次指出"中巴经济走廊"是巴基斯坦加速工业化进程的重要机遇。与巴基斯坦相比，印度智库对"一带一路"倡议的关注点则经历了比较大的转变，从抵触到尝试接触，这一过程也体现了印度国内对"一带一路"倡议的了解与认知在逐渐深入。

总体而言，自 2013 年习近平主席提出"一带一路"倡议以来，国际智库对倡议的关注度持续上升。尤其是在 2017 年 5 月，"一带一路"国际合作高峰论坛召开后，国际智库对"一带一路"的关注度迅速提升，相关研究报告发布的数量也显著上涨。

(二) 国际智库对"一带一路"倡议的评价

本文对国际智库关于"一带一路"的研究报告进行了梳理，按照其对"一带一路"倡议的总体态度划分为正面与负面两方面。

1. 积极对接"一带一路"倡议

对"一带一路"倡议态度较为积极的国家主要是欧洲和中亚地区，例如英国、德国、俄罗斯、哈萨克斯坦和巴基斯坦等国。欧洲国家多从商业的实用主义角度去审视"一带一路"倡议，认为"一带一路"倡议有利于促进沿线地区经济发展，愿意在经济层面与中国围绕"一带一路"倡议进行对接，目前合作领域主要集中在贸易。而作为与中国互联互通合作程度最高的沿线国家，俄罗斯认为"一带一路"倡议是提振其国内经济的重要战略，"一带一路"的商业行为本质有助于促进沿线地区发展。俄罗斯希望积极对接"一带一路"倡议，充分利用这一战略机遇，目前与中国的合作多局限于能源领域。中西亚地区对"一带一路"倡议态度较为积极，视其为促进其国内经济发展和基础设施建设的重要推动力。巴基斯坦、斯里兰卡和孟加拉等国对"一带一路"倡议情感积极，信任充分，积极推动融入"一带一路"倡议。该地区与中国经济存在较强互补性，合作领域主要集中于能源和基础设施建设。

总体而言，对"一带一路"倡议持正面态度的国家认为"一带一路"倡议有助于促进其国内经济的发展，促进贸易的往来和基础设施建设的完善。这些国家对"一带一路"倡议的信任与正面态度主要体现在愿意积极同中国展开对话，积极开展并推动围绕该倡议的项目谈判与建设。

2. 对"一带一路"倡议仍存质疑

虽然"一带一路"倡议深得沿线国家和人民的欢迎，但也有部分国家持质疑态度。美国对"一带一路"倡议存在抵触，其国内知名智库围绕地缘政治、经济、军事、贸易、科技和基础设施建设等多方面对"一带一路"倡议展开了研究。日本和韩国则对"一带一路"倡议态度较为矛盾，既认为应该积极对接该倡议，又焦虑这一倡议会提升中国的影响力。印度、越南等国担忧"一带一路"倡议会增强中国在该地区的影响力，继而影响其在该地区的话语权。

　　尽管这些国家对"一带一路"倡议多存质疑态度，但随着时间的推移，相关国家也都希望可以借助"一带一路"倡议来实现其自身的经济利益追求。韩国、日本和印度等国对"一带一路"倡议都经历了转变，从质疑到尝试对接该倡议，从最初抵制到希望借助"一带一路"来实现其经济诉求。

（三）对"一带一路"倡议的期望

1. 与现有多边组织合作，促进区域经济发展

　　伴随着中俄友好关系的快速发展，俄罗斯智库认为"一带一路"倡议与俄倡导的"欧亚经济联盟"相辅相成，俄罗斯社会舆论对两个多边倡议的对接也充满期待。俄智库普遍认为在当前西方国家集体对俄进行制裁和其国内经济不景气的背景下，应加强与中国的外交，以商贸项目合作为重点推动两国经济发展。俄罗斯智库战略与科技分析中心2015年的一篇报告《中国"向西看"政策：与巴基斯坦的新连接》分析了中国借助中巴经济走廊将有利于维护地区稳定和区域经济发展，而俄罗斯也可以从中受益。俄罗斯智库卡内基莫斯科中心2017年的一篇报告《中国俄罗斯需要共享欧亚愿景》指出俄罗斯应努力将中国的"一带一路"倡议与俄罗斯自身的经济计划互相协调一致，以此来实现中俄关系的稳定和俄罗斯经济的发展。

2. 支持相关机构和企业积极参与"一带一路"建设

　　以英、法、德为首的欧盟国家对中国的"一带一路"倡议总体态度较为积极且十分务实。作为传统制造强国，德国希望借助中国的"一带一路"和自身的制造业优势，来促进其国内经济的进一步发展。德国智库墨卡托中国研究所在其2017年发布的报告《德国希望欧洲帮助塑造中国的"一带一路"倡议》中指出，德国的许多贸易中心都可以通过海路

和陆路延伸范围的扩大来获得更大商机。法国智库认为中法两国可在文化和高铁领域进一步展开合作,借助"一带一路"倡议,优势互补,共同开拓新兴市场。

美国智库虽整体对"一带一路"持质疑态度,但仍希望美国企业可参与相关项目,并获得经济收益。美国国际战略研究中心在《五年后的中国"一带一路"倡议》中指出美国供应商、服务商和投资者应该有机会参与"一带一路"相关项目。并分析,目前美国供应商正在通过与中国企业的合作参与"一带一路"项目,如惠普已经参与了中欧之大货运列车的相关项目。

日本智库双日综合研究所2016年的报告《"一带一路"倡议与日本的作用》指出,"一带一路"追求的是国际公共产品,而非中国自己的经济利益,日本及其主导的亚洲开发银行应该积极同"一带一路"进行对接,并鼓励日本民间企业参与到"一带一路"建设中来发挥作用。

澳大利亚智库澳大利亚国际事务研究所2017年发布的报告《中澳合作建设"一带一路"的机遇有哪些》指出"一带一路"是中澳加强中澳经济合作的重要战略机遇,两国应该共同制定政策,确保私营部门能够充分参与"一带一路"建设,从而加强中澳合作并落实"一带一路"的实施。

◇◇二　国际智库评估"一带一路"的论证方法分析

根据分析上述国际智库报告,发现其分析"一带一路"倡议时较中方宣传方式更加注重引用数据追踪"一带一路"项目内容,侧重于数据整理和以结果为导向的量化分析。但有时会忽视事物的辩证统一关系,片面选取案例，导致结论有失偏颇。

国际智库相关报告总体论证方法包括定性分析和定量分析两大类，其中频繁使用的具体论证方法包括逻辑推理、历史求证、数据追踪和线性回归、案例分析和比较分析等几种方式。国际智库在分析"一带一路"倡议时基本框架为倡议的起源和动机、可行性、影响和对策建议。其中分析倡议起源、动机、影响部分多用逻辑推理和历史求证法，在分析可行性时则多采用案例分析、比较分析、数据追踪和线性回归等方式。下面将举例分析几种高频率论证方法。

（一）历史求证法

通过总结分析言论和行为的历史轨迹得出结论。历史求证法在东西方思维中存在明显差异，东方历史分析强调情境，抓住事件的发生顺序，强调事件之间的联系，鼓励人们历史客观地理解历史人物。西方人分析历史轻视情境因素，不大关注历史的时间顺序，强调历史进程中的因果模型。

在美国国际战略研究中心《习近平主席的"一带一路"倡议》报告中，Christopher Johnson 通过梳理邓小平、江泽民、胡锦涛和习近平时期的政策报告，找出各时期中国领导人的核心政策均为经济发展，外交政策为国内经济建设服务。其中，习近平主席的"中国梦"和"中华民族的伟大复兴"也强调了国民人均 GDP 到 2020 年翻番的指标，由此支持"一带一路"倡议的主要动机是服务中国经济发展的结论。文中指出"一带一路"的地缘政治因素被外国观察者，特别是美国观察者放大了，"一带一路"主要为经济服务，而不是为地缘政治服务。

（二）逻辑推理法

通过逻辑推导得出结论。从东西方思维对待矛盾的差异来看，西方逻辑遵循同一律、无矛盾律、排中律，即 A 和非 A 不可能同时发生，任何事物一定要么是，要么不是。A 或者非 A 为真，但两者之间不存在其他情况。东方辩证遵循变化论、矛盾论和关系论，即事务是联系的，变化制造矛盾，矛盾催生变化。东方人更倾向于相信"A 是正确的，但非A 并不是错误的"，即"一个伟大真理的反面也是真的"。以西方分析中国与邻国外交政策为例，国外观察者普遍认为中国的外交政策自相矛盾，即中国推进与邻国基础设施互联互通等务实经济外交从而缓和与邻国关系，但同时又不断强调领土主权问题，造成与邻国外交气氛紧张。就此现象，美国国际战略研究中心 Christopher Johnson 通过习近平是马克思主义者推导出其思想体系为辩证唯物主义和历史唯物主义，即经济基础决定上层建筑，所以中国在发展地区经济的同时，也会对地区治理提出自己的诉求。从某种程度上，这也是美国智库普遍得出的结论，即中国经济的发展将会"胁迫"周边国家接受中国利益凌驾于周边国家利益之上。这种逻辑就是西方思维的分析结果。

（三）数据追踪和线性回归法

利用数理统计中回归分析，来确定不同变量间相互依赖的关系。在美国国际战略研究中心《中国的"一带一路"充满漏洞》报告中，Jonathan Hillman 利用该中心追踪"一带一路"项目的数据库，用线性回归法分析了六大经济走廊与"一带一路"实际项目之间的关系，发现仅有中巴经济走廊这一旗舰走廊联系为显著，其余五大经济走廊规划均与项目活动没有显著相关性。由此得出"一带一路"在实际操作中并没有遵循所设计的宏伟愿景。目前由于追踪"一带一路"项目比较困难，美国国际战略研究中心的数据库数据内容虽然不具有广泛代表性，但该中心的报告引用频次高和影响力大。

（四）案例分析法

在给出一个概念或结论后举实际案例做支撑证据。案例分析法在东西方逻辑中同样适用，但其具体支持结论的方式有所差别。西方思维在运用案例分析法时，通常会从结论开始，而不是从最初事件的背景和起源开始，然后建立因果模型，找到合理的支持证据，即有效支撑的案例。比如在美国国际战略研究中心《五年后的中国"一带一路"倡议》报告中，论述"一带一路"签约国家的期望和实际利益之间正在出现差距这个问题时，以韩国为例，韩国已经接受了这项倡议，但尚未在具体项目上与中国合作，这是因为在朝鲜问题上的分歧阻碍了经济合作，凸显出"一带一路"如何能够迅速让位于其他利益。这种先下结论再寻论据的因果模型，容易根据主观臆断片面取材。

（五）比较分析法

通过将中国的数据与其他国家的数据横向比较分析，可更直观、全面地看出差距。比如在美国国际战略研究中心《五年后的中国"一带一路"倡议》报告中，论述中国主导的项目透明度低于多边银行参与的项目时，对比多边银行有7%的项目有发布阶段的数据，而中国国家开发银行在发布阶段的数据为0；论述中国主导项目中资公司高于多边银行项目，并很少雇用当地劳动力时，对比多边银行项目外资、当地和中资占比分别为 30.2%、40.8% 和 29%，而国开行的比例分别为 3.4%、7.6% 和 89%。数据比较法要基于广泛真实的数据，否则无法反映真实情况。

◇◇三　提升中国"一带一路"智库发展的建议

（一）基于东西方思维差异，建议分类撰写多语种"一带一路"成果报告

我国大部分智库发布的报告都是从"五通"的角度来分析"一带一路"倡议实施进展情况，而国外智库在评价时则不完全按照"五通"为框架分析。在思维方式上，一直存在着西方逻辑与东方辩证的对峙，这两种截然不同的思想体系应用于相同的问题上，会得出截然不同的结论。为了更好地讲好"一带一路"建设的故事，2019 年第二届"一带一路"国际合作高峰论坛成果报告和其他相关报告应该提前准备，根据国际智库的分析逻辑，按照不同思维模式使用的范围，分类撰写内容，并翻译为相应的语种。

（二）有序公布"一带一路"项目清单，鼓励外方参与共商共建共享

各国智库在评估"一带一路"倡议时，均对项目潜在的经济收益表示出兴趣，尤其是以美欧为代表的发达国家，其中英、法、德、奥等国家积极研究为企业创造参与的通道，美国在质疑的背景下仍希望美方企业能参与并获利。建议分阶段分步骤地公布项目清单，发布项目启动的信息，欢迎外方参与共商共建共享"一带一路"项目。

（三）加快建设高质量的数据库，为外方评估提供正确信息

国际项目评估更侧重于数据整理和以结果为导向的量化分析，由于政治因素无法量化，而经济因素更容易用量化的数据和实用的信息加以引导。目前国际研究机构评估"一带一路"项目时所引用的数据多来自美国国际战略研究中心的"一带一路"数据库，该数据库通过美国驻各国机构渠道，搜集项目启动、执行等各种数据。同时，还有各领域的数据库，如投资领域，美国传统基金会的"中国全球投资追踪"数据库可提供中国投资全链条数据。此外，应加快建立一个更便捷、更有效的"一带一路"数据库和分领域数据库，并提供多语种版本，为各国评估"一带一路"项目提供权威信息，从而用数据证明项目透明度、各国参与比例和经济效益等核心指标。

（四）研究国际项目标准评估体系，设定与国际接轨的高质量"一带一路"评估标准

美欧等西方智库在研究"一带一路"项目时均对建设标准问题十分关切。以欧洲为例，德国认为标准是其讨论项目时的公共语言，是项目合作的前提条件。美国智库建议中国尽快制定基础设施高质量发展标准。建议参考联合国可持续发展 2030 目标、欧盟标准，结合实际情况，制定一套资源节约、环境友好的标准和指标体系，用创新的方式推进务实合作，并在实践中不断完善。

（五）加强与国际权威智库平台合作，增加正面、客观的评估

外方评估时引用指标和文献会兼顾权威性和多元化两层因素，因此在研究"一带一路"问题时与国际权威智库和平台合作，引导其研究报告合理、公正、客观地评价"一带一路"倡议，可合作提升"一带一路"的国际接受度。

（六）鼓励建立专业国际机构，与现有权威多边机构共建民间项目合作平台

相对于国家部门，国际机构等多边平台在议题上有更权威、更灵活的特点，成立专业国际机构与现有权威多边机构合作，更容易就难点问题达成共识。联合国等权威多边机构具有国别网络、专家资源、管理经验等优势，以及权威性、中立性、专业性、公信力强等特点。与联合国相关机构合作，可提升"一带一路"的国际接受度。同时，"一带一路"倡议是一个宏伟的蓝图，落地需要找准抓手，城市合作是有效切入点。以城市联盟等平台面向"一带一路"沿线城市，可以有效克服国家政府间合作存在的障碍，最大限度整合城市地方政府、企业、智库和国际组织的力量。

表18.1 部分国际智库"一带一路"相关报告简介

序号	标题	作者	机构	主题/关键词	分析方法	领域	国别（报告所代表的国家）	重要结论
1	一带一路的新兴政治经济——促进中亚及其他地区互联互通的挑战（The Emerging Political Economy of OBOR）	Alexander Cooley	战略与国际研究中心	基础设施的投资不一定促进经济增长和地区稳定	定性分析	基础设施建设	美国	1. 学者和政策制定者必须仔细审视基础设施驱动的发展必然会带来国内和国际的稳定这一假设。2. 改善基础设施而不进行"软件"升级、不会带来效率提高或变革效应。3. 美国对"一带一路"的应对需要超越中亚和东亚的既有区域框架
2	中国能源政治经济的变化与政策发展（The Changing Political Economy of Energy in China）	Kang Wu; Jane Nakano	战略与国际研究中心	开发能源市场；能源安全；中国海外能源投资	定量分析	能源	美国	1. 中国经济结构的变化将对能源需求产生影响；2. 中国能源部门需要改革以保证政策目标的实现；3. 国家依旧将垄断能源部门；4. 能源结构导致的环境问题严重；5. 中国对能源进口依赖严重；6. 能源是"一带一路"关注的重点

续表

序号	标题	作者	机构	主题/关键词	分析方法	领域	国别（报告所代表的国家）	重要结论
3	新丝绸之路的安全研究——评估哈萨克斯坦的高速公路（Safety on the New Silk Road）	Nobuhiko Daito 等	战略与国际研究中心	公路建设；道路安全	定量分析	基础设施建设	美国	1. 通过继续改善道路，哈萨克斯坦可以成为中亚地区连通性和道路安全的领导者；2. 投资改善基础设施状况符合哈萨克斯坦长远利益
4	中国的海上丝绸之路——印度洋—太平洋地区的战略和经济影响（China's Maritime Silk Road）	Zack Cooper	战略与国际研究中心	中国区域影响力增强	数据追踪；定性分析	政治、军事	美国	1. "一带一路"项目既不是纯粹的军事项目，也不是纯粹的经济项目；2. 美国必要时应采取强硬措施，中国也应该改善其在任区域的行为
5	重启美国美中贸易关系：（Rebooting U. S. –China Trade Ties）	Christopher K. Johnson	战略与国际研究中心	中美经贸关系紧张	定性分析	贸易	美国	1. 中美面临着潜在的争端和竞争；2. 解决贸易争端的起点是采用一种双规的方法

续表

序号	标题	作者	机构	主题/关键词	分析方法	领域	国别（报告所代表的国家）	重要结论
6	中国在印度洋军事存在的安全影响（Security Implications of China's Military Presence in the Indian Ocean）	Zack Cooper	战略与国际研究中心	中国军事影响提升	定量分析	军事	美国	1. 中国在印度洋的军事参与改变了传统的地区格局; 2. 若发生军事冲突，该地区中国的军队和设施很脆弱
7	五年后的中国"一带一路"倡议（China's Belt and Road Initiative: Five Years Later）	Jonathan Hillman	战略与国际研究中心	"一带一路"形式松散，效果模糊，挑战众多	定性分析	政治	美国	1. 尽管BRI的规模很大，但仍无法解决中国产能过剩的挑战，相对于中国的过剩产能它的规模太小了; 2. BRI政治经济影响交织; 3. 美国应该警惕中国的崛起，并提出自己的愿景
8	习近平主席的"一带一路"倡议（President Xi Jinping's "Belt and Road Initiative"）	Christopher K. Johnson	战略与国际研究中心	中国实力掣肘"一带一路"倡议/实现	定性分析	政治	美国	1. 中国经济增长的放缓和过度自信的外交姿态阻碍"一带一路"倡议的实现; 2. 该倡议符合当地区发展需求，倘若成功将重塑地区格局; 3. "一带一路"倡议有很深的个人印记

续表

序号	标题	作者	机构	主题/关键词	分析方法	领域	国别（报告所代表的国家）	重要结论
9	中国在中亚地区的角色（China's Role in Central Asia）	Davis Florick	战略与国际研究中心	中美合作；俄罗斯将被削弱	定性分析	政治	美国	1. 中美两国的合作将将有利于改善中亚地区的境况，同时削弱俄罗斯在中亚地区的影响力；2. 美国应在该地区与中国展开合作，这符合美国利益
10	中国的"一带一路"充满漏洞（China's Belt and Road Is Full of Holes）	Jonathan Hillman	战略与国际研究中心	"一带一路"倡议成效不理想	量化分析	经济	美国	1. "一带一路"倡议在实际项目操作层面偏离了原本的政策愿景，造成了资源的浪费；2. 中国所面临的问题是美国的战略机遇
11	科技竞争和中国（Technological Competition and China）	James Andrew Lewis	战略与国际研究中心	技术发展重塑中美竞争秩序	定性分析	科技	美国	1. 创新能力的竞争是为了竞争的核心；2. 中美之间的竞争冲突虽然存在，但彼此的依赖也逐渐加深

续表

序号	标题	作者	机构	主题/关键词	分析方法	领域	国别（报告所代表的国家）	重要结论
12	东南亚金融一体化和基础设施投资（Southeast Asia Financial Integration and Infrastructure Investment）	Murray Hiebert	战略与国际研究中心	美国应该出力支持东南亚发展	定性分析	金融、基建	美国	1. 美国出资帮助东南亚促进金融一体化建设符合双方利益；2. 东南亚国家可以从中国"一带一路"倡议及日本相关战略倡议中受惠，但也面临经济风险
13	美国与国际货币基金组织资源（The United States and IMF Resources）	Mark Sobel	战略与国际研究中心	美国应维护和巩固其在IMF中的地位	数据追踪；定性分析	金融	美国	1. 美国重视与IMF的合作有利于提振美国经济；2. 美国国内政治力量应重视IMF对于美国的意义；3. 美国应推动IMF改革并组织谈判
14	什么起作用：对抗灰色地带挑战（What Works: Countering Gray Zone Coercion）	John Schaus	战略与国际研究中心	灰色地带竞争	定性分析	政治	美国	1. 美国应与其盟友联手积极主动地应对来自中国和俄罗斯等国家的"灰色地带"挑战；2. 在应对灰色地带挑战中，美国仍面临许多问题，文章给出了相应的具体建议

续表

序号	标题	作者	机构	主题关键词	分析方法	领域	国别（报告所代表的国家）	重要结论
15	在美国与日本之间建立更强大的经济联盟（Forging a Stronger Economic Alliance between the United States and Japan）	Matthew P. Goodman	战略与国际研究中心	美日利益一致；中国是威胁	定性分析	经济	美国	1. 美日应该加强合作，应对中国在亚太地区的崛起；2. 日本应该接手美国在亚太地区退出所留下的权力真空
16	中欧铁路的兴起（The Rise of China-Europe Railways）	Jonathan Hillman	战略与国际研究中心	中欧铁路；中欧贸易	数据追踪；定性分析	交通运输	美国	1. 中欧铁路发展迅速，但在贸易运输方式中所占比重依旧很小；2. 中欧铁路未来的发展面临着许多经济与技术上的挑战
17	国外智库看"一带一路"	王灵桂	中国社科院	海外智库对"一带一路"态度	定性分析	政治	中国	1. 世界各国智库对"一带一路"倡议的态度各不相同，但都是从自身利益的角度去衡量与判断；2. 中国应积极地同各国展开对话，促进各方之间的深度包容与理解

续表

序号	标题	作者	机构	主题/关键词	分析方法	领域	国别（报告）所代表的国家	重要结论
18	外国学者如何看待"一带"、"一盟"及其对接	唐未兵等	—	欧亚经济联盟与"一带一路"倡议	定性分析	—	中国	1. "一带""一盟"对接的前景光明，利大于弊，但实际操作层面存在诸多困难；2. 世界各国对"一带一路"倡议的态度比对欧亚经济联盟的态度更加积极
19	德国智库对"一带一路"倡议的认知	詹霞	—	德国智库态度复杂	德国杜伊斯堡学派的批评话语定因分析理论	—	德国	1. 德国智库对"一带一路"倡议既积极肯定又兼存质疑；2. 德国对中国角色的认知复杂，呈现多维性与多元化的特点
20	美国对"一带一路"倡议的认知与中美竞合	韦宗友	—	美国对"一带一路"态度负面	定性分析	—	中国	1. 美国对"一带一路"倡议的态度总体偏负面，多存疑惑；2. 中美围绕"一带一路"倡议的竞争将加剧

续表

序号	标题	作者	机构	主题/关键词	分析方法	领域	国别（报告所代表的国家）	重要结论
21	美国顶级智库研究中的"一带一路"选题及情感倾向	朱瑞娟	—	美国对"一带一路"较为关注但态度负面	定性分析	—	中国	1. 美国对"一带一路"倡议关注度上升，但总体态度为疑惧与抵触；2. 美国智库的看法将对世界别的国家的智库产生影响
22	韩国智库对"一带一路"倡议的认知——以韩国对外经济政策研究院（KIEP）为例	Lee Seung-shin	韩国对外经济政策研究院	韩国持认同态度	定性分析	国际贸易	韩国	1. 韩国应积极与中国围绕"一带一路"倡议开展合作；2. 韩国应利用"一带一路"倡议提高自己在朝鲜半岛和国际上的影响力
23	日本智库对"一带一路"倡议的认知——以日本国际贸易投资研究所（ITI）为例	梶田幸雄等	日本国际贸易投资研究所	全球化	定性分析	贸易、法律	日本	1. "一带一路"倡议承担了中国的全球化雄心，并对世界产生多方面影响

续表

序号	标题	作者	机构	主题/关键词	分析方法	领域	国别（报告所代表的国家）	重要结论
24	瑞典智库对"一带一路"倡议的认知——以斯德哥尔摩国际和平研究所（SIPRI）为例	Sven-Olof Petersson 等	斯德哥尔摩国际和平研究所	"一带一路"与战略安全	定性分析	政治	瑞典	1. "一带一路"对促进欧亚区域内基础设施建设的发展有积极作用；2. "一带一路"倡议与欧盟战略目标一致，欧盟国家应积极融入"一带一路"倡议
25	斯里兰卡"一带一路"相关报道态度资源研究	汇潇潇	北京外国语大学	民众情感	词频分析	文化	斯里兰卡	1. 斯里兰卡媒体及国民对"一带一路"倡议多持积极情感；2. 中国投资斯里兰卡应更加关注民众关切
26	韩国三大报刊对"一带一路"倡议的认知分析	汪波	北京外国语大学	韩国媒体	词频分析	文化	韩国	1. 韩国对"一带一路"的态度经历了"热议期""冷淡期""焦虑期"三个阶段；2. 韩国希望与"一带一路"倡议进行合作，而非从中获取援助

续表

序号	标题	作者	机构	主题关键词	分析方法	领域	国别（报告所代表的国家）	重要结论
27	中国的"一带一路"倡议——对欧盟的安全意义及前景展望（China's Belt and Road Initiative-Security implication and ways forward for the European Union）	Richard Ghiasy	斯德哥尔摩国际和平研究所	欧盟，"一带一路"	定性分析	战略	欧盟	1."一带一路"既包含中国国内的经济诉求，也体现了其全球野心；2.欧盟应更加清晰深入地认识"一带一路"倡议，在安全与经济领域同"一带一路"倡议展开合作
28	中俄关系与区域动态——从枢纽到周边外交（China-Russia Relations and Regional Dynamics-From Pivots to peripheral Diplomacy）	Lora Saalman	斯德哥尔摩国际和平研究所	中俄关系、外交	量化研究、定性分析	外交、军事	瑞典	1.在俄罗斯内政外交窘境的情况下，俄对中国的外交依赖将加深，中俄彼此的合作也将进一步深化；2.中俄的周边外交战略在一些领域和重叠地区存在冲突，使中俄面临着潜在竞争

续表

序号	标题	作者	机构	主题/关键词	分析方法	领域	国别（报告）所代表的国家	重要结论
29	丝绸之路经济带——对安全影响及中欧合作前景的考虑（The Silk Road Economic Belt-Considering security implications and EU-China Cooperation Prospect）	Richard Ghiasy; Jiayi Zhou	斯德哥尔摩国际和平研究所	丝绸之路经济带、中欧合作	数据追踪; 定性分析	经济、战略	欧盟	1. "丝绸之路"经济带更多是中国从自身国家利益出发而提出的经济振兴战略，其中也包含了一些政治诉求; 2. 中国的投资将促进沿线地区的发展，但效果取决于实际项目的执行情况; 3. 中国的倡议会积极利用全球利益，欧盟应为自己的利益服务，并提出自己与之对应的战略对应计划
30	"一带一路"上的安全与经济: 基于三国案例的研究（Security and Economy on the Belt and Road: Three country case studies）	Henrik Hallgren; Richard Ghiasy	斯德哥尔摩国际和平研究所	"一带一路"倡议; 经济安全	案例分析	经济、战略安全	瑞典	1. "一带一路"倡议是在中国内部经济与外部发展双重需求下诞生的，主要服务于中国国家利益，但也会给沿线参与国国家带来利益; 2. 强烈的中国印记使"一带一路"倡议的项目在推进的过程中遇到许多来自当地国家内部的阻力

续表

序号	标题	作者	机构	主题/关键词	分析方法	领域	国别（报告所代表的国家）	重要结论
31	欧盟在中国东海的原则性中立（The European Union's Principled Neutrality on the East China Sea）	Mathieu Duchâtel; Fleur Huijskens	斯德哥尔摩国际和平研究所	欧盟；东海安全	定性分析	地区安全	瑞典	1. 欧盟在中国东海的问题上保持中立有其历史和现实因素的考虑，有助于地区稳定；2. 欧盟可以利用其中立的姿态在地区事务上发挥更大更积极的作用
32	中国与俄罗斯的能源和安全关系——希望、挫折与不确定性（China's Energy and Security Relations with Russia—Hopes, Frustrations and Uncertainties）	Linda Jakobson 等	斯德哥尔摩国际和平研究所	中俄关系、能源与安全	数据追踪；定性分析	能源、军事	瑞典	1. 中俄的合作关系是出于十分务实的考虑，而不是深层的共同理念和战略利益；2. 能源和军售依旧是中俄关系关键所在，但中国会降低在这两个领域对俄罗斯的依赖；3. 俄罗斯对中国的重要性在持续下降

续表

序号	标题	作者	机构	主题关键词	分析方法	领域	国别（报告）所代表的国家	重要结论
33	中国、欧洲与海上丝绸之路（China, Europe and the Maritime Silk Road)	Frans-Paul van der Putten	荷兰国际关系研究所	海上丝绸之路	定性分析	地缘政治、海洋	荷兰	1. 中国国内危机和沿线国家的发展给"海上丝绸之路"倡议带来了很大的不确定性；2. 中国的海外港口建设诉求是经济诉求，而不是军事诉求；3. 该倡议将使中国在欧亚大陆的地缘政治影响力增强，欧洲积极参与中国的倡议可以使欧洲从中受惠
34	一带一路：中国的区域一体化倡议（One Belt, One Road: China's Regional Integration Initiative)	Gisela Grieger	欧洲议会研究服务中心	"一带一路"	定性分析	经济、地缘政治	欧盟	1. "一带一路"倡议满足了相关国家对基础设施建设的需求，但中国政治影响力的崛起也加剧了地区的紧张局势；2. 欧盟应与中国合作，来提高自己的地缘政治与经济利益

续表

序号	标题	作者	机构	主题/关键词	分析方法	领域	国别（报告所代表的国家）	重要结论
35	中国和东南欧沿"巴尔干丝绸之路"的中国基础设施投资增长潜力（The potential for growth through Chinese infrastructure investments in Central and South-Eastern Europe along the "Balkan Silk Road"）	Jens Bastian	欧洲复兴开发银行	"巴尔干丝绸之路"	数据追踪；定性分析	经济、金融	欧盟	1. 中国的"丝绸之路"资金雄厚，欧洲相关国家和金融机构应积极同中国展开对话，搭建合作框架；2. 欧洲金融机构可以与中国新兴投资机构展开合作，利用自己专有技术优势协助中国进行财务决策，从而使双方受益

第十九章 香港在国家"一带一路" 建设中的作用研究

陈长缨① 丁 刚②

　　"一带一路"建设是未来国家对外开放的重大举措，保持香港长期繁荣稳定是国家的基本方针，香港参与"一带一路"建设对国家、香港以及沿线国家都有重要意义。"一带一路"倡议提出后，中国和沿线国家积极推进，效果远超预期，但"一带一路"的战略性、长期性也决定了在实施过程中存在融资缺口巨大、风险较高、人才短缺等不少制约因素。香港参与"一带一路"具有区位交通优越、国际化程度高、现代服务业发达、高端要素集聚、制度自由化等不少独特优势，与内地形成了很强的互补关系，在"一带一路"建设中，香港可以根据国家所需，发挥香港所长，与内地形成优势互补、合作互动关系，形成合力，推动"一带一路"顺利进行。香港在"一带一路"建设中的地位包括五点："一带一路"建设最重要的国际综合性枢纽、吸引发达国家参与的"二轨"通道、国际高端服务业的提供地、"五通"建设的重要境外支点以及"一带一路"的"超级中间人"。香港参与"一带一路"建设，对国家和香港都有积极的作用，其中国家层面的作用体现在弥补重要短板、集聚全球

① 陈长缨，国家发改委对外经济研究所副研究员。
② 丁刚，国家发改委对外经济研究所副所长、研究员。

优质要素参与、分散减少风险、创新内地香港合作模式四个方面，香港层面的作用体现在推动经济和产业转型、提高经济国际化程度和竞争力、提升在国际性城市竞争中的优势三个方面。香港参与的重点领域包括积极发展"一带一路"国际金融业务、推动沿线国家的贸易和投资、建设连通沿线国家的国际航运网络、为"一带一路"提供高质量的专业服务、打造民心相通的人文交流平台。支持香港参与"一带一路"政策应从四大方面入手：密切中央政府、省级政府和香港特区政府间的合作；提高香港对"一带一路"的参与度；提高香港参与"一带一路"的能力；深化香港与部分区域"一带一路"合作。

◇◇一　香港参与"一带一路"建设具有独特优势

（一）位于亚洲东部中心的区位交通优势

香港位于亚洲东部中心，是中国与"一带一路"上东南亚、南亚、中东、非洲等主要板块距离最近的城市，也是海上与陆上丝绸之路的交会点。通过香港机场，可以在五小时内到达中国内地、东南亚、南亚，覆盖"一带一路"沿线国家48%的人口。香港具有国际一流的港口机场设施和高效管理运营经验，海、空航线众多、航班密集，是全球最繁忙的国际货运机场和世界第五大集装箱港口。内地货物、人员通过香港可以便捷通往"一带一路"主要地区，香港成为连接内地与沿线国家的空中运输、海陆联运的国际交通枢纽。香港还背靠内地经济最发达、作为全球制造基地的珠三角地区，"一带一路"实施后，珠三角地区将加快向沿线国家产业转移，会为香港创造很多新机遇。

（二）集聚和联系全球高端要素的国际化优势

香港是国际化程度最高的城市之一，全球高端要素云集。一方面，香港中西文化合璧，城市多元包容，人员进出便利，很多大型跨国公司在香港设立分支机构，众多国际人才集聚在此。另一方面，香港企业高度国际化，金融、物流、贸易、专业服务、检测认证、环保等主导产业，都主要服务于国际客户，很多企业在全球设有分支机构。香港形成了遍布全球的商贸、金融、运输网络，既了解所在国的环境、信息和政策，也熟悉通行的国际商贸规则。

（三）现代化高端的服务业优势

香港服务业发达，占经济的比重早就超过九成，服务业种类多、分工细、实力强，是全球公认的国际金融、贸易、航运中心。香港专业服务范围十分广泛，除了法律和财务外，在工程设计、招投标、研究咨询、信息、广告、管理、评估等很多类别，同样具有很强的国际竞争力。香港服务业还具有较强的集成整合能力，既包括不同服务业的整合，也包括对不同国家不同需求的整合。

（四）国际高端人才优势

香港国际化专业人才数量多，专业人员资格被很多国家所认可，香港大学学历也被很多国家承认，加之很多专业人才同时了解内地和国际规则，从事"一带一路"项目或到沿线国家工作容易上手。香港培训业比较发达，可以提供多种培训课程。此外，香港高度国际化的环境，有

利于从全球吸引高端人才，保证"一带一路"国际组织、跨国公司总部
对高端人才的需求。

（五）高度自由化的制度优势

香港是自由港，奉行小政府和积极不干预政策，货物往来、资金出
入、人员进出、信息流动自由便利，绝大部分货物实施零关税，清关手
续简便；产业开放度很高，海外企业和投资进出自由，对本地和外来的
企业实现全面的国民待遇。香港税负低、税制简单，对全球高端人才、
企业、国际组织都有很强的吸引力。香港是法制社会，司法独立，民众
守法意识强，法律制度、商业规则等与国际高标准的法律体系、经贸规
则、制度安排和商业惯例接轨，国际社会普遍认可香港法律体系的公平
性和公信力，很多国际化业务可以在香港进行谈判、签署和仲裁。

（六）与内地联系的中介枢纽优势

与内地在地理、文化、历史等方面的天然联系，是香港经济繁荣
的基础。改革开放后，香港兼具了解内地和海外的特殊优势，发展成
为连接内地与国际的经济中介和桥梁。香港的中介地位，不但为香港
创造出数十年的庞大需求，而且内地也通过香港引进了资本、技术、
管理、产业，以及更为重要的国际化市场化观念，是内地经济崛起的
重要因素。

◇◇二 香港在国家"一带一路"建设中的地位

(一)国家"一带一路"建设最重要的国际综合性枢纽

在"一带一路"建设中,香港应成为"背靠中国内地、集聚全球要素、服务沿线国家"的综合性国际枢纽。所谓枢纽,就是在香港汇集资金、人才、货物等要素资源,然后将其服务于"一带一路"建设;所谓国际,就是在香港集散的要素资源不仅是内地和沿线国家的,还包括非沿线发展中国家和发达国家;所谓综合,就是香港不是单一的枢纽,而是包括资金融通、货物运输、信息集散、机构集聚、人员交往的复合型枢纽,可以实现更高端的功能。

(二)"一带一路"吸引发达国家参与的"二轨"通道

"一带一路"上需要搭建一个可被大多数国家尤其是发达国家接受的管道,香港具备扮演这个角色的天然优势。香港可以作为内地实施"一带一路"的另一条管道,将内地不具备条件实施、或不便于推动、或香港实施效果更好的项目和任务等放在香港,形成内地"一轨"、香港"二轨"共同推动"一带一路"建设的局面。发达国家私人资本通过香港对"一带一路"投资后,将和"一带一路"战略结合在一起,反过来"以经促政"、推动发达国家政府支持"一带一路"建设。

（三）"一带一路"国际高端服务业的提供地

"一带一路"基础设施、跨国投资、国际贸易等需要的"一揽子"服务，大多可在香港一地提供。同时，香港也有能力根据建设需要和沿线国家情况，创新出新的服务业态和工具。例如，香港金融市场极具深度，一些高风险的债券在这里也可以找到偏好高风险高收益的国际投资者，甚至一些债券无须评级也可以发行，特别适合"一带一路"基础设施项目融资。

（四）"五通"建设的重要境外支点

在"五通"建设中，香港在贸易畅通、资金融通、民心相通方面具有很强优势，可以发挥重要作用。例如，在贸易畅通方面，香港可以主导或协助建立沿线国家的国际贸易网络，为承接产业转移的沿线国家寻找国际买家，提供货物代理、检测认证等辅助服务；通过遍及各地的港口、机场和船运公司、航空公司，安排物流运输；帮助沿线国家改善投资和营商环境，吸引国际资本和产业转移等。在资金融通方面，香港可以在全球范围内为"一带一路"建设筹集资金，还可为沿线国家的跨境贸易投资等活动提供结算服务。香港在金融管理方面有丰富的经验，可供沿线国家的金融监管合作、金融风险防范、金融组织设立等参考借鉴。在民心相通方面，香港是全球最受欢迎的旅游目的地之一，沿线国家游客访问香港，增进对中国的了解。香港国际媒体云集，与西方媒体交流多，有条件利用西方和沿线国家受众熟悉的语言和方式，正面宣传"一带一路"。

（五）"一带一路"的"超级中间人"

长期以来，香港一直是联系内地和发达国家的中介。参与"一带一路"建设，香港将形成两个新的中介地位，一个是内地和沿线国家的中介，另一个是沿线国家与发达国家的中介，香港将成为联系内地、沿线国家和发达国家三方的"超级中间人"。"超级中间人"的地位将提升香港在"一带一路"布局中的位势，吸引企业总部集聚，成为在海外的营运中心。

◇◇三　香港在"一带一路"建设中的作用

（一）对国家的作用

1. 弥补重要短板，加快"一带一路"建设

一是弥补国家现代服务业短板。"一带一路"建设需要位于价值链中高端、对全球资源配置起关键作用的国际化现代化服务，但内地服务业尚不能满足这些需求。香港参与"一带一路"建设，可以实现双方产业优势互补，顺利推进"一带一路"建设进程。内地在与香港服务业合作中，通过"干中学"效应，也会提高自身服务业发展水平和竞争力。二是弥补国家对外商业网络短板。国家要在"一带一路"构建起有影响力和控制力的经贸投资网络，但内地缺乏在国际市场的运作经验，"走出去"起步较晚，没有形成自主的国际营销渠道。香港可将国际上的生产商和销售商进行对接，并提供融资结算、运输通关、离岸贸易等完整服务。香港还能提供法律、资讯等专业服务，加快内地拓展沿线国家的贸

易投资网络。三是弥补工具和模式短板。"一带一路"是发展中国家之间的长期合作，国际上没有现成经验可循，既需要借鉴成熟的国际化商业模式，更需要创新性的工具。香港可以根据国家战略需要和沿线国家实际情况催生出新模式、新工具、新业态。比如，香港可以创新出符合发展中国家需要的融资、担保、结算工具和模式，协助将内地领先的电子商务移植到沿线国家。四是弥补制度规范短板。香港熟悉国际规则和惯例，企业和人员守法意识强、行为规范，有不少人士在著名跨国公司和国际组织任职。香港人才参与"一带一路"，在中资企业任职或担任顾问、提供咨询或评估等，既能协助内地企业在境外守法经营，提升改善企业和国家形象，也能协助沿线国家建立高标准的制度规范；而香港专业和管理人员在亚投行、丝路基金等机构任职，也有利于提高这些国际组织的效率。

2. 集聚全球优质要素参与，扩大"一带一路"影响力

"一带一路"是一个开放的体系，不能仅靠沿线国家"自导自演"，更不能依靠中国一家唱"独角戏"。香港可以在推动发达国家，主要是美国、日本、欧洲国家参与"一带一路"中发挥作用。例如，香港可以打通沿线国家与发达国家的贸易渠道，扩大与发达国家的贸易规模；推动跨国公司总部、国际组织总部和国际金融组织在沿线国家落地，吸引发达国家高端人才服务"一带一路"。香港还可以提升沿线国家参与"一带一路"的积极性。例如，香港可以在民心相通方面发挥作用，减少所在国社会、民众对"一带一路"战略的顾虑和误解，推动项目落地。

3. 分散减少风险，推动"一带一路"顺畅实施

"一带一路"建设面临不少风险，而目前很多风险又过于集中在内地，香港可以在减少和分散内地风险方面发挥很大的作用。一是香港通过吸引国际投资者参与"一带一路"基础设施项目，将风险分散到其他国家。二是香港可通过资产组合等方式对冲项目的金融风险，项目在香

港签约、履行和仲裁，也可以减少法律漏洞所带来的风险。三是可以利用香港各类非政府组织，处理好与所在国政府、社会、群众的关系，提高对项目的认可度和接受度，避免政治和社会风险。四是香港可以对项目和商业活动进行评估，既能较好地预测和识别境外和国际项目风险，也能提出较好的风险防范和应对方案。五是香港专业人员具有较高的职业操守，通过尽职调查等可对风险进行客观准确的评估，避免道德风险，减少盲目投资和建设。

4. 创新内地香港合作模式，放大"一带一路"效应

一是有利于改变两地合作方向。随着内地要素禀赋升级和国际分工地位提升，香港应为内地主动配置全球资源提供服务。例如，香港参与"一带一路"合作的一项重点是，推动内地相对高端的要素向发展中国家"走出去"，促进内地产业对外转移和全球布局，形成内地具有控制力、在沿线国家进行生产的新生产网络。二是推动两地合作地域发生变化。"一带一路"会将两地合作延伸到沿线国家，如香港在沿线国家的分支机构为当地中资机构提供融资结算、出口等服务。三是推动两地竞合模式发生变化。香港通过参与"一带一路"，可以率先发展出一批新业务、新模式、新工具等，形成相对内地的新竞争优势，与内地"一带一路"形成新的互补和分工关系，减少两地在传统服务业领域的直接竞争。

（二）对香港的作用

1. 推动香港经济和产业转型

香港参与"一带一路"，会发展起适合沿线发展中国家需要的新产业、新业态、新模式、新业务，如与跨境电商结合在一起的供应链管理、基础设施的新型融资工具、发展中国家低成本的港口机场管理运营模式、为发达国家提供"一带一路"顾问和项目咨询等。参与"一带一路"，

还会大大扩展香港市场空间，沿线国家市场规模和增长潜力将超过内地，加之香港在这些国家的竞争对手不多，会为香港支柱产业、优势产业和新兴产业打开庞大的新市场。

2. 提高香港经济国际化程度和竞争力

香港作为"一带一路"的"超级中间人"，未来服务的增量将更多来源于发展中国家，这会提高香港非内地业务比重，扭转香港经济"内地化"趋势，提升香港经济国际化优势。一是顺应了发达国家位势下降、发展中国家位势上升的全球格局变化趋势，可以分享发展中国家增长红利。二是香港在为沿线国家提供服务时，会树立法制化、国际化的制度、标准和规范，带来香港企业和人员高标准的道德操守，提升香港服务的国际化品质。三是香港在沿线国家市场布局设点提供服务，有助于激发香港提升创新活力，开展新业务，谋划长远发展，降低对特殊政策的依赖度。四是由于香港参与"一带一路"建设，能够为不同类型的国家提供服务，因此可转变为全能型服务提供商，提升香港竞争力。

3. 提升香港在国际性城市竞争中的优势

国际性城市是跨国公司、高端人才、高端产业的聚集地，是全球经济的控制中心和运行"大脑"。香港参与"一带一路"，将吸引"一带一路"有关的新高端要素集聚，如有新的跨国公司、金融机构、国际组织进驻香港，也会涌入全球更多的高端人才。香港参与"一带一路"融资安排、订单组织、生产布局、货物运输、价格制定等价值链高端环节，可以提升香港对"一带一路"乃至全球经济的控制力。相比之下，纽约、伦敦、东京等国际城市没有直接参与"一带一路"，新加坡虽是沿线国家，但与内地联系以及获得中央的支持程度远逊于香港，因此香港参与"一带一路"的深度和广度都将超过其他国际城市，有助于香港在国际城市竞争中重新获得优势。

◇◇四 香港参与"一带一路"建设的 总体思路和重点领域

（一）总体思路

发挥香港城市国际化、服务业高端化、要素集聚化、制度自由化等优势，主动参与国家"一带一路"建设，融入国家发展大局，以金融、贸易、航运、专业服务等香港优势产业为切入点，将香港服务和商业网络延伸到沿线国家，引导更多全球资源要素投入"一带一路"建设，开发适合"一带一路"建设和沿线国家需要的新业务、新模式，与内地优势互补、合作互动，共同推进"一带一路"建设顺畅进行，将香港打造成"一带一路"建设的重要综合性国际枢纽，推动香港经济转型升级。

（二）积极发展"一带一路"国际金融业务

推动香港成为"一带一路"资金融通的国际性枢纽。发挥香港国际金融市场优势，面向全球资本市场尤其是发达国家，为"一带一路"建设提供贷款、债券、股权等多元化的融资支持，创新发展金融工具，满足沿线国家不同项目资金需求，形成海外最大的"一带一路"国际融资枢纽。在香港面向全球发行"一带一路"国别主权和项目债券，针对基建项目建设周期长、回报率偏低、风险较高的特点，设计出风险、回报、期限相匹配的固定收益债券品种，助推香港亚洲债券市场发展。依托香港"资金池"优势，设立主要面向机构投资者的产业和国别投资基金；发挥国际投资银行、银团贷款的作用，补充沿线国家项目资金需求。发挥香港股票市场汇聚全球投资者优势，在港交所设立"一带一路"上市板块，并列入沪港通、深港通股票。巩固提升香港基建融资办公室（IF-FO）作用，加强其与跨国公司、亚投行、丝路基金、金砖国家银行以及国际金融组织、新兴经济体企业等基建领域融资协作，将"一带一路"项目转化为可投融资项目。探索以"政府和社会资本合作模式"（PPP）支持项目建设，动员香港社会积极参与"一带一路"投融资。

发挥香港国际金融中心作用，促进人民币国际化。利用好香港最大的人民币离岸市场优势，提升人民币在"一带一路"贸易融资、项目投资、跨境贷款中的使用比例，推动人民币在境外资金循环，支持香港建设人民币离岸中心，实现人民币国际化、"一带一路"建设、巩固香港金融中心三者的互动共进。鼓励香港在为沿线国家贸易往来、基础设施建设、产业转移等提供金融服务时，采用人民币计价、结算、支付和清算，扩大人民币在境外的使用范围；推动国内金融机构与沿线国家支付机构以香港为平台，通过人民币跨境支付系统（CIPS）开展跨境人民币资金结算业务合作。引导香港在外汇基金中增加人民币份额，更多投资于沿线国家。加强香港外汇基金与内地的丝路基金、主权财富投资基金和外汇储备等合作，以人民币资金支持沿线国家采购内地货物，以美元资金支持沿线国家采购非内地货物，形成多币种相互配合的贸易融资新模式。鼓励香港推出更多人民币计价的股票、债券、大宗期货等金融产品，扩大人民币在全球货币金融体系中的影响力。

加强香港金融对沿线国家的服务。支持香港金融业在沿线国家设立分支机构，为内地企业"走出去"提供"贴身"金融服务。鼓励香港与阿拉伯国家金融合作，推动伊斯兰债券和伊斯兰金融服务。针对项目沿线国家和项目特点，开发针对沿线发展中国家特点的利率风险对冲、利率互换、浮息产品等金融工具，降低融资成本和风险。发挥香港金融人才众多优势，积极参与亚投行、金砖国家银行和丝路基金等高层管理。

（三）推动沿线国家的贸易和投资

推动内地与沿线国家扩大贸易往来。利用香港港口航运、全球商业网络、国际商业信誉、信息资讯、贸易融资结算等优势，为内地产品到沿线国家出口找到新买家，并提供货物代理、贸易融资、货运运输等贸易综合服务，推动内地出口向中高端升级。鼓励内地产品取得香港检测认证后出口，保证产品品质，提升国际形象。支持内地和沿线国家贸易商在香港签署和履行能保护生产方利益、符合国际惯例的贸易合同。

协助扩大沿线国家产品出口。把握沿线国家承接产业转移和出口扩大机遇，构建包括中国内地、沿线国家、发达国家在内广泛的全球商业网络，推动沿线国家中资企业扩大出口。将香港离岸贸易延伸到沿线国家，为买卖双方提供包括寻找客户、商业谈判、贸易融资结算、物流安排、法律合同、检测认证、通关等在内的第三方综合服务，提升香港对沿线国家贸易网络的控制力。在沿线国家开展商贸洽谈、会议展览、品牌推广等贸易支援服务。推广香港经验，提高沿线国家通关便利化水平。

建立沿线国家的供应链管理体系。丰富和拓展与内地、沿线国家的供应链管理等领域合作，在需求预测、生产布局、仓储物流、分销模式和技术整合等全球供应链各环节提供新的解决方案。顺应全球跨境电商发展趋势，建立涵盖沿线国家的跨境电子商务平台，将新型线上与传统线下流通渠道紧密结合，形成全渠道的供应链管理新模式。

为内地对沿线国家投资提供服务。借助香港国际商业网络，对沿线国家的投资经营环境提供全面咨询和评估，包括政治环境、法律环境、营商环境等，分析主要的风险点并提出投资建议。参与设计内地企业境外投资方案，尤其是法律合同制定以及会计、设计、咨询和其他专业配套服务。

(四) 建设连通沿线国家的国际航运网络

积极参与沿线国家港口建设。香港码头运营商根据国家"一带一路"布局,加强与内地协调,积极参与沿线国家的港口设计、建设和运营,优先在地理区位优越、承接产业转移能力强、市场潜力大的国家投资建设一批港口。积极参与内地在沿线国家港口的投资运营,派出高层人员参与港口管理。支持香港、内地与沿线国家建设港口联盟,共同打造海上丝绸之路的港口网络,并与铁路、公路、航空等其他运输方式相互衔接,在沿线形成若干区域性航运中心。

打造通达全球的海运网络。鼓励香港船运公司根据"一带一路"产业转移、贸易往来的变化趋势,开辟到沿线港口的新航线,提高航线密度,建立和优化连接内地、沿线国家、发达国家的全球海运航线网络。利用好香港对港口、船舶、航线的控制力,吸引沿线国家货物到香港或珠三角港口群、中资控股的沿线港口、沿线区域性航运中心进行中转;在珠三角港口群中,香港重点发展国际中转业务。依托不断扩大的全球海运网络,积极发展船舶注册、船舶管理、海运经纪、航运金融、海事仲裁等高端航运业务,推动香港成为重要的国际海运服务中心,实现香港航运中心升级。

建立连通沿线国家的航空运输网络。鼓励香港航空公司增加到"一带一路"沿线地区主要枢纽和门户机场的航线,加密航班,发挥香港在国家开放中的门户作用。加强与内地航线网络协调,共同打造通往沿线国家便捷的航空网络。深化香港与珠三角港口群的合作互动,建立香港、深圳机场间快速通道,探索香港主飞国际、深圳主飞国内"双城双港"的可行性。提升香港机场中转换乘服务能力,优化航班时刻,提高换乘效率。发挥香港机场在融资、管理、航线等方面的优势,参与对沿线国家主要机场的投资运营。

（五）为"一带一路"提供高质量的专业服务

提供综合性专业服务。发挥香港专业服务优势和集成效应，为"一带一路"的产业园区建设、产业转移和产能合作、货物服务贸易、投融资和资本流动等重点领域，提供国际化的保险、会计、财务、法律、信息、设计、咨询、培训等综合性服务。发挥香港在工程设计、可行性研究、招投标、测量、建造、监管、养护等方面的专业优势，参与基础设施建设的部分优势环节。利用香港环境保护专业优势，为项目提供环境影响评估、绿色建筑和污染防治等技术服务。积极吸引沿线国家跨国公司总部或财务、培训、咨询等功能性分支机构进入香港，将其打造成内地跨国公司的海外总部和全球运营中心的集聚地。

建设国际法律仲裁服务平台。利用法律服务等优势，为"一带一路"项目提供法律合同制定、尽职调查、跨境财务安排等专业服务，协助沿线国家建立产权及投资保护机制。设立亚太区国际法律及解决争议服务中心，为"一带一路"跨境和国际合作项目提供法律和仲裁服务，内地企业可按照香港法律体系与沿线国家签订商业文件。

建设国际教育和培训平台。一是开展面向香港本地人员的培训，其中高端人才培训，主要是介绍"一带一路"内容、内地政策、沿线国家商务环境，便于寻找商业合作机会；中低端人员培训，主要侧重语言、电子商务、报关等实用技能，便于提高他们的就业能力；向香港公务员的培训，侧重于对内地"一带一路"政策、进展、项目和沿线国家环境等的了解，便于制定和实施相关支持促进政策。二是面向沿线国家人员的培训，主要介绍国家"一带一路"内容和项目、国际高标准的营商环境、香港优势等，推动他们有效参与"一带一路"。三是面向内地人员的培训，主要学习国际商业规则、了解香港优势、介绍东盟等国家营商环境等，便于更好发挥香港的中介作用。

（六）打造民心相通的人文交流平台

加强与沿线国家的旅游合作。提升香港娱乐、美食、购物环境，引入"一带一路"元素，丰富旅游体验，加强宣传推广，增加沿线国家游客数量。扩大展览和酒店设施规模，积极举办"一带一路"商务会展，吸引更多的高端商务游客。发挥亚洲邮轮联盟的作用，加强与内地和沿线国家的邮轮旅游合作，开辟涵括香港、内地沿海、沿线国家港口的邮轮线路。鼓励香港旅游机构与内地联手开展面向沿线国家的跨境游。

推动多层次文化交流。支持香港举办面向"一带一路"的文化节、电影节、音乐节、图书展等文化活动，增进沿线国家之间的文化交流。与沿线国家电影传媒机构合作，联合推出宣传"一带一路"正能量的影视精品。与沿线国家的智库、教育机构等开展联合研究、学术交流等，为"一带一路"出谋划策。鼓励香港餐饮连锁"走出去"，在沿线国家推广中华美食文化。

◇◇五　支持香港参与"一带一路"建设的建议

（一）密切中央政府、省级政府和香港特区政府间的合作

建立政府间合作机制。建立由国家发改委、商务部、港澳办与香港特区政府有关部门组成的定期联络机制，内地定期向香港通报"一带一路"的进展情况和项目，共同研究解决香港参与"一带一路"建设的重

大问题。广东、福建、广西等与香港联系密切或在"一带一路"中具有重要作用的省级政府，也可以与香港建立类似的联络机制。两地高层官员互访时，将"一带一路"合作纳入重要议题，谋划合作思路、形成战略共识、解决重大问题。

香港特区政府制定具体行动方案。香港特区政府在和中央政府协商基础上，广泛听取香港各界意见，参照内地省份有关"一带一路"实施方案，制定香港参与"一带一路"的纲领性文件，提出香港参与"一带一路"的重点领域，以及实施路径、支持措施等。

扩大对香港"一带一路"宣传。两地加强对香港社会特别是业界的宣传，深化香港对"一带一路"的了解和认识，便利香港业界从中发现机会、融入国家发展大局，增强香港民众对国家国际地位上升的认知。

国家支持香港为沿线国家提供服务。在内地与沿线国家进行"一带一路"多双边商谈时，香港可以作为独立关税区参与，也可由中央政府反映香港的诉求，重点是扩大沿线国家对香港的产业准入、承认香港专业人员资格，同时，国家对在沿线国家的香港企业和人员提供保护。

（二）提高香港对"一带一路"的参与度

国家主动将一些项目或任务交给香港业界。国家需要认识到香港在"一带一路"中的重要性，在跨境基础设施、园区建设等领域，主动将一些能够发挥香港优势的任务、项目、业务或环节放到香港，或允许香港服务商积极参与。

鼓励香港企业主动与国家"一带一路"对接。香港业界主动对接国家倡议、规划，及时了解有关政策和项目信息，积极与内地参与"一带一路"的企业联系。在沿线国家港口、机场、能源项目以及航线等重点领域，加强内地与香港协调，实现互补错位发展。

支持内地企业在香港设立机构。支持内地与"一带一路"有关的金融机构、国有企业、跨国公司等在香港设立分支机构，或利用好已设立的在港机构，必要时升级为海外总部或地区总部，作为内地进入沿线国家的前沿平台。鼓励内地民营企业在香港设立分支机构，作为海外营运中心，配置全球资源。在有效监管的情况下，国家对内地企业在香港设立机构和投资，在审批备案、外汇管理等方面给予支持。支持亚投行、金砖银行等机构，尽早在香港设立分行，研究丝路基金，在香港设立子基金，更好利用香港国际资本市场等国际化服务。

提高内地在港机构的国际化水平。利用好香港国际化和人才优势，提高内地在港机构中港方人士的中高层管理人员比重。支持香港金融等专业人士在亚投行等组织中担任高级管理职位。借鉴香港企业国际化经营经验，建立符合国际规范、适应国际化要求的内部治理结构，实现企业的国际化运作。

鼓励香港在沿线国家设立商业机构。推动香港企业、资本和人才向沿线国家输出，在所在国设立公司、分支机构、代表处等，向沿线国家派出雇员特别是中高层管理和专业技术人才。鼓励香港各大商会设立海外办事处，联系沿线国家的华人商会等，为香港企业"走出去"创造便利条件。支持在内地的港资制造业向沿线国家转移，参与"一带一路"的产能合作。

引导沿线国家用好香港企业和香港服务。加强内地与香港企业在沿线国家合作，实现优势互补。内地在沿线国家建设的园区对外招商时，将香港企业作为重点之一；内地大型企业在沿线国家投资设厂时，通过以商招商、产业链招商等方式，带动香港服务配套企业"走出去"或采购香港服务。与沿线国家合作的香港企业通过高质量服务，树立香港服务的良好形象，形成示范效应。

（三）提高香港参与"一带一路"的能力

为香港参与"一带一路"提供人才和智力储备。特区政府鼓励香港大中学校开展关于"一带一路"和沿线国家的讲座、课程和设立相关专业，引入包括内地在内的沿线国家教师和研究人员，增加沿线国家的小语种课程和专业，培养一批熟悉沿线国家国情、可以派驻海外、能够发挥中介作用的香港年轻专业人才。香港各类智库应加强对沿线国家，尤其是中东、中亚、北非等重点区域的战略研究和经济环境、市场需求等具体经济研究，扩大与内地和沿线国家智库的联系与合作，共享"一带一路"研究成果。

扩大香港与沿线国家的多层面交流。加强香港特区政府中高层官员与沿线主要国家的往来，推动商贸人士随政府代表团出访。特区政府或商会主办有内地和沿线国家参与的"一带一路"博览会、招商会、推介会和专题论坛等，引导香港企业参与内地举办的"一带一路"会展等活动，内地考虑将一些官方的"一带一路"会议和展览放在香港举行。加强香港与沿线国家的教育交流，扩大香港教育机构招收沿线国家留学生规模，鼓励香港学生到沿线国家留学。

为香港企业向沿线国家"走出去"提供便利。建议香港特区政府优先与沿线国家商谈自贸协定，或升级原有自贸协定，重点向香港开放双向投资和服务贸易领域，争取沿线国家承认香港专业人员资格和学历。在原产地规则中采取直运条款，便于沿线国家在香港进行货物国际中转。

促进香港民众和青年人参与"一带一路"的建设。鼓励参与"一带一路"的国际金融、贸易、物流等大企业向香港延伸产业链，将支援性服务分包给香港本地的中小企业，为香港民众创造新的就业机会。特区政府和民间安排一定资金，组织香港青年对"一带一路"沿线国家的考察，加强对当地国情、内地海外项目的了解，鼓励沿线国家中资企业为香港青年提供实习机会。

（四）深化香港与粤港澳大湾区"一带一路"合作

加强与粤港澳大湾区战略的对接。利用香港国际商业网络、专业服务优势，协助珠三角企业选择对外投资地区和模式，共同推动珠三角劳动密集型制造业和过剩产能向沿线国家转移。利用香港国际贸易和供应链管理优势，扩大珠三角对沿线国家出口规模、提升出口结构。利用大珠三角港口群优势，加强与沿线国家的海上和空中联系，增强港口群对华南西南地区的辐射力。推动珠三角高技术产业、创新科技与香港基础研究、知识产权保护等优势结合，联手开发推广沿线国家的适用技术。

实现大湾区内部城市的差异化分工。借助"一带一路"机遇，对不同合作领域分类施策，基于各自特长，强化各城市内部分工、发挥合力，避免过度竞争。在港口发展方面，香港依托自由港优势，集中发展国际中转业务；珠三角港口则整合形成内地与沿线国家贸易运输的门户。在贸易发展方面，珠三角依托制造基地，着重与沿线国家发展在岸贸易，香港则依托全球商业网络优势，着重发展离岸贸易。在金融发展方面，香港可集中发展离岸的国际金融业务，广州、深圳等地则以在岸的国际金融业务为主，同时香港也可以把一些金融后台业务分包给珠三角城市。

后　记

　　由中国社会科学院"一带一路"国际智库与中国城市和小城镇改革发展中心共同编著的《"一带一路"年度发展报告》（2018）在第二届"一带一路"国际合作高峰论坛前夕正式发布，是作为智库对此次全球瞩目的国际盛会的献礼！在此，我作为本书的主编，谨向所有关心支持本书出版的领导、专家和同事们表示衷心的感谢！我要特别感谢第十三届全国政协副主席梁振英先生给予的关心与指导，他在百忙之中为本报告题写了序言，并勉励智库在共建"一带一路"中充分发挥专业研究能力及对政府与公众的影响力；特别感谢中国社会科学院院长、党组书记谢伏瞻同志作为本报告的编委会主任给予了富有前瞻性和建设性的思想与指导；特别感谢中国社会科学院副院长、党组成员蔡昉同志大力组织中国社会科学院的智库力量对本报告提供了强有力的智力支持；同时特别感谢史育龙、卢山、刘殿勋、金鑫、刘勇等部门领导及所有专家提供的系统性研究成果；最后还要特别感谢冯奎同志对本书的周密策划、悉心组织，才使《"一带一路"年度发展报告》（2018）在峰会前发布；我还要特别感谢编委会秘书处的彭璐、韦世钧、汪春牛、徐文清以及中国社会科学院出版社的编辑同志们在组稿、编辑、校对、出版等方面所作出的努力和贡献。

　　希望本书的出版能够引起读者对"一带一路"更多的关注，同时也希望今后能有更多的这方面的研究成果问世，助力"一带一路"的建设，为推动"人类命运共同体"的构建作出贡献。

中国社科院"一带一路"国际智库专家委员会主席
蓝 迪 国 际 智 库 专 家 委 员 会 主 席　**赵白鸽**
《"一带一路"年度发展报告》（2018）主编

2019 年 3 月